"中央高校基本科研业务费专项资金"资助(supported by "the Fundamental Research Funds for the Central Universities")

| 博士生导师学术文库 |
A Library of Academics by
Ph.D.Supervisors

新兴科技的法理疆域

郑玉双 著

光明日报出版社

图书在版编目（CIP）数据

新兴科技的法理疆域 / 郑玉双著 . -- 北京：光明日报出版社，2024.3
ISBN 978-7-5194-7646-5

Ⅰ.①新… Ⅱ.①郑… Ⅲ.①科学技术管理法规—研究—中国 Ⅳ.①D922.174

中国国家版本馆 CIP 数据核字（2023）第 250121 号

新兴科技的法理疆域
XINXING KEJI DE FALI JIANGYU

著　　者：郑玉双	
责任编辑：杜春荣	责任校对：房　蓉　董小花
封面设计：一站出版网	责任印制：曹　净

出版发行：光明日报出版社
地　　址：北京市西城区永安路 106 号，100050
电　　话：010-63169890（咨询），010-63131930（邮购）
传　　真：010-63131930
网　　址：http://book.gmw.cn
E - mail：gmrbcbs@gmw.cn
法律顾问：北京市兰台律师事务所龚柳方律师

印　　刷：三河市华东印刷有限公司
装　　订：三河市华东印刷有限公司

本书如有破损、缺页、装订错误，请与本社联系调换，电话：010-63131930

开　　本：170mm×240mm	
字　　数：267 千字	印　张：15
版　　次：2024 年 3 月第 1 版	印　次：2024 年 3 月第 1 次印刷
书　　号：ISBN 978-7-5194-7646-5	
定　　价：95.00 元	

版权所有　翻印必究

序　言

一、写作背景

我们正身处巨变的时代。在经过了几个世纪的积累和酝酿之后，现代科技对社会生活和制度建构展现出前所未有的重构意义。第一次工业革命带来了生产效率的提升，第二次工业革命通过电力设备改变了人类改造世界的技术方式。以计算机和生物技术为代表的第三次工业革命则更为深刻地改变了人的存在方式，在对伦理、道德和法律发展产生革命性冲击的同时，也带来了前所未有的挑战。

如何面对科技发展所带来的挑战？由于现代科技已经深深嵌入社会生活的方方面面，因此我们无法一概而论地对科技挑战做出界定。首先，科技发展的确带来了巨大的社会进步，计算机和互联网的出现更是将全球贯通在一起。生命科技产生了巨大的健康潜力。人工智能技术的迅猛发展将人类社会带入前人无法设想的数字化高度。与此同时，新兴科技的风险也急剧增加。互联网改变了人们的生产和生活方式，但也产生了层出不穷的互联网乱象，如互联网诈骗、个人信息泄露等。人工智能算法是当前最前沿的技术应用，但其发展中的弊端已经引发多方担忧，如算法歧视、大数据杀熟等。

基因科技更是触动了科学界和社会公众的神经。2018年11月，南方科技大学贺建奎研究团队通过利用CRISPR/Cas9基因编辑技术对人类受精卵的CCR5基因进行编辑，成功诞生一对双胞胎女婴，目的是使婴儿出生后能够天然抵抗艾滋病毒。该事件曝光之后，遭到国内外科研界的强烈谴责。2019年12月30日，深圳市南山区人民法院一审作出公开宣判，贺建奎等因共同非法实施以生殖为目的的人类胚胎基因编辑和生殖医疗活动，构成非法行医罪，被依法追究刑事责任。

科技的发展必须符合伦理和法律的边界，但这种边界的划定并非易事。学界对于新兴科技的伦理和法律风险做了充分探讨。例如，有大量学者主张基因科技会产生严重的伦理风险。哪怕基因编辑技术是用来改善人们的健康状况，这在伦理上也是不能让人接受的。一些论者主张基因编辑技术是对人的尊严的破坏，挑战了人类社会的道德底线。① 自从克隆技术发明以来，对于生命科技的伦理担忧一直存在。基因编辑技术强化了这种担忧。其他论者认为基因编辑技术会加剧不公正和不平等的社会难题。如果任由基因编辑技术被滥用，将会带来严重的社会公正问题，扩大社会优势者和社会弱势者之间的鸿沟。由于新兴科技的伦理风险是非常显著的，所以很多学者认为应当对新兴科技进行严格的法律规制。然而，通过对新兴科技的发展轨迹和社会意义进行分析可以得知，面对新兴科技所带来的巨大挑战，风险—规制的应对模式并不充分。

首先，新兴科技的伦理面向是复杂的。蒸汽机和汽车的发明并不会引发道德判断方式的变化。然而，数字和算法技术却搅动了伦理思考的方式和道德判断的理由。在人工智能发展初期，人们借助科幻小说来表达对智能机器支配人类的担忧。随着人工智能逐渐成为现实，尽管小说所描绘的人机大战没有出现，但借助人工智能而广泛应用的个性化推荐、人脸识别和个人信息的全面收集，带给人们的是更为深层次的担忧。面对新兴科技带来的风险，人们形成的基本共识是，通过法律规制和法律制度完善来应对这些挑战，保障科技发展不会对公众福祉和利益造成伤害。

然而，如何理解人工智能所带来的这种风险及相应的应对策略，却是一个难题。风险并不总是显而易见的，人们应对风险的态度和能力也是千差万别的。基于贝克的风险社会理论，风险是现代社会的产物，是"以系统的方式应对由现代化自身引发的危险和不安"②。新兴科技所产生的风险不同于贝克意义上的现代性产物，而是新兴科技对人的存在基础和状态的重新定位。如果农药技术和工业化生产方式对人们的健康产生风险，我们可以通过研发更为安全的农药或改善生产方式来尽可能地消除风险。信息技术和生命科技的风险却不同于农业和工业生产技术所带来的风险。传统技术风险与社会实践结构是分离的，即技术风险可以随着实践模式的调整而发生变化，比如，禁用某种农药或提高研发水平能够实质地减少这些风险。相比之下，新兴科技风险并非技术的现代化

---

① 杜治政. 守卫人类的神圣与尊严 [J]. 医学与哲学, 2022, 43 (11): 5-12.
② 贝克. 风险社会 [M]. 张文杰, 何博闻, 译. 南京: 译林出版社, 2018: 7.

面孔所引发的外在危险和不安,而是内嵌在技术工具自身之中。人类从来没有对自行车的出现表达过担忧,尽管自行车也会引发事故。但全方位获取人体生物特征的人脸识别技术、对个人行踪进行深度分析的算法技术和改变基因序列的 CRISPR/Cas9 编辑技术却与自行车技术存在实质差异。哪怕这些技术还没有产生可怕的后果,人们就已忧心忡忡。这表明,关于新兴科技风险的传统认知已经无法应对科技的更新迭代。

社会的存在形态和互动模式发生了变化,风险的内涵也相应地发生变化。在传统技术时代,技术是实现社会合作和生产的工具,技术工具与社会实践的价值之间是分离的,比如,电话只是实现社会沟通和互动的一种信息传输工具而已。而在新兴技术时代,技术工具成为社会实践的结构性要素。彭特兰将数据和智能技术带来的社会形态称为"智慧社会",即社会拥有了一个"由传感器和通信设施组成的数字神经系统"。[①] 社会生产和商业活动,甚至包括人的思想意识(如购物偏好、社会价值判断)被转化为以客观形式存在的数据,社会结构和存在形态也必然会面对数字化和技术化转型。彭特兰将这种转型视为社会的物理学实体的转变。当社会以数据化的物理形态而存在,社会决策由各种形态的复杂算法来辅助完成时,风险就不只是技术应用过程中所产生的潜在危险因子,而是内嵌在技术实施全部环节之中的结构性要素。

再以自动化行政决策为例。人工智能提升了自动化行政的水平和行政决策的效率。尽管事无巨细的行政执法领域无法完全实现自动化决策,但行政智能化的前景越来越明朗。虽然自动化决策具有智能性和效率性,但引发的争议也较为突出。自动化决策将个体行为和社会实践状态转化为数据和代码,借助算法的计算过程产生决策结果,这种方式与通过行政互动和商谈而决策的行政模式在价值上存在差异。一方面,法治所内含的以规则进行治理并通过规则进行商谈的理念被以运行代码的计算逻辑所替代,冲击了法治的基本价值。另一方面,当行政决策由机器而非行政主体做出的时候,行政主体与相对人之间的沟通空间就会被压缩。科利亚尼斯将行政主体与相对人之间的关系视为一种包含着同理心的关系,即"行政机构提供人际互动、倾听和表达关切的机会"[②]。自动化决策方式是否依然能够向受众展现出充分的同理心,是智慧行政和数字政

---

① 彭特兰. 智慧社会 [M]. 汪小帆, 汪容, 译. 杭州: 浙江人民出版社, 2015: 147.
② 科利亚尼斯. 自动化国家的行政法 [J]. 苏苗罕, 王梦菲, 译. 法治社会, 2022, 1 (1): 55.

府建设需要回应的急迫课题。

尤班克斯在关于美国数字济贫院的研究中,发现数字济贫院并未达到救济贫困的理想效果,而是将穷人置于更为不利的处境。尤班克斯将数字济贫院形容为"由光导纤维编织而成的无形蜘蛛网"[1]。处于不利地位和贫困处境的穷人需要将自身社会属性转化为一个统计系统中的虚拟二进制代码,并由冷冰冰的机器进行黑箱式的裁断,最终导致很多急需帮助之人失去被政府救济的机会,而且没有任何人为此做出解释。简言之,数字济贫院失去了基本的同理心。

无论是生活世界的智慧化,还是数字济贫院的建立,都表明新兴技术对社会实践所产生的影响是多个维度的。如果仅仅从科技风险的角度来理解新兴科技的社会和法律意义,那么实际上我们并不知道该如何行动,特别是在法律实践之中,尽管一些明显与人类福祉相冲突的技术被令行禁止,如对人体胚胎实施基因编辑或人体克隆,但大多数技术应用在给社会带来裨益的同时也伴随着潜在风险。风险分析对于我们理解智慧社会的挑战和数字技术的应用具有一定的启发意义,然而这并不足够。如果只是基于新兴技术的风险进行决策,则会陷入决策困境之中。例如,人脸识别是一项应用范围极为广泛但被视为存在巨大风险的数字技术。风险分析对于解决如何规范人脸识别技术应用的问题意义有限。至少在目前,人脸信息的广泛采集并未引发大规模的现实危害,人们只是担忧这种危害可能会在未来的某个时刻发生。但这种风险可能也不会发生。因此,仅仅从风险分析和评估的角度来理解科技风险的社会和法律意义是不够的。

其次,风险的内嵌性在给法律规制带来挑战的同时对于更一般意义上的法律与科技之间的关系也提出了新的难题。法律是应对社会合作难题的制度化机制,尽管法律与科技属于社会实践的不同范畴,但科技发展同样也有其规范和价值维度。科技所带来的社会福祉及引发的观念变革都是人类价值反思的素材。正是由于新兴科技搅动了价值世界,所以必须从法律视角对新兴科技进行价值评估。

然而,如何从价值论角度理解法律和科技的关系?法律是一种价值实践,人们对于基本价值的追求只有在法律所构建的框架之中才能展开,否则便会因利益冲突和囚徒困境等陷入僵局。法律不仅为人们的合作提供行为指引,同时也赋予人们的行动以价值,通过对权利、平等和自由等价值的彰显划定行为边

---

[1] 尤班克斯. 自动不平等 [M]. 李明倩, 译. 北京:商务印书馆, 2021:7.

界。科技应用既会产生实际的社会效益，如改善生活环境、提高生产效率，同时也会引发一系列价值问题，如加剧不平等、对人格权构成威胁等。

针对如何从法律上应对新兴科技之价值挑战的问题，既有研究呈现出较强的实用主义色彩。这种路径一方面依赖于上述所讨论的风险分析，即从风险角度对新兴科技做出价值评判，另一方面以实用主义的姿态看待法律的价值和作用。如果新兴科技对人的自由造成威胁，那么就需要通过法律划定科技应用的边界。如果新兴科技产生了一些实际益处，对法律价值的实现有积极意义，那么则可以通过法律规范的形式加以确认。例如，个人生活的数字化产生了海量的与个人生活和行动相关的数据，这些数据既具有个人人格属性，同时也具有商业价值，个人携带数据成为数字生活的一项重要需求，因此数据可携带权应运而生。我国《个人信息保护法》第四十五条第三款规定"个人请求将其个人信息转移至其指定的个人信息处理者，符合国家网信部门规定条件的，个人信息处理者应当提供转移的途径"，以明文形式将个人信息可携带权加以规定。这一点体现出数字技术对权利体系的更新和再造。

然而，从实用主义角度来理解科技和法律的价值关系是有局限的。科技发展带来了价值世界的冲击，如果只是将法律作为一种回应工具和方式，并未充分展现出法律在应对这种价值世界震荡之中的更为丰富的角色。新兴科技不仅对各种基本价值带来冲击，也以潜移默化的形式塑造这些价值。例如，社交媒体的普及带给人们获取知识和信息的多元机会，也产生了信息茧房、社交工具沉迷（特别是未成年人）等社会问题。社交媒体究竟是促进还是限制了个人自由？回答这个问题不仅需要我们确定自由的内涵，也需要展示新兴科技对自由价值的潜在形塑。按照自由的经典理解，自由意味着个人的选择和行动不受到外在干预。一个人选择午餐吃什么，听什么音乐，不是由他人指使，而是按照自己的意愿，那么这个人就是自由的。数字技术的接入改变了自由实践的形式。一个人在线上下单的外卖在多数时候是因为平台的推送而非自己的食谱。在这种情况下，我们无法直接用传统的自由观念来界定这种新的实践形态。

新兴技术对法律的价值挑战在多个方面不断涌现，仅仅从风险视角和规制路径来应对这种挑战是不够的。传统规制实践在面对新兴问题时需要进行变革，但变革的动力不只是来自科技所引发的损害危险、权利变动，也包括法律和科技在价值上重整的契机。如果只是关注科技对社会和法律的潜在威胁，则会忽视法律在应对社会变革和技术进步中的活力。如果只是将法律作为技术规制或治理的工具，则容易将科技与法律之间的关系简化为一种工具意义的实用主义结构，而遮盖了法律回应技术变革的丰富价值空间。

二、本书概要

本书尝试在法律与科技的关系的框架下，对科技给法律带来的挑战及法律的应对方式这一迫切议题进行法理学上的回应。本书并不以提供具体的部门法应对方案为主要目标，而是从法理学视角对法律与新兴科技之间的复杂价值关系进行挖掘，从而补足部门法视角在应对科技挑战上的价值论空缺。法律与科技的关系的法理学反思，涉及理解这一关系的方法论立场，以及关于法律与科技的互动的制度模式和价值语境，因此本书从三个方面切入这一主题。

本书第一部分为基础理论部分。该部分从法律与科技的一般关系出发，对技术所引发的价值论问题进行反思。

第一章探讨技术中立问题。在传统意义上，技术对法律的挑战并不剧烈，因此技术常常被视为具有中立性，保持技术的中立性可以保障技术创新的充分空间，释放科技发展的巨大潜力。然而，伴随着生命科技和智能科技的迅猛发展，技术的中立性角色越来越模糊，就科技发展所带来的诸多社会隐忧而言，强调技术的中立性反而有推卸责任之嫌。技术在本质上是中立的吗？技术中立性的内涵是什么？第一章尝试对这个问题做出回答。技术中立性具有多重内涵，我们在强调技术中立性时，也在不同的意义上使用这个词。美国法律界广泛争论的网络中立，反映的是网络监管政策中的自由主义与管制主义之争。知识产权法中的技术中立强调的是，技术提供者可以在合理的范围中免于为技术应用所导致的侵权而承担责任。

在人工智能技术的发展态势之下，技术的中立性内涵更加难以确定。从法律视角切入技术中立，需要区分技术的技术面向和价值面向，法律与技术的这两个面向之间的关系是不同的。第一章对法律应对技术中立的管制模式和回应模式的不足和局限进行剖析，提出这两种模式尽管曾经发挥过作用，但已经无法应对新兴技术社会的难题。一种更为合宜的方案是采取重构模式，科技发展产生出一个技术与法律在价值上重构的空间，通过挖掘这个空间中的共同善价值，为科技与法律的重构提供价值支点。科技不仅改变了共同善价值的实现方式，也创造出通过法律追求共同善的崭新途径，如借助智慧司法来追求公平正义。重构模式能够更好地展现出法律与科技相互构造的可能空间，澄清技术中立的内涵,并释放出法律与科技进行深层互动的价值维度。

第二章探讨人的尊严这一概念。保障人的尊严是现代社会的基本共识,是《世界人权宣言》所确定的全球性普遍价值追求。然而,在生命技术和智能科技的冲击之下,尊严价值显得岌岌可危。人们担心技术失控会摧毁尊严的根基,因此迫切需要通过法律捍卫人的尊严。然而,尊严的概念内涵在哲学和法学上存在激烈争议,基因编辑和人工智能技术是否对人的尊严构成根本冲击,在理论上也存在各种立场。本章对尊严概念的理论争议进行梳理,总结尊严分析的不同方法论立场,并提出一种中道的操作模式方法论。尊严是一种内在价值,且具有共同体属性,通过法律保障尊严是尊严的价值属性的必然体现。但在公法和私法实践中,尊严价值呈现出不同的规范意义。我们应当厘清尊严与宪法中的人权、私法中的人格尊严之间的概念关系。在对尊严的价值内涵做出剖析之后,可以在此基础上判断新兴科技对人的尊严所产生的影响。

第三章对人权价值进行探讨,从而回应新兴科技所引发的数字人权、基因人权的理论证明难题。人权价值的分析同样在方法论上存在很多分歧。政治进路和自然主义进路对人权的内涵做出不同界定,也影响了我们关于如何应对科技对人权的挑战的理解。基于对格里芬所提出的人权的规范能动性理论的分析,自然主义进路相比政治进路更有优势。格里芬将人权视为人实践过程中的特定能动性,即参与和创造生活的独特能力。规范能动性是人格的体现,通过实践能动性而把人格的价值体现出来,也使得人的生活具有了意义。规范能动性的规范意义体现为人权。在这个框架下理解数字人权和基因人权,我们可以说数字人权是人在数字生活中彰显和实现规范能动性的特定主张,而基因人权则是个体在基因事务上展现能动性的价值指引。尽管规范能动性理论仍然存在模糊之处,但在新兴科技所带来的剧烈冲击面前,这一理论有助于确立科技与人权之间的价值关联。

第二部分围绕基因科技这个主题而展开。中外学者在早期就对基因科技可能引发的问题进行过分析,但由于科学研究对人体基因规律认识的局限,基因技术实施的方式更多的是通过假想,所以在概念界定和问题剖析上难免会遇到一些困难。由于当前关于基因编辑技术的争论很多是依赖学者早期所做的一些研究,如哈贝马斯和福山的相关理论,所以他们是否能够客观公允地评判当前基因科技的最新进展,是存疑的。在哈贝马斯或福山的评论中,基因科技一个极为显著的消极意义是它改变了人的本体论上的存在意义。在他们的认识中,基因科技在某种意义上带来了新的"物种",那么我们目前所属的这个物种的尊严或者独特性在新的物种中会消失殆尽。然而这里面有一些误解,特别是基因科技对人的物种意义的改变是否真的会实现。要回应这些问题,既需要了解基因技术到底是什么样的发展形态,也需要客观地判断技术对人性、道德判断和社会结构会产生什么实际的影响,否则只是理论假想。从价值角度对这个难题进行回应,可以找到适应科技发展之内在机理的伦理和法理边界。

第四章对基因编辑技术所引发的伦理和法律挑战进行反思。毫无疑问,基因编辑技术带来了革命性冲击力,但如何对其伦理意义进行定位,却缺乏一个有效的支点。基于反自然、风险、尊严等论证并不能展现出基因编辑技术对人的存在论的真正冲击,也无法充分展现基因编辑技术对法律与科技共同参与的价值空间的塑造意义。基因科技创造了人在基因上的共同利益这个伦理基点,即人与人之间在基因事务上的紧密同构性。这种同构性的核心要素在于,人的自由和尊严等价值与人类自身命运的独立价值紧密相关,所以对基因技术的伦理判断必须围绕人类自身命运而展开。基因科技将人类整体性命运放置在一个实质性的价值判断语境之中,对基因科技的法律规制也要建立在这个实质性判断基础之上。

第五章针对基因科技的风险治理进行探讨。风险治理的基本原则是风险预防,然而这一原则在剧烈的新兴科技挑战面前显得越来越有局限性。在风险预防原则指引下的风险治理也呈现出结构上的不足。在风险预防基础上的商谈—建构模式不仅有助于更好地呈现新兴科技的风险状态,也能够为技术规制中的风险沟通提供理论基础。基因科技中的风险沟通有助于形成科技发展的制度约束,强化社会公众的参与。

第六章针对人类基因编辑技术的行政监管进行探讨。技术应用是有边界的,技术的行政监管旨在将技术应用限定在合理和合法的界限之中。然而,针对迅速发展的生命科技,我国相关法律规范存在诸多缺失。尽管《民法典》和《刑法修正案(十一)》对基因编辑技术的应用做了专条规定,但这些并不充分,仍然需要针对基因编辑技术的研发、临床应用做更为具体细致的规定,以应对不断迭代升级的基因编辑技术。

第七章针对基因兴奋剂在体育竞技中的独特法律问题进行探讨。体育事业是一项具有人类共同体命运属性的伟大事业,体育竞技也彰显了体育精神的独特价值。兴奋剂的存在对体育精神构成挑战,但国际反兴奋剂实践一直困难重重，基因兴奋剂的出现更是带来了更多的困难。因此，从法理上对反兴奋剂制度进行分析，就具备了充分的理论空间。然而，当前学界，特别是国内体育理论界对反兴奋剂制度，以及对反兴奋剂制度的一系列法理难题关注并不多。一方面是因为当前对反兴奋剂制度的构建与完善的学理探讨往往以反兴奋剂的正当性为预设，因此并不涉及兴奋剂的伦理争议，也容易忽略这个争议所引发的法理议题。另一方面，反兴奋剂的制度设计虽然具有法律色彩，但其相关机制可以避免法律制度设计中的一些复杂性，如诉讼机制、证据认证规则和运动员责任认定原理等都不同于常规的法律实践。基因兴奋剂和人工智能技术在体育竞技中的规制难题的解决需要构建一种体育元道德，基于重构模式对反兴奋剂制度进行设计。

第三部分针对人工智能技术或数字技术的伦理和法律挑战进行法理反思。数字技术改变了人的存在形式和社会形态。因此，法律对数字技术的规制应当面向这种结构转型而展开。

第八章针对算法与法律的法理关系展开建构。虽然算法不是法律，但算法对社会生活和个人行为的塑造以及执行公共职能的优势已经初步产生了与法律在功能上融合的空间。法律是实现正义的主要渠道，如果算法替代了法律的正义空间，那么社会发展就需要面对算法所带来的结构性挑战，人们通过法律进行治理的模式也就会发生根本变革，算法主导政治决策，成为支配法律之内在理性和正义空间的社会因素，人类社会将面临一场法律革命。到目前为止，算法并未带来对法律的正义空间的替代，而是影响着社会正义空间中基本法律价值的实现方式。人们用法律所追求的自由、公正等基本价值对算法实践进行评判，算法反过来又通过把社会生活纳入智能化和技术支配的形态来改变法律的实践语境。算法的冲击可能是微观而具体的，如娱乐平台通过个性化推荐算法让用户对平台形成心理依赖，也可能是宏观和广泛的，如激发社会的智能化转型。对算法之陷阱或风险的担忧并非局限于某一种算法的损益得失，而是算法在社会正义结构中的规范处境及其制度形态。总之，对算法的实践难题的解决需要在计算正义框架下展现算法的伦理与法理意义。

第九章对个人信息权利的道德和法律属性做出回应。虽然《个人信息保护法》已经出台并实施，但关于个人信息权利的争论始终存在。个人信息权利是一种新兴的权利吗？个人信息权利与隐私权和数据权利之间是什么关系？信息的本质与权利的道德意义是界定个人信息权利需要解决的两个理论难题。信息是一个解释性概念，在高度复杂的信息技术的支持下，个人信息所展现的技术、价值和社会维度是展示信息重要性的基础。证成个人信息权利依然需要回到自由论和利益论之争的价值框架之中，但信息社会中技术理性与价值世界的碰撞、个体与社会互动的方式转型，以及个人人格向数字人格的转变等因素，使得个人信息权利的证成面临更多难题。基于共同善的权利观回应了信息社会的法律挑战，主张个人信息权利的基础在于对个体利益和社会共同善的双重贡献。对个人信息权利的捍卫在很大程度上是为信息社会的发展确立伦理准则和文明规则，保护个人信息的法律制度设计也应体现共同善的价值指引。

　　第十章以自动驾驶为例探索信息技术所引发的法律责任问题。算法正义既是自动驾驶设计必须解决的价值理念问题，也是自动驾驶汽车产业发展应当贯彻的价值共识。目前关于自动驾驶的研究所共同面对的难题是，算法正义究竟如何实现，即自动驾驶算法的设计和应用如何与正义的基本原则相符。成功的算法设计应当综合两个因素。一是算法设计的技术方案，包括算法设计者的责任、行业标准的制定，以及汽车传感技术的升级等，这些都有助于算法能力的提升。二是算法决策的正当性问题。作为一种技术实践，算法决策的道德性或者正义性体现在算法与社会互动或互构的过程之中。对算法实践的价值判断不能完全由技术决定，也不能忽视算法对社会互动方式的冲击。基于人机协作的独特技术逻辑和社会意义，本章提议一种基于最大化最小值理念的算法正义观，以建构面向自动驾驶的革命意义的责任法理。

目录

第一篇 一般理论 ... 1

第一章 破解技术中立难题 ... 3
- 第一节 技术中立难题之界定 ... 3
- 第二节 管制模式 ... 8
- 第三节 回应模式 ... 10
- 第四节 重构模式 ... 14
- 第五节 结语 ... 20

第二章 人的尊严的价值证成与法理构造 ... 21
- 第一节 尊严的法律实践难题及其方法论反思 ... 22
- 第二节 中道的内在价值尊严观：操作模式与辩护 ... 28
- 第三节 尊严的法理构造：互惠性证成模式的展开 ... 34
- 第四节 面向新兴科技的尊严法理：危机与应对 ... 40
- 第五节 结语 ... 45

第三章 人权：人格尊严的规范塑造 ... 46
- 第一节 人权需要道德根基吗 ... 47
- 第二节 通过规范能动性证成人权 ... 48
- 第三节 人格尊严的规范塑造：为自然主义人权观辩护 ... 54
- 第四节 结语 ... 60

第二篇 生命科技 ... 61

第四章 并非尊严危机：人体基因编辑的法伦理反思 ... 63
- 第一节 人体胚胎基因编辑的伦理争议 ... 64

- 第二节 反自然论证 …… 66
- 第三节 风险论证 …… 69
- 第四节 尊严（危机）论证 …… 72
- 第五节 面向基因科技的新伦理框架：个体与人类命运的紧密同构性 …… 75
- 第六节 基于个体与人类命运的紧密同构性的法律规制框架 …… 81
- 第七节 结语 …… 84

第五章 风险沟通：人体基因编辑技术风险的法律制度构建 …… 86
- 第一节 导言 …… 86
- 第二节 人体基因编辑技术风险的法律治理难题 …… 88
- 第三节 人体基因编辑技术的风险沟通：价值基础与实践内涵 …… 90
- 第四节 人体基因编辑风险沟通的法律制度构建 …… 96
- 第五节 结语 …… 102

第六章 人体基因编辑技术的行政监管 …… 103
- 第一节 人体基因编辑技术简介 …… 104
- 第二节 人体基因编辑的伦理判断难题 …… 105
- 第三节 国外人体基因编辑的行政监管 …… 109
- 第四节 我国人体基因编辑的行政监管 …… 112
- 第五节 结语 …… 118

第七章 新兴科技与体育增强：反兴奋剂制度的法理反思 …… 119
- 第一节 体育之善与公平竞争 …… 120
- 第二节 反兴奋剂：伦理正当性争议与实践困境 …… 123
- 第三节 新兴科技形态下的体育增强 …… 128
- 第四节 反兴奋剂制度的法理重构 …… 134
- 第五节 结语 …… 140

第三篇 信息科技 …… 143

第八章 计算正义：算法与法律的关系的法理建构 …… 145
- 第一节 理解法律与算法的关系的道德框架 …… 146
- 第二节 计算正义的内涵与法理层次 …… 150
- 第三节 法律嵌入算法：迈向算法与法律的关系的重构模式 …… 156

第四节　计算正义与算法规制 …………………………………… 162
　　第五节　结语 ………………………………………………………… 166
第九章　个人信息权利的共同善维度 …………………………………… 167
　　第一节　个人信息是什么，以及为何重要 ………………………… 168
　　第二节　个人信息权利之争背后的价值框架 ……………………… 172
　　第三节　以共同善为基础的个人信息权利 ………………………… 178
　　第四节　法律保护个人信息权利的法理框架 ……………………… 183
　　第五节　结语 ………………………………………………………… 185
第十章　自动驾驶的算法正义与归责法理 ……………………………… 187
　　第一节　自动驾驶与电车难题 ……………………………………… 188
　　第二节　自动驾驶算法的道德决策与归责 ………………………… 193
　　第三节　算法正义：自动驾驶的首要伦理准则 …………………… 199
　　第四节　自动驾驶的归责法理的建构 ……………………………… 207
　　第五节　结语 ………………………………………………………… 211

参考文献 …………………………………………………………………… 213

后记 ………………………………………………………………………… 220

第一篇 01

一般理论

第一章

破解技术中立难题

第一节 技术中立难题之界定

一、什么是技术?

技术受科学的客观性影响而具有客观面向,但技术有其自身的发展模式和逻辑,因此能够成为服务于人类社会的可把握和依赖的工具。同时,技术并非独立于人的精神世界,甚至在法兰克福学派的代表者哈贝马斯看来,技术和科学都是意识形态。① 此外,技术虽然包含着一个客观结构,但技术服务于人的目的理性活动,因此技术存在着目的性和社会性两个维度。但技术的客观属性与技术的社会性之间的关系是什么,却是一个单纯依靠技术本身的属性无法回答的问题。

当代的技术哲学理论对这个问题做了大量讨论。一方面,技术自身的属性和逻辑具有相对的客观性,即使现代科学研究仍然对一些问题无法给出最终的答案,如转基因食品到底安全与否、人工智能是否能够超越人的智能等,但绝大多数技术有着可靠的技术原理作为支撑,经过技术试验和改进可以产生稳定可预期的效果。因此,科学理论可能是存在不确定性的,但技术自身的客观属性和功能意义并不存在太大争议,典型的如转基因问题。② 按照布莱恩·阿瑟的

---

① 哈贝马斯. 作为"意识形态"的技术与科学 [M]. 李黎,郭官义,译. 上海:学林出版社,1999:38-83.
② 陈景辉. 面对转基因问题的法律态度:法律人应当如何思考科学问题 [J]. 法学,2015,38(9):118-128. 科学理论自身的争议性产生了法律上的问题,比如科学知识的不确定性、科学研究自身的局限性等,需要法律实践在制度上加以回应。而技术本身的客观属性并不会产生法律实践上的困难,真正引发争议的是技术的社会意义和价值属性。因此,目前热议的转基因食品的法律规制困境主要是一个关于科学的难题,而非关于技术。

界定，技术的本质是"被捕获并加以利用的现象的集合，或者说，技术是对现象有目的的编程"①。通过对光学、量子、电学等现象的捕捉，人类发展出互联网、太空探索和基因改造技术，人们根据社会需要，在科学研究的基础上不断更新和改进这些技术，因此技术是对现象的有目的编程。

技术本质的目的性引发了另一个方面的问题：技术作为一种客观的、无主体意识的编程方式，其目的性体现在哪里？技术促进了经济繁荣，改变了人类的生活形式，并且深刻地影响着政治和法律实践。然而，我们无法从这些复杂的效益之中提炼出一个统一形式的目的，因为尽管技术带来了这些福祉，但同时它也带来了危害，如工业革命以来技术应用对环境的破坏、先进的武器技术被用于战争之后所带来的灾难，以及技术变革对经济危机的促进作用。② 1955年海德格尔在《技术的追问》一文中对技术表达了忧虑，他指出技术的本质并非技术本身，而是一种解蔽手段，事物通过技术呈现了它们自身的本质。③ 海德格尔对技术的忧虑和消极态度也影响了法兰克福学派的代表者马尔库塞的立场。马尔库塞认为技术理性把一切都还原为单一向度的东西，世界的本质结构被降格为日常存在。马尔库塞批判了技术的价值中立观，他认为"价值中立仅仅是一种带有偏见的方式，它表达的是技术与伦理和审美的分裂"④。

海德格尔和马尔库塞对技术的批判态度与现代社会对技术的美化有些格格不入，但这种对技术本质的哲学反思在当下并不过时。技术的社会功能需要在更为宽广的社会交往形式、社会结构和目标的脉络之中进行考察。在芬伯格所称的技术和社会"共同建构"的领域中，技术理性与社会经验之间互相纠缠。⑤ 技术一旦进入社会领域，必然会被社会制度、社会组织和社会群体的各种利益、诉求和价值判断所塑造和限制。马尔库塞所批判的价值中立观提供了一个考察技术和社会共同建构的思维方式，因为技术作为一种工具性和目的性的编码系统，在生活世界中以价值的实践样态进入公共领域和论争之中。然而，在从价

---

① 阿瑟. 技术的本质 [M]. 曹东溟，王健，译. 杭州：浙江人民出版社，2014：53.
② 技术革命带来投资崩溃的例子，参见：
阿瑟. 技术的本质 [M]. 曹东溟，王健，译. 杭州：浙江人民出版社，2014：168.
③ 海德格尔. 演讲与论文集 [M]. 孙周兴，译. 北京：生活·读书·新知三联书店，2011：3-37.
④ 芬伯格. 在理性与经验之间：论技术与现代性 [M]. 高海青，译. 北京：金城出版社，2015：225.
⑤ 芬伯格. 在理性与经验之间：论技术与现代性 [M]. 高海青，译. 北京：金城出版社，2015：6-7.

值论的视角分析技术在社会结构之中是否能够实现价值中立之前，需要先澄清技术中立这个在很多领域中被广泛争论的概念。

二、技术中立的诸种含义

在既有文献中，技术中立的含义至少包括三种，即功能中立、责任中立和价值中立。功能中立指的是技术在发挥其功能和作用的过程中遵循了自身的功能机制和原理，即技术实现了其使命。功能中立的典型情形是在互联网领域和知识产权领域。在互联网领域，功能中立体现在网络中立（net neutrality）这一观念。网络中立指的是互联网的网络运营商和提供者应当在数据传输和信息内容传递上一视同仁地对待网络用户，对用户需求保持中立，而不能差别对待。① 该观念最初由美国法学家吴修铭提出，之后引发持续的学理争论。② 实践中的分歧主要针对的是美国实践中一些网络运营商区别对待网络用户和基于自身利益而对用户服务施加限制和干预用户言论的行为。网络中立的支持者认为政府应当对运营商的区别对待和干预行为进行管制，以减少对用户的损害。而反对者则主张运营商的差别对待不一定会损害公众利益，而政府对运营商的管制侵犯了网络运营商的言论自由。③

美国联邦通讯委员会于2010年通过的《维护互联网开放性指令》对网络运营商提出基于透明性、禁止屏蔽和禁止不当歧视三个原则的限制，激发了关于网络中立的争论和利益相关者的法律诉讼。④ 本部分不对这一争论的细节展开，而是关注功能中立这一观念所涉及的更深层次的问题。在现代世界，互联网是实现信息共享、知识传播和创新等功能的关键技术，然而互联网世界是由不同利益诉求和权利主张的多元化服务商和千千万万用户组成的，因此功能中立只是在一个微弱的意义上契合了互联网本身所承载的空前的开放性和去中心化，而完整意义上的互联网功能必须放置在更为宽广的社会和政治语境之中，通过分析互联网的内部参与者如何微观地利用其功能和宏观地适应互联网的社会结

---

① 吴亮. 网络中立管制的法律困境及其出路：以美国实践为视角 [J]. 环球法律评论, 2015, 37（3）：127-139.
② WU T. Network Neutrality, Broadband Discrimination [J]. Journal of Telecommunications and High Technology Law, 2003, 2（1）：141-178.
③ 吴亮. 网络中立管制的法律困境及其出路：以美国实践为视角 [J]. 环球法律评论, 2015, 37（3）：130.
④ 吴亮. 网络中立管制的法律困境及其出路：以美国实践为视角 [J]. 环球法律评论, 2015, 37（3）：129-130.

构，来展示互联网功能的复杂社会和价值面向。

责任中立突出了技术的另外一个维度，即技术功能与实践后果的分离。简言之，技术的责任中立的含义是，技术使用者和实施者不能对技术作用于社会的负面效果承担责任，只要他们对此没有主观上的故意。比较典型的是针对快播案而引发的"菜刀理论"之争。菜刀既可以切菜，也可以杀人，但菜刀的生产者不能对有人用菜刀杀人的后果承担责任。又比如，移动新闻客户端今日头条的创始人张一鸣以技术中立为理由对今日头条的低俗化进行辩护，他认为作为一个技术公司，不应为其低俗化承担责任。今日头条面向的是中低学历、低收入群体，这些群体的娱乐化、庸俗化需求使得今日头条的内容定位很难提升。

无论是快播公司CEO王某在庭审中所辩护的技术中立论，还是张一鸣的技术不涉及价值观，都反映了责任中立的概念困境。首先，技术必然会产生效用，但效用状态取决于技术使用者用技术所追求的利益、目标和价值，技术的社会效果必然实质性地影响技术功能。无论是快播播放器，还是今日头条客户端，其技术贡献和进步动力不是来自视频技术或移动客户端的发达，而是来自其功能所吸引的成千上万的用户。其次，无论是菜刀、快播软件，还是移动客户端，其功能意义的结构是由社会语境所塑造的，而非技术的客观属性所决定。因此，没有一个清晰的责任概念，我们就无法对技术进步、技术进入社会结构和引发社会观念变化的方式做出评价。[1] 显然，是对责任的理解界定了技术中立的含义，而不是说技术的客观属性豁免了责任。按照这个要求，菜刀理论和技术中立没有关系，因为菜刀理论只是反映了事物工具理性的最单薄的一面，而技术中立则触及了技术的社会维度，特别是关于技术的价值判断。

根据前面所述，技术中立的功能观和责任观都指向了技术中立的价值维度，或者说功能观和责任观都在更深层的意义上蕴含着价值中立的立场。简言之，技术中立在一个更深层的意义上指的是价值上的中立。接下来的问题是，价值中立指的是什么？这既涉及对于技术价值的界定，也涉及价值理论自身的理论

---

[1] 责任作为一个规范评价概念，本身就是价值判断的实践。因此，特别是在关于技术问题的法律争论中，一种错误的倾向下，只要涉及责任判断，就主张技术和责任的分离。而实际上，分离论是一种价值判断主张，而不是与价值无关的主张，所以快播CEO的"技术无罪"论虽然赢得了喝彩，但这个主张不能反映技术价值的根本难题。法官的判决也不是针对快播软件的技术结构，而是针对快播公司在提供技术的过程中所承担的内容监管义务。快播案法律适用的争议点也在于快播公司是否要因其怠于履行监管义务而受罚。

构造。因此，技术的价值中立体现为三个维度，我们应当从这三个维度上来理解技术作用于社会结构和社会生活的方式以及技术中立这个概念的完整内涵，即价值判断、归责原理和法律意义。价值判断关注的是如何对技术的价值进行评估。显然，技术的价值涉及一个变动的和无法穷尽的评价领域，合理的价值判断需要适当的价值理论和方法论。归责原理是价值判断的实践运行机制，确立对技术的价值判断的回应方式。而法律意义是归责原理在法律实践中的制度化、规范化和教义学展现，是技术的价值判断与法律的价值结构相互碰撞和互动的意义空间。

三、法律语境下的技术中立难题

技术中立难题在法律实践中呈现为不同的面向，既与功能相关，如关于网络中立的相关立法的争议，也与技术使用者和相关者的责任相关，如快播案中所涉及的快播软件提供者的监管责任，但这些问题最终是价值意义上的。首先，国家必须通过法律对技术发展进行回应、保护或促进，但在立法上，如何以法律回应技术发展和进步，始终存在分歧和争议，比较典型的是对数据的性质的认定。如果只是从立法政策和后果上考量如何对数据进行治理，而不对数据进行本质意义上的分析，以及解析数据背后的价值原理，那么根本问题还是无法解决。[1]

其次，即使在法律实践中存在着一些广为接受的原则，如避风港原则，该原则在快播案的社会争论中被反复提及，但该原则实际上首先是一个网络侵权原则，用以解决知识产权侵权和网络侵权中的责任认定问题，但围绕该原则的争议一直不断。避风港原则在一定程度上体现了技术中立的精神，但这个原则并非完美无瑕，也不是包治百病的良药。[2]

最后，在涉及更为厚重的道德判断的技术实践中，如人工辅助生殖技术、基因改良、代孕和克隆等，这些技术的支持者也很少直接运用技术中立原则来进行辩护，即使支持者的立场反映了技术中立的倾向。而正如桑德尔所讲，"要掌握基因改良的道德标准，我们就必须面对在现代世界中见解中已大量遗失的

---

[1] 在大数据时代，数据是一个新兴问题，理论上对数据的定性也存在争议。不管是数据的财产性，还是人身性，都反映了数据与人类生活的基本价值的实质相关性，因此数据的概念分析必然是一个价值判断问题。对数据的法律属性的分析，参见：梅夏英. 数据的法律属性及其民法定位 [J]. 中国社会科学，2016，37（9）：164-183.
[2] 郭鹏. 关于技术中立原则及其反思 [J]. 技术与创新管理，2010，31（4）：503-506.

问题——有关自然的道德地位,以及人类面对当今世界的正确立场等问题"①。

因此,如果不对技术中立背后的价值问题进行分析,那么由技术所引发的责任认定和法律规制就仍然限于政策视野,既没有充分展现技术的客观属性和社会维度之间的关系,也忽略了法律背后更为复杂的价值世界。借用德沃金的分析框架,有关法律与技术的教义学问题内嵌着一个价值网络。② 因此,法律语境下的技术中立难题,在本质上是一个技术价值世界与法律价值世界相互构建的问题。我把这个构建问题分解为三个方面,即价值判断、归责原理和法律意义。无论是技术还是法律的价值判断,都需要价值理论的支持。关于技术中立的诸多分歧是围绕技术使用者的法律责任,法律责任源于法律规范,但规范背后的价值网络提供了法律责任的价值基础,因此需要寻找责任的辩护依据。最后是在价值判断和归责原理基础上的技术中立的法律意义,主要体现为如何在教义学中将技术和法律的价值关联安置进去。只有从这三个方面对技术与法律的价值互动进行分析,才能充分展现出技术中立难题的图景。下面我将分析理解技术价值和法律价值相互构建的三种模式,以展现技术中立难题在法律语境下的不同结构,并尝试提出解决这一难题的理论方案。

第二节　管制模式

管制模式是一种理解和处理法律与技术的关系的传统模式,主要体现在国家通过法律对技术发展进行管制。其背后的核心预设在于法律是对技术发展进行管制的必要手段。这个预设包含两个内容:一是技术和法律的双重工具化,二是技术规制的结果导向。第一个方面,指的是管制模式将技术视为实现特定社会目标的工具,只具有工具价值,一旦技术不能满足特定的社会目标或者与既有的社会观念相冲突,那么就需要对技术实践进行限制或否定。这也反映了法律的工具化,即作为最直接和便捷的管制手段,法律被用来管理技术的应用和控制其负面效果。第二个方面,指的是对技术进行规制的标准是相对单一的,即技术所引发的社会效用,如果技术适用有利于社会发展,那么就通过法律对

---

① 桑德尔. 反对完美 [M]. 黄慧慧,译. 北京:中信出版社,2013:10.
② 德沃金. 身披法袍的正义 [M]. 周林刚,翟志勇,译. 北京:北京大学出版社,2010:15-19.

技术适用进行保护；如果对社会不利，则需要通过法律进行压制。

在管制模式之下，技术中立是一个伪问题，主要问题在于技术作为实现特定社会目标的工具，其价值来源不是自身功能，而是外在的社会目的。技术无法依其自身的结构、功能和社会反馈而获得价值评判的独立机会，根源在于管制模式所预设的价值判断、归责原理和法律观。管制模式是压制型法在技术领域的具体展现，按照塞尔兹内克的界定，压制型法体现了国家在社会事务上主导性。[1] 压制型法存在着致命的缺陷，管制模式也与技术在现代社会中的功能和角色格格不入。管制模式的主要缺陷体现在以下几个方面。

第一，技术和法律的双重工具化蕴含着结果导向的简单功利主义立场，忽视了技术实践和法律实践背后的价值世界的复杂性。在社会合作领域，功利主义论证并非无法获得辩护，成本—收益分析被广泛适用，但在技术的法律规制领域，后果导向却会产生严重的论证危机。一方面，技术所产生的社会后果既无法在短时得到全面的效用评估，很多时候也不能进行后果计算，如网约车在中国刚刚兴起时，我们无法对它所带来的社会便利程度、对传统出租车管制模式带来的冲击进行全面评估。[2] 又比如，在人工生殖领域，英国三亲婴儿事例表明生殖技术在近一二十年取得了革命性进展，但很多国家关于人工辅助生殖的相应立法迟缓不前，特别是在中国，关于人工辅助生殖的合理界限，代孕应否合法等，在立法上几乎空白，这种现状的出现恰恰不在于生殖技术给社会带来的积极福祉，而在于人工辅助生殖技术所引发的道德争议。功利主义或许是一种可能的辩护思路，但无法全面涵盖这个技术问题所涉及的大量法律问题，如生育权的保护、代孕所产生的法律纠纷等。[3]

第二，管制模式预设了对社会结构的单一化理解，既忽视了技术的社会建构价值，也破坏了法律实践的自主性。技术在社会中的角色不只是功能的实现，技术也会产生社会建构价值，这一方面引发了技术的社会学结构，从而为理解技术中立提供了意义平台，另一方面也会引发对技术的社会意义进行解释的方

---

[1] 诺内特，塞尔兹尼克. 转变中的法律与社会：迈向回应型法 [M]. 张志铭，译. 北京：中国政法大学出版社，2004：31-36.
[2] 关于网约车的制度和经济效应的分析，参见：熊丙万. 专车拼车管制新探 [J]. 清华法学，2016，10（2）：131-148.
[3] 朱振. 冷冻胚胎的"继承"与生育权的难题 [J]. 医学与哲学，2015，36（3）：33-35. 王彬. 法律论证的伦理学立场：以代孕纠纷案为中心 [J]. 法商研究，2016，33（1）：31-42.

法问题。而管制模式否定了技术的社会建构意义，最终也会破坏技术的社会效用。典型的体现是互联网治理。尽管是技术工具，互联网的社会意义已经超越了其技术性，而成为社会建构的重要阵地，这体现在互联网、社交媒体对社会交往方式、民主参与和文化重塑所带来的变革意义。而近年来互联网治理中网络服务商在政府监管下以安全和网络秩序为由所采取的一些举措，反映出管制模式的局限性。

第三，管制模式挤压了法律实践的教义学空间，使得法律中关于技术的立法和裁判原则与技术的工具性之间产生了严重的不对称。立法通过对特定事项背后潜在的价值冲突进行权衡而以规则形式加以规范化，但管制模式只是将技术作为实现特定社会目标的工具，而忽视了技术与社会互动之中所产生的价值冲突，因此管制模式下的立法更多的是对技术的扼制，也破坏了立法活动在权衡利益而非压制利益冲突上所体现的尊严。[①] 同时，压制模式会给法官作出合理的司法裁判带来消极影响，典型的领域是关于代孕的司法纠纷。鉴于政府对商业代孕的压制性态度（尽管立法上存在很多空白），法官在面对围绕代孕合同效力的案件时常常会无计可施，而不得不进行道德推理，代表性案例是全国首例代孕子女监护权案，上海一中院在二审中，基于联合国《儿童权利公约》中确立的"儿童利益最大化"原则对该案作出判决。但显然，该案的疑难点在于母亲对通过代孕而得的子女是否拥有监护权，这个问题所涉及的利益衡量只有在立法过程中才能完整显示出其教义学意义，通过法官的受限智慧而进行的原则推理，只能是次佳和无奈的选择。

第三节　回应模式

理解技术与法律的关系的第二种模式是回应模式，这个术语借鉴自诺内特和塞尔兹尼克所提倡的回应型法。按照他们的理解，回应型法"表明了一种负责任的，因而是有区别、有选择的适应的能力"，一个回应的机构"把握着为其

[①] WALDRON J. The Dignity of Legislation [M]. Cambridge: Cambridge University Press, 1999: 7-35.

完整性所必不可少的东西，同时它也考虑在其所处环境中各种新的力量"。① 回应模式体现了这种回应型法的要义，其重点在于法律在回应技术发展和社会冲突中所体现出的自我调整机制，即不把技术的社会意义当作压制和驯化的对象，而是通过回应来安置技术的社会意义和潜在的价值冲突。一方面，回应型法着重强调让法律背后的目的影响法律推理，弱化了法律要求服从的义务，创造了一种较少僵硬而更为文明的公共秩序，而回应模式则更多地强调在法律空间中确立技术的价值的社会意义。但在另一方面，回应型法和回应模式都体现了法律作为一种社会机制的开放性和灵活性，二者都强调对法律的理解不能限制于既定的规则和权威结构，而是具有更强的回应性。

　　回应模式是比较常见的法律实践模式，被许多国家采纳。英国首次赋予三亲婴儿技术以合法地位，尽管过程费尽周折，但体现了回应模式。英国人类受精及胚胎管理局委员 Andy Greenfield 说，"我们所推荐的在治疗中使用线粒体捐赠的谨慎方案，在下面两点上实现了正确的平衡：将这项令人振奋的新式治疗提供给那些生出与基因相关的线粒体疾病的婴儿的父母，且我们尽可能地确保该治疗是安全和有效的"②。美国对待转基因食品的宽松备案制也体现了回应模式，既然无法证明转基因食品是有害的，那么就不能以法律施加过重的限制。在我国，网约车立法也体现了管制模式向回应模式的转变。在网约车借助移动互联网技术刚刚兴起时，交通运输部采取了非常强硬的否定态度。而伴随着网约车的社会增益越来越高，交通运输部改变态度，最终出台《网络预约出租汽车经营服务管理暂行办法》，赋予网约车合法地位，体现了压制态度向回应模式的转变。③

　　根据上述例子，我们可以看到回应模式在价值判断、归责原理和法律意义三个方面都区别于管制模式。回应模式并不预设技术与法律的工具价值，而是认可技术实践和法律实践的相互独立地位。换言之，回应模式是在尊重技术的价值的基础上进行回应，而回应的方案则与技术本身的功能相关。比如，针对

---

① 诺内特，塞尔兹尼克. 转变中的法律与社会：迈向回应型法 [M]. 张志铭，译. 北京：中国政法大学出版社，2004：85.
② CLARK L. Three-parent babies: how are they made and is the IVF legal? [EB/OL]. (2017-01-18) [2023-02-20]. https://www.wired.co.uk/article/what-is-three-person-ivf.
③ 徐亚文，蔡葵. 技术创新引起的法律难题及解决途径：对快播、网约车营运等案的思考 [J]. 河北法学，2017，35（5）：20.

互联网领域的治理难题,周汉华研究员提出互联网立法要尊重互联网本身的规律,制定有针对性的法律。① 其次,在归责原则上,回应模式倡导根据技术的客观属性来划定技术提供者和使用者的责任界限,如美国的索尼案中所确立的基本原则,即如果技术产品被用于合法的、不受争议的用途,那么制造商和销售商无须为产品的侵权用途承担责任。学界往往将索尼案中所确立的原则视为技术中立原则。② 由此可见,回应模式体现了技术中立概念的精神,也被视为技术与法律的关系的可行模式。

然而,回应模式存在着严重缺陷,并且也不能贡献出一个有分析意义的,可以在价值判断、归责原理和法律意义上被融通使用的技术中立概念,这也是当前技术实践引发诸多法律争议的源头之一。尽管回应模式在实践中获得了认可,但其局限也非常明显。

首先,在价值判断的问题上,回应模式并不能有效地解决技术所引发的价值冲突问题。技术的价值冲突指的是技术实践所引发的技术自身的价值与技术损害的价值的冲突,或者技术产生的价值与其他价值之间的冲突。就前一种情形而言,回应模式在一定程度上可以解决,如云存储的可靠性和安全性与版权保护之间的冲突,通过重构避风港原则可以暂时克服。但这只是技术中立原则被提炼出来的典型例子,在其他事例中,技术引发的冲突就没有那么容易解决。典型的例子是生殖技术和基因改造技术。尽管英国议会所批准的三亲婴儿技术保持了足够的克制,但反对者还是会认为该技术会引发伦理问题,因为线粒体改造技术改变了传统意义上的基因继承方式,对社会伦理观造成冲击,其改造技术也有"设计婴儿"的嫌疑。在克服线粒体疾病而对胚胎进行改进,和为了提高智商而对胚胎进行基因改进之间,难以划出明确的界限。即使前者能够获得支持,后者的争议性更大,涉及技术的设计意义和生命之神圣性的张力。而回应模式要解决后者的冲突,就必须进行实质性的道德论证,但回应模式是建立在对技术价值的肯定的基础上,并不包含道德论证的方案和框架,甚至在一定程度上,为了尊重技术的价值这一目的,回应模式会否定道德论证的意义。③

其次,回应模式中技术中立概念包含的归责原理是,技术在功能意义上所

---

① 周汉华. 论互联网法 [J]. 中国法学, 2015, 42 (3): 28.
② 张今. 版权法上"技术中立"的反思与评析 [J]. 知识产权, 2008, 22 (1): 72-76.
③ 典型的体现是在关于快播案的争论中,很多支持快播无罪的论证和分析往往是假定了技术发展的优先性,参见:刘艳红. 无罪的快播与有罪的思维:"快播案"有罪论之反思与批判 [J]. 政治与法律, 2016, 35 (12): 104-112.

引发的负面后果，如云存储所带来的侵权结果，应当与技术的价值相分离。但这种归责原理一方面预设了技术决定论的立场，另一方面忽视了归责实践的道德内嵌结构。技术决定论指的是"技术具有不参照社会就能够得以说明的一种自主的功能逻辑"①。在技术决定论基础上所提出的归责原则，依据的是技术自身的功能逻辑，如果这种逻辑是自洽的，那么技术使用者就不应承担责任。

例如，在快播案中，支持方的论者会提出，该软件所使用的视频传输技术和视频碎片化保存是技术自身功能的运行，其不能对淫秽视频借助这些技术而广为传播的结果担责。然而，吊诡的一点是，该软件之所以获得接近3亿的用户，正是基于用户对于色情视频的大量需求催生了用户之间借助该软件的共享和用户增量。在这种情况下，法律需要回应的现实恰恰是网络色情泛滥而致使用户大量聚集快播所提供的网络空间，其真正的问题是网络色情传播的弥散化和隐秘化，而非该软件的技术中立。因此，在对该软件是否放任了淫秽视频的传播而承担责任的问题上，归责的原理并不是建立在视频传输技术是否中立的基础上，而是建立在一个实质性的道德判断上：技术服务商为技术所引发的损害后果承担过错或者刑事责任，在道德上是否能够获得辩护？按照德沃金的主张，侵权责任法是确立在责任分配的道德原则的基础之上的，而责任分配是与法律实践所内嵌的价值结构相关联的。② 同样的问题出现在对我国《刑法修正案（九）》新增的"拒不履行信息网络安全管理义务罪"和"帮助信息网络犯罪活动罪"的理解和适用上。批评者认为这两个罪名的增加势必会给网络平台和技术服务商带来过重负担，压制技术进步和创新。③ 这个担忧背后隐含着回应模式的思路，即从技术价值出发来排斥法律意义上的归责。然而，不管平台或者服务器是否要对其上发生的侵权或犯罪结果承担责任，这个归责问题都不只是一个技术的客观属性问题，而是体现为在法律规范所内嵌的辩护梯度上升中寻找敏感于法律实践之本旨的理性化原则。④

回应模式只是通过法律对技术所承载的价值的制度性应对，并不包含价值

---

① 芬伯格. 在理性与经验之间：论技术与现代性［M］. 高海青，译. 北京：金城出版社，2015：16.
② 德沃金. 身披法袍的正义［M］. 周林刚，翟志勇，译. 北京：北京大学出版社，2010：316.
③ 桑本谦. 网络色情、技术中立与国家竞争力：快播案背后的政治经济学［J］. 法学，2017，35（1）：94.
④ 德沃金. 身披法袍的正义［M］. 周林刚，翟志勇，译. 北京：北京大学出版社，2010：61.

分析的框架。所以，在回应模式之下的技术中立观仍然不能应对科技和法律纠缠之下的难题，如果要让技术中立成为一个有效的分析概念，产生归责和裁判的制度效果，或者放弃这个概念，而采纳其他更为有效的视角来分析科技与法律之间的复杂关系，我们就需要对科技和法律之间的关系进行更深层次的分析。

第四节　重构模式

管制模式和回应模式都预设了关于科技和法律的一些价值判断，并在此基础上建立起相应的归责原理，但根据上面的分析，这些价值判断与相应的归责之间或者不对应，或者存在张力。20世纪中期，海德格尔和马尔库塞等人从批判哲学的视角对科技理性的价值中立进行了批判，在他们看来，"价值中立仅仅是一种带有偏见的方式，它表达的是技术与伦理的分离，而在前现代社会，伦理和审美将技术限制在文化上稳固的设计和目标范围内，分离之后，技术成了可供一切用途使用的手段"[1]。或许这种立场太过批判性，当代很多科学哲学家更多地从正面视角强调科学的社会和文化意义。比如，很多科学社会学（SSK）理论家提倡的社会建构主义方法，主张用社会性因素解释所有的科学，他们认为科学是一项解释性事业。而后 SSK 的研究者则转变方向，将科学研究的主体、客体、自然和社会都视为行动者，在共同博弈中建构了科学。[2]

尽管关于技术的哲学批判和科学的建构主义在理论上面临着争议，但这些理论进展为我们思考技术和法律的关系提供了有益的视角。法律与科技的关系在本质上是两个价值世界之间的碰撞。技术自身的功能价值由技术客观属性所决定，技术所产生的社会价值则由社会规范所决定。但技术的社会价值太过宽泛，而且基于不同的方法论，对社会价值可以做出完全不同的解释。举例来说，VR（虚拟现实）技术的出现，促进了人与虚拟世界的更深互动，更新了人们的交往和工作方式，甚至可能会改变传统的医疗技术，但批判者认为这种技术会带来各种负面效应，如引发个人对虚拟世界的沉迷，对大脑可能造成损害等。

---

[1] 芬伯格. 在理性与经验之间：论技术与现代性 [M]. 高海青，译. 北京：金城出版社，2015：225.

[2] 皮克林. 作为实践和文化的科学 [M]. 柯文，伊梅，译. 北京：中国人民大学出版社，2006：2-21.

尽管如此，法律对技术的社会价值的应对方式不同于相互冲突的社会评价，因为法律有着自身的价值设定和逻辑。本书主张，理解法律与科技的关系的最佳方案是重构模式，重构模式将技术的价值与法律价值纳入一个重新评估和衡量的语境之中，一方面包含着对技术的社会价值的解释，另一方面体现为将技术纳入法律规范的意义结构之中。重构模式如何完成价值重整的使命？同样地，重构模式包含着价值判断、归责原理和法律实践意涵三个方面。

一、技术价值与法律价值的重构

技术的社会价值与法律的价值空间存在重叠，但二者之间并非并存或吸收，而是重构。重构的含义是，技术的工具价值和社会价值被纳入法律的价值世界之中，法律自身也针对技术价值而进行价值调整，进而产生法律规范的改变。因此，重构模式不同于回应模式，因为其本质上是法律针对技术价值的不同维度而产生自身价值的整合。在法哲学中，法律之价值整合的方式有不同的理论主张，如德沃金所提出的理解法律之价值网络的辩护梯度上升，以及菲尼斯所辩护的法律与共同善之间的实质性关联。为了更好地呈现技术价值和法律价值重构的模式，此处不深入法哲学内部关于法律之价值的理论分歧，而是借助这些法哲学主张，来分析技术价值与法律价值相互整合的方式。

按照菲尼斯的主张，技术和法律分别处在实存世界的不同理解秩序（intelligible order）之中，理解秩序不是空间意义上的，而是联合关系意义上的。实存世界可以分为四层秩序，第一层秩序是通过自然科学认识的秩序，如客观存在的光和力；第二层是通过逻辑、认识论和方法论所理解的秩序，如光学知识和互联网运行的原理；第三层秩序是人的创造秩序，通过艺术、技术和其他应用科学所创造出来的关系状态，如借助互联网平台而形成的交易关系；第四层秩序是人类的共同行动秩序，是自由和负责任的个体通过追求共同善（common good）的行动而形成的合作秩序，包括文化、政治和法律行动。按照菲尼斯的主张，共同善是人的福祉和成就的核心面向，包括生命、知识、游戏、审美和友谊等。共同善既是理解这四层秩序的核心，也是结成共同体的价值基础。技术处在前面三层秩序之中，但通过人的共同行动融合进第四层秩序之中。[1] 按照菲尼斯的主张，人们在共同体之中的联合是为了保护物质和其他条件

---

[1] FINNIS J. Natural Law and Natural Rights [M]. 2th ed. Oxford: Oxford University Press, 2011: 136-138.

的完整，包括各种合作形式，这些是为了支持、协助和促进个体个人发展的实现。① 技术发展是共同体联合的重要机制，其目标也是个体发展的实现。

法律既是最重要的共同体联合形式，也是保护和实现共同善的最有效机制。② 法律规范是关于人们如何进行有效合作的行动指引，其规范意义既与法律作为独特的社会规范机制有关，如法律的明确性、程序正义、法律对于理由的要求等，也与法律的实践结构相关，包括法律以行动理由来引导人们的行为，法律敏感于背后的共同善，一旦社会关于共同善的实践方法出现分歧，法律就需要进入关于共同善的论辩之中，重新在规范与价值之中进行调整。如当下基因技术完全可以对胚胎进行改造，以便使出生后的人更为聪明、健壮或者漂亮，法律是否应当赋予个体利用该技术改造胚胎的权利，涉及基因技术所触及的对于生命这种共同善的价值论辩。在哈贝马斯看来，"非人为安排的生命开始的偶发性，与赋予人类生命道德形态的自由之间是有联系的"③。因此，通过基因技术对胎儿进行改造，破坏了这种偶发性，也损害了人类生命的道德形态。桑德尔也认为基因改造技术表明了征服和控制世界的立场，该立场"没有尊重人类力量和成就中的天赋特质，也错失了跟上天所赋予的能力持续协商的那部分自由"④。而德沃金则支持基因工程，他认为基因工程可以"使人类未来世代的生命更长、更充满才能，并因此更有成就"⑤。

这些争议，围绕生命这一共同善而展开，但优生学或基因改造技术所产生的价值需要经过生命之善和法规范的价值结构的双重重塑。按照德沃金所提供的理论框架，我们需要在关于技术的价值的法律争议中进行辩护梯度的上升，经过各种形式的原则论辩，寻找到技术与之价值与人类福祉相融贯的最佳方案。无论基因改造技术能够给希望自己的孩子更健康的父母带来何种福音，或者代孕技术在多大程度上可以帮助不能生育的夫妻得到一个孩子，这些技术所产生的社会价值必须被纳入法律价值的论辩空间之中，进行价值世界的重建。

---

① FINNIS J. Natural Law and Natural Rights [M]. 2th ed. Oxford：Oxford University Press，2011：147.
② FINNIS J. Natural Law and Natural Rights [M]. 2th ed. Oxford：Oxford University Press，2011：260-261.
③ HABERMAS J. The Future of Human Nature [M]. translated by HELLA BEISTER and WILLIAM REHG. Cambridge：Polity Press，2003：36.
④ 桑德尔. 反对完美 [M]. 黄慧慧，译. 北京：中信出版社，2013：80.
⑤ 德沃金. 至上的美德：平等的理论与实践 [M]. 冯克利，译. 南京：江苏人民出版社，2003：528.

与此同时，技术价值敏感于共同善的程度会存在差异，优生学、基因技术或代孕技术与人的生命之善紧密相关，呈现出最为厚重的价值关联性。而互联网技术则更主要是为了信息共享和社会合作，主要体现的是知识和友谊这两种共同善，鉴于知识获取方式和友谊实践方式的多元性，互联网技术对基本善的敏感性会弱很多。但这并不否认在对互联网技术引发的法律纠纷的解决上，要进行辩护梯度的上升。网络中立的概念争议，就需要在辩护梯度上升的过程中加以解决，只是在上升过程中，论辩更应围绕互联网权利、平等和效率等价值而展开。①

二、重构模式下的归责原理和法律实践

责任是对实践结果的价值评价，法律归责体现了技术的社会价值从道德意义向法教义学责任的转化。这个转化过程一方面将价值重塑中的道德原理以规范的形式表达出来，并通过部门法实践，划定相关实践主体的责任形态。如在转基因食品的规制中，如果采取美国式的宽松原则，那么转基因技术就获得了合法的地位，转基因食品公司只需要在食品上标明，保障消费者知情权便可。如果采取欧盟式的严格原则或者预防原则，则转基因食品就面临着合法性困境，转基因食品生产者需要面对更为严格的监管。另一方面，在归责实践中，应当随时启动对技术的价值与法律价值的论辩。在这个意义上，在转基因食品的安全性争议中，即使最终通过科学研究证明转基因是安全的，目前无论是中国，还是欧盟，对转基因技术所采取的审慎态度是符合重构模式的，也体现了价值论辩在确定技术敏感于共同善在程度上的必要性。②

尽管在不同的部门法实践中价值论辩的启动方式会存在差异，但我们应当留意责任归属的一般性要素，其中包括技术敏感于共同善的程度、技术自身更新换代的速度，以及归责所产生的成本。当今关于技术实践的法规范在体系性和全面性上大大超越以前，但仍然无法从容应对层出不穷的新难题，特别是在互联网急速创新的大格局之下，法律往往落后于现实，这给执法和司法带来很多制度性难题。

---

① 孙南翔. 论互联网自由的人权属性及其适用 [J]. 法律科学，2017，35（3）：3.
② 欧盟对转基因食品采取的严格原则的成因和演进，参见：胡加祥. 欧盟转基因食品管制机制的历史演进与现实分析：以美国为比较对象 [J]. 比较法研究，2015，29（5）：140-148.

以消费领域的技术难题为例，传统的消费者权益保护法对消费者的知情权、公平交易权和赔偿权等进行保护，然而在互联网基础上所形成的多元消费结构和平台化服务模式之下，消费和服务的概念都发生了变化。回应模式会主张针对互联网或者平台技术的特征进行回应，并进行相应的法律调整。其背后有一些价值预设，如一元购增加了消费者的多元消费选择，京东白条为消费者提供了更灵活的付款模式，从而鼓励消费等，但这些价值预设并不能完整展现法律所包含的价值结构，也不利于启动价值论辩。消费者权益保护的法律实践体现的是对消费者生命健康权和财产权的保护、促进交易和发展经济等价值的平衡协调，但一旦出现一元购这种处于灰色地带的新兴消费形式，则需要对一元购的技术属性、平台性质和涉及的经济结构等进行价值分析，这样才能确定一元购的法律性质。这并非简单地通过法律对技术的法律难题加以回应，而是进入技术的社会价值与法律世界的重构关系之中，寻找归责的价值基础，从而为部门法的制度设计和规范制定提供背景依据。

科技和法律的重构模式体现出了理解法律实践的一种方式，即整体性方案。技术发展不是线性的，而是呈现多样性和代际性特征。整体性的法律方案将技术价值通过社会结构的过滤器纳入法律的价值论辩之中。科技和法律毕竟属于两个范畴，但二者之间可以经过重构模式而实现两个范畴之间的互动。整体性方案并不承诺对任何科学问题或技术问题都能找到一个类似于德沃金的"唯一正解"的解决方案，因为科技的进步和更新换代程度要远超法律，科学研究甚至也会改变我们对于法学、法律推理和法律实践的认识，如认知科学对法律的价值结构的冲击。[1] 在人工辅助生殖技术的发展和社会需求之下，冷冻胚胎的存放和处理在目前成为监管上的难题，江苏无锡的冷冻胚胎继承案更是凸显出应对人工辅助生殖技术的法律的缺失，也反映了冷冻胚胎的法律定性和处置方式的难题。[2] 然而，随着人工生殖技术的更为成熟，在不远的将来，冷冻胚胎或许已不再需要。同样地，人工智能对于法律实践的挑战已经初现端倪，但目前我们无法通过详细立法进行回应，因为真正的难题还没有出现。但法律背后所隐含的价值世界随时开放，迎接科技进步所带来的价值冲击和挑战。重构模式虽不能确保最好的解决方案，但能确定迎接挑战和进行价值论辩的方向。

---

[1] 王凌皞. 走向认知科学的法学研究 [J]. 法学家，2015，27（5）：1-15.
[2] 李昊. 冷冻胚胎的法律性质及其处置模式：以美国法为中心 [J]. 华东政法大学学报，2015，18（5）：57-69.

三、技术中立的重新定位

前面三种模式的分析主要关注的是法律与科技之间的关系，而没有正面探讨技术中立这个概念。然而，对三种模式的反思，实际上就是在寻找理解技术中立的基础。我们可以在多种意义上使用中立这个词，也可以在很多领域使用技术中立这个概念，但在法律实践中，技术中立造成了很多混乱，也引发了一些难题。要清晰地界定技术中立的含义，只能放在科技与法律的关系模式之下。由于法律与科技之间的关系存在着解释上的分歧和不同理论主张，如何展现技术中立的要义，以及如何在立法和司法之中加以适用，也在理论上悬而未决。在我看来，基于重构模式的基本立场，技术中立概念包含着三个方面的内涵。

第一，技术中立是一个最低限度的分析概念，在一种最低意义上表明了技术作为社会实践的特殊范畴，因其自身的客观结构和编程属性而具有讨论起点意义的独立性，这意味着在涉及技术的法律问题的时候，我们首先需要对技术进行专业定性。

第二，根据重构模式的价值图景，技术中立并不包含价值中立的含义。因为一旦主张技术的价值中立，那么就阻断了技术价值和法律价值之间的碰撞和互动。无论是在快播案中，还是在转基因食品之合法性的争论中，价值中立只会回避其中的难题，而不利于问题的解决。在快播案中所热议的一些问题，如淫秽物品是否应当合法，国家在色情监管上是否成本巨大等，要么与技术无关，要么相关，但体现不出价值中立这个问题的迫切性。如桑本谦教授认为，快播案的判决，以及《刑法修正案（九）》加重了网络服务商的安全监管义务，会对当下我们国家互联网的技术创新以及产业升级造成损害，不利于我国国家竞争力的提升，而基于技术中立的放松管制，可以助力互联网产业繁荣。[1] 然而，这个主张的论证方式，还是基于管制模式或回应模式，即法律是应对技术发展和变革的一种限制或保护手段。但法律的价值并不在此，而是一种自主的、包含着自身归责原理和价值论辩结构的社会实践。这种实践方式会失灵，也可能会产生错误和不当的立法，如加重网络服务商的监管责任，但解决这些失灵的有效出路不是技术决定论，而是法律在重构模式下的自我调整。

第三，技术中立在法律价值与技术价值的重构中，技术中立概念可以在价

---

[1] 桑本谦. 网络色情、技术中立与国家竞争力：快播案背后的政治经济学 [J]. 法学，2017, 35（1）：91-94.

值论辩中发挥作用。如前所述，不同的技术敏感于共同善的程度存在差异，在价值论辩中，技术价值参与重构的方式也会不同。在敏感于生命价值的领域，如基因改造、胚胎技术等，技术价值的伦理分量更重，在论辩中的辩护梯度要更高，立法上的调整也慎之又慎。但在其他社会领域，如互联网领域，互联网技术与知识、友谊和社交等共同善的敏感度区别于生殖技术与生命之善的敏感度，因为互联网技术的价值就体现在对这些善的实现，而在关于这些技术的法律争议中，技术中立会在价值论辩中发挥作用，只是这种作用形式会受到制度环境、社会文化和政策的限制。

第五节 结 语

法律与科技的关系在当代凸显出其独特的结构和难题。技术中立只是反映了技术价值切入社会世界的一种相对独立的状态，在道德分歧严重、社会合作面临各种压力的现代社会，法律回应技术发展的最合理方式，是进入与科技的重构模式之中。重构模式并不必然给出最有效的解决方案，但却很好地呈现了法律价值和技术价值碰撞的方式。重构模式既是解析法律与科技的关系的法理学演练，也是解决技术实践之法律疑难的价值指引。人类社会从未像今天这样受益于科技的进步，也从未像今天这样面对科技所引发的如此艰难和棘手的难题。或许没有一劳永逸的方案，但技术是人类实现共同善和福祉的重要工具，也是促进法律价值结构重构的动因，在重构模式之下的价值论辩，既可以在内容上助益立法改进，也提供了反思司法裁判的法理和社会意义的视角。

第二章

人的尊严的价值证成与法理构造

人的尊严被视为现代政治实践的一项核心价值,但尊严也常常被指责是陈词滥调,空洞且模糊。① 不同于权利、平等和自由等概念,尊严既不存在一个典范性的实践结构,也难以确定一个共识性的价值支点。尊严叙事的尴尬处境是,人们对尊严的重要性和基础性没有分歧,但对于尊严到底意味着什么,几乎难以达成有效的共识。近几年国内学界越来越多的学者关注尊严的价值内涵以及如何更好地通过法律保护人的尊严。然而,尊严的学理探讨未能充分应对实践中不断涌现的难题,特别是新兴科技带来的挑战。2018年末的基因编辑婴儿事件更是将新兴技术的伦理边界问题推向了风口浪尖。对人体胚胎基因编辑的最有力的反对声音是基于人的尊严这一价值。然而,如何基于尊严的价值内涵对基因编辑技术进行伦理判断和法律回应,却仍然充满争议。人体胚胎的基因编辑或优化会损害人的尊严还是促进人的尊严,这个问题可能跟安乐死究竟是破坏生命的神圣性还是促进人的尊严一样难以回答,尊严这个模糊的价值表达是否真正能够帮助我们更好地理解生命科技对人类命运的挑战,也引发很多质疑。②

本书尝试从法理学视角对尊严的价值内涵和实践困境进行探讨,首先展示尊严的实践困境的诸种体现,其次对尊严进行法理意义上的概念分析,从方法论和一般理论上澄清尊严概念所面对的概念困境,并借助中道的操作模式进路提供一种更有竞争力的尊严的价值证成方案。在此基础上,通过对尊严的概念澄清来说明尊严的法律实践困境的本质,及促进尊严的法律实践的理论方案,尤其是面对新兴科技的挑战所应有的法理姿态。

---

① BAGARIC M, ALLAN J. The Vacuous Concept of Dignity [J]. Journal of Human Rights, 2006, 5 (2): 257.
② PINKER S. The Stupidity of Dignity [J/OL]. New Republic, 2008, 238 (9): 28-31.

第一节　尊严的法律实践难题及其方法论反思

毫无疑问，人的尊严在规范文本和法律实践中得到了共识性认可，但在实践中尊严的法律实践难题反复出现，不断挑战尊严的概念内涵和规范地位。尽管《世界人权宣言》等国际法文件和很多国家的宪法（典型的如德国《基本法》）都以明文确定了尊严的基础价值地位，但法律实践中反复出现的疑难情形，并没有使尊严的内涵显得更为清晰。① 如引发激烈讨论的德国航空法案一案，该法案规定如果飞机被恐怖分子劫持，则军队可以将飞机击落。但德国宪法法院认为该法案违反了《基本法》第一条所规定的尊严条款，是对飞机上无辜乘客的尊严的破坏。如果我们接受尊严为人之为人的一种重要价值，那么这种价值是否必然使得为了挽救更多人生命而伤害乘客生命的做法完全不具有正当性？即使德国宪法法院可以基于《基本法》第一条的尊严法理做出宪法解释，但这个方案只是从宪法教义学视角对尊严条款所做出的一种应用性阐释，并非对尊严内涵的整全性和终局性说明，而且在哲学论证上仍然面对很多质疑。②

一、尊严的实践难题

尽管我国宪法第三十八条规定了人格尊严，但宪法并没有直接赋予尊严以基础性宪法价值的地位，所以尊严的宪法意义和法理直到近几年才引发比较集中的关注。人格权在民法典编纂中单独成编，使得与人格权具有天然亲缘性的人的尊严的重要性再度被彰显。③ 同时，越来越多的宪法讨论将尊严作为人的基本属性，主张尊严在宪法上具有独特价值，同时也影响部门法实践。④ 然而，从既有的理论分析和实践观察来看，尊严实践仍然存在着以下四个方面的困境，

---

① BARAK A. Human Dignity: The Constitutional Value and the Constitutional Right [M]. Cambridge: Cambridge University Press, 2015: 8-9.
② 比如 Alon Harel 认为，即使基于《基本法》第一条的尊严教义，人的尊严具有神圣性和不可侵犯性，并不意味着在重大必要性（grave necessity）的情况下击落飞机的做法与这一原则相冲突。HAREL A. Why Law Matters [M]. Oxford: Oxford University Press, 2014: 125.
③ 王利明. 人格权法中的人格尊严价值及其实现 [J]. 清华法学, 2013, 7 (5): 5-19.
④ 王锴. 论宪法上的一般人格权及其对民法的影响 [J]. 中国法学, 2017, 34 (3): 102-121.

使得尊严的理论和实践之间仍然处于晦暗不明的关系状态,并且难以应对新兴科技在各个领域所产生的挑战。

1. 尊严的概念内涵充满着很大的不确定性和冗余性。尊严是一种具有证成意义的价值。但这种价值要么为自由、平等和权利等其他价值提供证成性支持,要么与其他价值在价值网络中并行存在。如果是前者,那么就必须在理论上说明为什么尊严能够为自由、平等和权利等提供价值支撑,但很多理论家并未认可尊严优先于其他价值,甚至主张尊严不过是权利的一种表达形式。① 在这个意义上,尊严是冗余的,因为尊严的价值意义完全可以用其他价值加以替代。如果是后者,那么很容易出现的一个困境是尊严被其他价值所吸收,或者出现明显的冲突,如在安乐死问题上,个人生命自决的权利与生命神圣性所承载的尊严之间的冲突。自由主义论者会主张说一个人决定生死的自主权体现的正是对他自身之内在价值的重视,实际上体现出尊严的重要性。② 然而这个自由主义方案的一个问题在于用自由或者自主的内涵来界定尊严,当然会得出二者不相冲突的结论。

2. 尊严价值内涵的公私难分。尊严在法律实践中兼具公法和私法内涵。但这种公私二分的一个突出问题是,公法权利和私权是尊严的同一价值内涵在不同部门法领域的具体体现,还是完全不同的两个概念。在国内法体系中,这个问题涉及民法中的人格权的道德基础是否来自人的尊严这个抽象和含糊的概念,以及宪法中的人格尊严条款与民法人格权之间的关系。③ 宪法学者当然地会主张作为宪法价值的尊严是民法之私权的规范基础。④ 但民法学者可以主张说人格权保护的价值基础就在于人格尊严的重要性,人格权设置是一种独特的私法保护机制,不同于公法机制,也旨在保护特定的私法利益。这个立场实质是间接否定了人格权保护与宪法人格尊严条款之间的规范关联。而实际上很多民法学者在讨论人格权的价值基础或保护边界时,通常诉诸人的人格平等或者独立性的抽象假定,而无须多余地诉诸宪法条款。显然,公私法之间关于尊严的不同理

---

① FEINBERG J, NARVESO J. The Nature and Value of Rights [J]. The Journal of Value Inquiry, 1970, 4 (4): 260.
② 德沃金. 生命的自主权 [M]. 郭贞玲, 陈雅汝, 译. 北京: 中国政法大学出版社, 2013: 315.
③ 窦衍瑞. 宪法基本权利和民事权利的连接与互动: 以人格权为例 [J]. 政法论丛, 2018, 34 (3): 74-81.
④ 齐延平. "人的尊严"是《世界人权宣言》的基础规范 [J]. 现代法学, 2018, 40 (5): 22-38.

解模糊了尊严的概念内涵。①

3. 尊严价值探究在方法论上的迷失。尊严的概念分析应当遵循何种方法，理论上的反省仍然欠缺。目前通行的是采取比较法路径，借鉴国外实践经验对我国的尊严保护实践进行本土构造。② 但比较法上的观察和借鉴在功能上是有限的。一方面，是文化原因，德国基本法第一条的规定深受康德哲学影响，但美国最高法院在判例中对人的尊严的承认很难说反映了某种哲学理论。另一方面，是像德国这样有着较为成熟的尊严之宪法教义的国家，在面对尊严保护的疑难情形时，也表现出某种力不从心。在面对人工智能和生命科技等所造成的剧烈挑战时，传统意义上的尊严教义是否能从容应对，值得质疑。比较法上的借鉴有助于更好地梳理各种尊严学说的适用限度和可能性，但仍然无法从根本上解决尊严的价值本质难题。

4. 难以有效地应对新兴科技的剧烈挑战。虽然尊严内涵的宽泛性可以容纳很多新兴情形，但人工智能和生命科技等新兴科技带来的人与自然的关系、人类改变自身的能力和社会合作模式的改变都是彻底的。抽象且空洞的尊严概念是否能够涵盖这些新情形，以及是否能够解决新兴科技的伦理边界问题，基于尊严而进行的争论产生的更多的是两极化分歧，而非共识。③ 以基因科技为例，早在21世纪初期就有大量的讨论围绕基因和克隆技术的可行性而展开，这一争论在基因编辑技术于2013年发明之后继续深化，但基因编辑是否能在人体胚胎上适用，在学理上仍然存在激烈争议。争议双方都会援引尊严作为论辩的依据，使得尊严的内涵陷入更大的不确定之中。

二、尊严的概念分析：厚概念还是薄概念

尊严概念不同于法律体系中的许多概念，如权利、责任和损害等。围绕尊严而产生的各种理论分歧以及尊严在法律实践中遭遇的各种挑战，在一定程度上反映了这个概念在概念层次上的混乱。威廉姆斯对伦理学中的厚概念与薄概

---

① 当然也有折中方案，主张民法中的人格尊严是将作为公权的人格尊严转化为私权，通过民法加以保护。参见：杨立新. 人身自由与人格尊严：从公权利到私权利的转变 [J]. 现代法学，2018，40（3）：3-14.

② 王进文. "人的尊严" 义疏：理论溯源、规范实践与本土化建构 [J]. 中国法律评论，2017，4（2）：100-121；宋新. 论德国宪法上的人的尊严及借鉴 [J]. 东方法学，2016，6.

③ 拜尔茨. 基因伦理学 [M]. 马怀琪，译. 北京：华夏出版社，2000.

念所做的区分，有助于从方法论上解决尊严的概念分析中的各种分歧。厚概念指的是在伦理实践中具有世界指向性和实践指引性的概念，如诚实、残酷、谎言和勇敢等。而薄概念与之相对，指的是具有普遍性和抽象性但不具有实践指引性的概念，虽然这些概念是薄的，不能对行动提供具体指引，但它们构成了道德体系和道德话语的一部分，如正当、好、义务和正义等。①

尊严在实践中遭遇的困境或指责主要有尊严概念的不确定性、内涵的歧义和欠缺指引性，简言之，按照威廉姆斯的界定，尊严属于典型的薄概念。尊严这个概念自从被提出来之后就具有极高的抽象性，无法与世界中的任何描述性特征相对应。同时，尊严难以对个人和政府的行动提供明确的指引，体现在两个方面。一方面，除"人的尊严应受尊重和保护"这个抽象原则之外，我们难以从尊严的概念中推导出具体的行为准则，因此尊严的适用性就会失去基础；另一方面，目前已有的政治概念，比如自由和权利等，尽管仍然充满争议，但基本上能够解决政府行动和个人之间的道德关系的界定。在这个意义上，尊严概念既是薄的，也是冗余的。

然而，即使在威廉姆斯的方法论框架之下，我们仍然可以将尊严视为一个厚概念，并且将尊严的规范内涵加以充实。世界导向性指的是概念的实证（empirical）内容，能够在人们的实践和选择中体现出客观面向，而薄概念在社会实践结构中找不到这样的具有客观意义的实证面向。残忍这个概念对应着人的冷血态度或者极端手段等客观面向，尊严当然没有这种类型的客观面向，但这并不意味着尊严就失去了客观面向，或者尊严相比之下就显得更薄。如斯坎伦所指出的，如果世界指向性只能通过客观的实证面向加以理解，那么威廉姆斯就犯了一个错误，将概念的描述面向和评价面向混同在了一起。② 概念的描述面向为评价面向提供了客观支持，但并不意味着概念的评价面向就是由其客观面向所决定。一种更为适当的理解是将概念的客观面向作为概念的世界导向性的支撑材料，因此厚概念与薄概念关于实证面向的差异只是程度的差异③，世界

---

① 威廉姆斯. 伦理学与哲学的限度［M］. 陈嘉映, 译. 北京: 商务印书馆, 2017: 169-170; 李燕, 潘红霞. "厚概念"与"薄概念": 威廉斯对道德客观性的勘定［J］. 华中科技大学学报（社会科学版）, 2014, 28 (3): 45.

② SCANLON T M. Thickness and Theory［J］. The Journal of Philosophy, 2003, 100 (6): 276.

③ SCHEFFLER S. Morality Through Thick and Thin［J］. Philosophical Review, 1987, 96 (3): 417-418.

导向性的落脚点应该放置在概念的评价面向所内含的价值网络之中。①

同样地,尊严概念的行动指引性也可以在这个区分的基础之上加以确定。按照威廉姆斯的界定,薄概念之所以欠缺行为指引性,主要在于薄概念不具有转化为具体行动理由的转化机制以及成为行动者内在理由的动机基础。比如,慷慨大方是一个厚概念,其为我给地震受灾区捐款提供了具体的行动理由,并让我产生了捐出特定数额金钱的内在动机。但公正这个薄概念并不能提供如此具体的行动理由和动机。然而,威廉姆斯将行动指引性落脚在能否产生行动理由这一点,过度简化了理由与行动之间的证成关系。行为是"残酷的",这个理由为我们提供"不以残忍对待他人"的理由的逻辑分为两步。第一步是"道德证成",即关于理由的道德上对与错的说明;第二步是"理性证成",即我们将理由作为行动指引进行的理性辩护。② 这两个步骤是分开的,但都包含在理由为行动提供指引这个实践推理过程之中。威廉姆斯只是将行动指引性理解为转化为行动理由的能力,这一点忽视了这种证成关系的复杂性。他所主张的厚概念的行动指引性只是针对厚概念内容上的充实,更多地突出了厚概念对人的实践态度的影响,而非提供了证成性辩护。

一旦将实践推理所包含的证成关系揭示出来,那么概念的厚与薄就会展现出不同于威廉姆斯的另一层意义。虽然有很多哲学家对这对概念的区分进行反驳,但本书采取折中策略,认可厚概念与薄概念的区分,但赋予其不同的内涵。一方面,概念的厚薄之分在一定程度上像一根刺一样影响了尊严的规范内涵的挖掘,加剧了尊严概念的理论分歧,因此必须呈现出这个概念的厚度,才能减少不必要的分歧。另一方面,虽然威廉姆斯基于其怀疑论的伦理学立场将厚概念落脚在世界指向性和行动指引性这两个面向,而错误地把一些概念界定为薄概念,但通过对世界指向性和行动指引性的重构,既可以保留概念的厚薄之分,又可以展现出厚概念的真正厚重之处。厚薄之分对于尊严概念的澄清至关重要,特别是体现在尊严的价值处境和价值推理结构的建构上,但目前已有讨论忽视了尊严的厚薄之分。尊严是否具有厚重形式,取决于尊严的价值本质和影响道德推理的能力。因此,对尊严的价值分析就成为必须。

---

① 德沃金. 刺猬的正义 [M]. 周望,徐宗立,译. 北京:中国政法大学出版社,2016:200-201.
② SCANLON T M. Thickness and Theory [J]. The Journal of Philosophy,2003,100(6):281.

三、分析尊严之价值结构的四种模式

尊严的价值分析既是对尊严的价值属性和规范内涵的提炼,也是对尊严应当如何呈现其世界指向性和行动指引性的方法论立场的建构。尊严的价值分析需要参照人们在价值讨论和法律分析中如何使用这个概念。Alan Harel 做了一个有效的区分,将尊严的使用方式区分为四种策略,即目录策略、最后手段策略、历史进路和操作模式进路。[①]

目录策略指的是提取尊严所依据的一些特定情形,探讨尊严能够提供支持的特殊关注、权利和价值,整理出一个目录,以体现出价值在实践中的重要性。纳斯鲍姆基于亚里士多德而非康德式的尊严观,将尊严理解为人生命的独特存在意义和发展动态上的整体福祉性,认为培育和提高人的基本能力是实现尊严的核心路径。纳斯鲍姆的核心能力清单上包含生命、身体健康、感觉、情感、实践理性、归属、其他物种、娱乐和对外在环境的控制等类型。[②] 但这些类型相互之间存在着的差异和松散的关联性体现的与其说是尊严,不如说是人在世上更好生存的基本条件。它们虽然充分地体现了人在世界中的客观面向,但这个有些武断的清单难以呈现出一个有着独特价值表达的尊严概念。

最后手段策略主张将尊严作为解决其他价值穷尽时填补证成性裂缝的最后手段。这一模式可以区分为两种进路,一种是理性论证模式,另一种是情感模式。理性论证模式在一定程度上借鉴了康德的尊严观。在对个人自愿为奴或者个人理性地决定结束自己生命的情形中,Dan-Cohen 认为虽然这种决定处于个人自愿,符合个人自治价值,但个人自主地放弃自治的悖论性选择与尊严不符,尊严提供了不同意义的证成依据,论证了在这种情况下伤害仍然是存在的,因此这种决定不具有正当性。[③] 情感模式并不侧重于对尊严的价值论辩,而是在于在维持一个公正或体面社会的实践过程中,将尊严作为社会情感上的最后防线。马加利特在关于体面社会的理论建构中,提出了消除羞辱和残忍是体面社会的

---

① HAREL A. Why Law Matters [M]. Oxford: Oxford University Press, 2014: 56-63.
② 纳斯鲍姆. 正义的前沿 [M]. 朱慧玲, 等译. 北京: 中国人民大学出版社, 2016: 24-25.
③ DAN-COHER M. Defending Dignity, in Harmful Thoughts: Essays on Law, Self, and Morality [M]. Princeton: Princeton University Press, 2002: 150.

本质特征，而从反面上说，羞辱和残忍的存在是对人的尊严的践踏。①

历史进路从思想变迁的角度探讨尊严概念如何获得重要性，以及进入国家宪法、国际公约和宪法裁判的过程。这种回溯性的理解方案在确定尊严概念的厚与薄这个问题上具有独有的优势，在历史实践中尊严被理解和对待的方式是我们判断这个概念是否具有世界指向性的重要实证素材。然而遗憾的是，即使是采取历史进路，我们仍然无法确定尊严的概念性质。将尊严写入宪法的德国、南非等国家，并没有因为尊严成为宪法价值而使这个概念具备了更为确定的世界指向性。②

操作模式进路关注的不是尊严能够为何种价值和关注提供基础，而是尊严证成这些价值和关注的独特方式。只有在操作模式进路的分析框架之下，尊严的概念结构和价值内涵才能被完整地挖掘出来，并为其实践意义提供分析意义上的概念框架。围绕尊严的大量分歧都与这个概念究竟如何呈现其操作意义有关，有代表性的几种尊严理论都是从操作模式上来理解尊严，如德沃金、沃尔德伦和哈瑞尔（Alon Harel）的立场。操作模式进路既包含关于尊严的价值和实践意义的实质性主张，也包含尊严如何进入实践并对其他价值和关注进行证成的完整理论说明。这种模式首先能够对尊严的几种质疑进行回应，如尊严不具有行动指引性。操作模式进路关注的是尊严证成其他价值特定方式，在一个整体价值论的框架之下，这种方式需要通过三个方面来填补，而且其证成的整体链条越完整，尊严的价值属性就会越厚重。这三个方面分别是尊严的独特价值属性是什么、尊严的价值如何能够为其他价值提供基础和证成、尊严的证成性如何转化为实践中的制度和法律形态。

第二节　中道的内在价值尊严观：操作模式与辩护

一、三种操作模式

既有的哲学和法理讨论在揭示尊严的价值本质及其与其他价值的证成关系

---

① 马加里特. 体面社会［M］. 黄胜强，许铭原，译. 北京：中国社会科学出版社，2015：67.
② SOURLAS P. Human Dignity and the Constitution［J］. Jurisprudence，2016，7（1）：31-32.

上存在着三种梯度的操作模式，即强的操作模式、中道的操作模式和弱的操作模式。强的操作模式的代表是德沃金，他主张价值是一个整体，所有的价值都以一种相互支持和促进的方式共存，而尊严是这个一体性结构的锚，只有在确定尊严的价值的基础上，我们才能更好地理解平等、权利等其他价值。① 很多理论家主张尊严与人权之间的证成关系，将尊严作为人权的道德基础，但在证成链条的建构上，德沃金的方案是最为精致的。

中道的操作模式的代表性人物是沃尔德伦，他对尊严的价值内涵与法律意义做了大量的探讨，其核心观点是将尊严的古典"地位（status）"内涵赋予了现代意义，指出尊严的内涵是每个人应该受到尊重和重视的地位，而法律制度的运行原理内在地蕴含着对尊严的保护和重视，"就现代法律而言，有趣的是，其对尊严的承诺，同时通过我们所描述的两种方式包含在制度当中"②。沃尔德伦并未赋予尊严以过重的价值内涵，而且认为尊严并非人权的排他性道德基础，因为有一些人权并不需要从尊严那里获得证成，而且尊严可能作为辅助性力量而被其他更为重要的价值所吸收。③ 但尊严仍然是一重要的证成性价值，它不仅促进我们对人的重要性的理解，同时也塑造了法律的制度美德。

弱的操作模式既淡化了尊严在价值网络中的证成性角色，也将尊严的实践内涵限定在一个有限的范围之内，它仍然是基于操作模式进路，因为它将尊严放置在一个规范性的处境之中，在尊严的价值内涵与实践选择之间建立一种证成性关联，尽管这种关联可能很弱。Khaitan 所提出的尊严的表达规范理论是一个典型。他主张尊严是一种表达性的价值，是包含在特定的行动和语言中的带有道德色彩的规范性态度。当然这种态度是薄的，受到文化等因素影响，但他并不是站在非认知论的表达主义立场之上，而是主张尊严的表达规范是具有客观意义的。④ 相类似的立场由哈贝马斯提出。哈贝马斯并非明确地采取一种表达主义的立场，但他的操作模式进路仍然是弱意义上的。他主张历史上存在的羞辱和破坏对于人类尊严的损害激发出共同体对于尊严的各个层面的理解，人们

---

① 德沃金. 刺猬的正义［M］. 周望，徐宗立，译. 北京：中国政法大学出版社，2016：224.
② 沃尔德伦. 法律如何保护尊严［M］. 张卓明，译. 现代法治研究，2018，3（2）：94.
③ WALDRON J. Is Dignity the Foundation of Human Rights？［M］// CRUFT R，LIAO S M，RENZO M. Philosophical Foundations of Human Rights. Oxford：Oxford University Press，2015：136.
④ KHAITAN T. Dignity as an Expressive Norm：Neither Vacuous Nor a Panacea［J］. Oxford：Oxford Journal of Legal Studies，2012，32（1）：4.

转而通过穷尽权利和创设新的权利来回应尊严的危机。这种兼具历史色彩的分析路径体现了尊严和权利保护之间的弱证成性关联，在他看来，尊严是道德法与实在法的义务之间的一个枢纽。①

二、尊严的内在价值属性

前述三种模式都将尊严放置在一个证成关系之中，展示出尊严与其他价值之间进行关联的方式，但这三种模式存在着立场上的分歧。这个分歧指向了这个核心性问题：尊严是一种怎样的价值？基于尊严概念之厚与薄的区分和三种操作模式的概述，本书提议一种理解尊严的中道的操作模式进路。这一进路既包含对尊严是何种价值这个问题的回答，同样也对尊严如何证成其他价值和影响道德推理的方式进行提炼。中道的操作模式进路包含着三个内容：一、尊严是一种有着共同体属性的内在价值，即使这种价值在根源上的解释是本质上有争议的，但尊严仍然是一个具有世界指向性和行动指引性的厚概念；二、尊严以一种互惠模式为其他价值提供证成，特别是人权价值，这体现了尊严的共同体属性，也将尊严纳入一种可操作的证成结构之中；三、尊严以互惠性的方式进入法律实践，法律在价值上是与尊严内在相关的。

首先，尊严是一种人作为人的存在而具有的内在价值，这是尊严的辩护者的基本共识。② 这种内在价值主要体现在人之为人的独特且独立的、应受尊重和认可的价值状态。这个抽象的界定并非对尊严做了一个终局性的概念界定，而是突出尊严的厚概念属性和在世界中实现的方式。但我们不能采取德沃金的强的操作模式。这一模式在方法论上面临重大难题。德沃金通过内在价值和本真性两个原则赋予尊严以内在价值地位，并将其作为证成其他政治价值的基础。③ 这个论证的缺陷有两个，一是个人的内在价值不需要像德沃金所主张的那样通过个体采取一种解释性的态度来加以珍视（自尊原则），这对个体提出了过高的责任要求，二是德沃金所主张的本真性原则并不必然与自尊原则相符合，这个

---

① 哈贝马斯. 人的尊严的观念和现实主义的人权乌托邦 [J]. 哲学分析，2010，1（3）：6.
② KATEB G. Human Dignity [M]. Cambridge MA：Harvard University Press，2011：10.
③ 德沃金. 刺猬的正义 [M]. 周望，徐宗立，译. 北京：中国政法大学出版社，2016：358.

要求过于理想。①

如果不诉诸尊严背后的深层争论,如何确定和证实尊严的内在价值属性?康德将人的内在价值性解释为人的自我立法的绝对无价性或者人的目的性本身。②但承载这种价值的人格包含着经验性(自我感知)和超越性(理性本质)两个维度,协调这两个维度会带来巨大的实践上的困难。③达沃尔提议了另外一种理解尊严的价值性的方式,他主张道德义务和责任都预设着第二人称视角,尊严体现在第二人称关系中的尊重。在这个结构中,个体拥有主张他人尊重的道德权威,尊重传达了对个体的尊严的承认和回应。④但正如贝兹所指出的,尊重背后仍然需要道德理由的支撑,尊重只是传达了尊严内在的那些道德理由,基于第二人称结构的尊重是回应于尊严的独特实践,但仍然没有反映尊严的价值内核。⑤

沃尔德伦的中道方案避免了将尊严的价值落实在更为实质和争议性的那些道德考量之上,这种中道和非实质性的路径反而能够与法律的制度性道德目标相吻合,因为法律并不是以内容上的正当表达对人的地位的尊重,而是通过制度性的合作方式和法治结构体现对人的重视。⑥然而,基于地位或者等级的尊严观虽然能够凸显人区别于其他物种的重要性和独特性,以及人与人之间在尊严上的平等地位,但这个概念是没有实质内容的,其规范意义只能通过尊严的社会或制度实践来填补。这种操作模式遭遇了两个困境。第一个困境是以实践中的表现形式来充实尊严的内容存在着比较大的风险,正如 Julian A Sempill 所提出来的,沃尔德伦将尊严作为法律制度的一项内在美德和道德意义的基础,无法与实践中存在着的很多对尊严造成羞辱和冒犯的法律内容相协调。⑦第二个困

---

① WOOD A. Interpreting Human Dignity [M]//KHURSHID S. Dignity in the Legal and Political Philosophy of Ronald Dworkin. Oxford: Oxford University Press, 2018: 178.
② 康德主张自律是尊严所体现的那种无法比拟的价值,因此自律成为尊严的基础。参见:康德. 道德形而上学原理 [M]. 苗力田, 译. 上海: 上海人民出版社, 2012: 42.
③ 施瓦德勒. 论人的尊严 [M]. 贺念, 译. 北京: 人民出版社, 2017: 127.
④ 达尔沃. 第二人称观点:道德、尊重与责任 [M]. 章晟, 译. 南京: 译林出版社, 2015: 63.
⑤ BEITZ C R. Human Dignity in the Theory of Human Rights: Nothing But a Phrase? [J]. Philosophy & Public Affairs, 2013, 41 (3): 279.
⑥ 沃尔德伦. 法律如何保护尊严 [J]. 张卓明, 译. 现代法治研究, 2018, 3 (2): 84-85.
⑦ SEMPILL J A. Law, Dignity and the Elusive Promise of a Third Way [J]. Oxford Journal of Legal Studies, 2018, 38 (2): 218-219.

境涉及对地位或者等级的理解，人的地位即使具备区别于其他物种的区分性和独特性，其仍然需要一个来源，来解释这种独特性之所在，因此对价值的寻求就是必需的。①

借助尊严的实践形态来理解尊严价值的模式似乎是走不通的。尊严的价值只能从内部进行理解。借助 Nagel 和 Beitz 所提出的一些主张，本书将尊严的内在价值性界定为人的不可侵犯性（inviolability），以及附属于该属性的辅助性价值内涵和限制因素。不可侵犯性表明了人的存在的内在重要性，这种重要性应该受到保护，而不应受到否定和损害。② 这是一种独特的价值存在形态，它表明了人作为一个行动主体在与世界在实质关联中所体现出的对内的自我引导和保全，以及对外的保护性要求。需要注意的是，无论是这种价值所包含的对内还是对外的要求，首先是指尊严的存在形态，而非尊严所产生的规范性要求。

这种尊严观当然不会完全地摆脱尊严分析通常所面对的那些批评，而且表面上它确实呈现出一些其他尊严观所有的缺陷。针对这种批评的回应和辩护有两个方面。首先，如果我们对价值本身的（包括元理论意义上的）存在基础与存在形态进行区分，那么基于人的不可侵犯性的理解贯彻的是一种中道的操作模式，它并不试图对尊严的价值形态做出最为彻底的回答，这个问题可能是无解的，即使我们诉诸更深层次的哲学或神学论证，但它表明了人的存在意义上的重要性——人是一个不可侵犯性的存在，排斥否定和羞辱——仍然体现的是尊严的内在价值方面，而非外在的规范形态。相比于德沃金所提出的更为厚重的内在价值观，这种观念没有赋予个体的行动能力和主观倾向（本真性）以更重的分量，因此避免了将尊严视为解释性概念所带来的客观性困境。同样地，地位或者等级的尊严观的可取之处在于突出了尊严的"尊贵性（nobility）"，传统意义的尊严，如贵族的尊严，体现的正是这种尊贵性，沃尔德伦在选择地位的尊严观时，更看重的是其地位意义，而放弃了尊严概念的尊贵性意义。人的不可侵犯性观念能够将尊严的尊贵性内涵重拾回来。贵族所拥有的尊严体现为贵族拥有特权的专有性和不可侵犯性，与之类似，个体的不可侵犯性也能够体现出这种尊贵性，只不过人的尊贵性不再依赖于其特权不受侵犯，而是人在

---

① BEITZ C R. Human Dignity in the Theory of Human Rights: Nothing But a Phrase? [J]. Philosophy & Public Affairs, 2013, 41 (3): 275.
② NAGEL T. Personal Rights and Public Space [J]. Philosophy & Public Affairs, 1995, (24) 2: 83-107.

社会世界中自我引导之能力（capacity for self-direction）被认可、尊重和免于侵犯的地位，凯特伯将这种独特的价值状态称为"受珍视的抱负和成就（cherished aspirations and attainments）"①。

其次，具有方法论意义的操作模式进路能够尽可能地澄清这种尊严观的实践内涵的模糊之处。尽管对尊严的界定不可避免地存在模糊和空洞之处，但这种指责无外乎尊严的价值难以界定和形成共识，以及不能提供有效的行为指引。各种版本的操作模式进路在一定程度上能够回应这种批判，但基于人的不可侵犯性的中道理解能够更有力地做出回应。人的不可侵犯性的规范内涵是什么？在一定程度上，对人的自主实践造成障碍和损害的因素都是对于尊严的破坏，但按照中道的尊严观，我们不需如此理解人的不可侵犯性。在人所生活的道德和制度世界中，尊严以各种方式受到促进和压制，但并非所有压制都破坏了尊严，经济上的匮乏与自然环境的恶劣都会影响人的不可侵犯性，但只有那些以羞辱和否定的方式危及人的自我引导的伤害才是尊严性伤害（dignitarian harm）。② 什么构成了尊严性伤害？这个问题把关注点从尊严的内在价值转向了尊严的规范内涵，即尊严价值在道德推理中运行的方式。③ 人的不可侵犯性这种价值属性并不能直接导出特定的规范性主张，这一点使得尊严概念不同于权利、自由等具有更为确定的规范结构的概念。然而，尊严可以借助一些辅助性属性而呈现出其更为完整的规范内涵，这也是中道的操作模式的题中应有之义。

三、尊严的共同体属性与互惠模式

尊严的内在价值属性包含着格里芬或沃尔德伦之主张的一些合理成分，但在一些重要的方面与他们不同，特别是关于尊严的共同体维度。共同体维度体现为两个方面，一是尊严包含着享有尊严的个体对自身、自身与共同体的关系以及共同体本身的理解，这并不是主张尊严是一种共同体属性，或者是一种集体理解，而是说尊严的价值内涵必然首先在一个共同体语境中被体现出来，如哈贝马斯所言，"人的尊严根植在一种公民地位中，要求归属于时空中的某个有

---

① KATEB G. Human Dignity [M]. Cambridge MA：Harvard University Press，2011：12.
② BEITZ C R. Human Dignity in the Theory of Human Rights：Nothing But a Phrase？[J]. Philosophy & Public Affairs，2013，41（3）：289.
③ HAREL A. Why Law Matters [M]. Oxford：Oxford University Press，2014：60.

组织的共同体"。① 个人的内在尊严不是一个静态的存在，需要通过言语、行动和交往等社会实践形式体现出来，个体是通过自由实践、理性反思和情感理解参与到社会实践中。在德国终身自由刑案中，宪法法院的判决意见典型地体现了这一点，"《德国基本法》理解的自由不是一个完全孤立的个体的自由，而是生活在共同体中、与共同体休戚与共的个体的自由"②。这种对自由和尊严的理解贯彻着一种社群主义的公共哲学，将共同体价值和良善观念印证在对人的尊严的理解之中。③

共同体维度的第二个更为关键的方面是尊严的制度性和法律性。尊严在现代社会中的地位并不完全是制度建构的结果，可能是尊严塑造了现代社会的制度和法律形态。沃尔德伦将之称为"法律对人的尊严的一份献礼"，他认为"生活在法律治理下的人们，被认为是思想者，能够把握和理解法律治理的原理，并通过复杂的智力活动将此原理融入他们自己有关自身的行为和目的与国家的行为和目的之间有何联系的见解中"。④ 尊严的法律实践既体现了尊严嵌入共同体中的公共属性，同时也印证了尊严价值的互惠模式，即尊严为其他价值所提供的证成性意义体现在，尊严表明了其他价值的重要性基础，如权利表明了人的应受尊重（respectfulness）的制度形式，而权利保护实践反过来又充实了人应当受到尊重的那些面向，从而强化了人的内在价值属性的证成性力量。⑤

第三节　尊严的法理构造：互惠性证成模式的展开

人的尊严在法律实践之中虽然面对着很多难题，但中道的内在价值尊严观为破解这些难题提供了方法论框架和价值论辩资源。人的尊严的法理构造体现为三个方面，即人的尊严具有何种法律内涵、人的尊严与其他法律价值之间的

---

① 哈贝马斯. 人的尊严的观念和现实主义的人权乌托邦 [J]. 哲学分析，2010，1（3）：7.
② 张翔. 德国宪法案例选释第1辑：基本权利总论 [M]. 北京：法律出版社，2012：190.
③ RAO N. Three Concepts of Dignity in Constitutional Law [J]. Notre Dame Law Review, 2011, 86（1）：222.
④ 沃尔德伦. 法律如何保护尊严 [J]. 现代法治研究，2018，3（2）：87.
⑤ 达尔沃. 第二人称观点：道德、尊重与责任 [M]. 章晟，译. 南京：译林出版社，2015：63-64.

关系、人的尊严如何通过具体的法律规范加以保护。尊严的实践难题与这三个方面紧密相关，但呈现出一个复杂的问题群。这个问题群的核心是人的尊严在宪法和私法中的价值处境，以及如何应对新兴科技对人的尊严的挑战。其他问题通常可以在核心问题解决的基础上得到回答。鉴于新兴科技的挑战突破了尊严的宪法和私法内涵的一些既定边界，因此下一节单独处理这个问题。

一、作为基本价值的尊严及其宪法内涵

基于对尊严的厚概念和内在价值属性的探讨，尊严具备了影响宪法实践的价值姿态，基于人的不可侵犯性的尊严观蕴含了进入宪法框架的规范可能。但尊严不同于权利和自由等宪法性概念。权利和自由表明了人作为一个行动主体参与规范世界的能力和证成宪法规范的规范地位，它们一方面具有宪法教义学上的价值基础地位，另一方面能够为国家行动和个人获得基本福祉的保障提供规范支持。但尊严不是以这种方式发挥作用。尊严的世界导向性并不在于提供具体的行为指引，而是与权利等价值的实质关联，但尊严与其他价值之间的关系同样是模糊不清的，这体现在我们在对自由、平等等宪法价值进行分析的时候，是否需要援引尊严概念。

基于对尊严的内在价值以及尊严与权利的互惠关系的分析，可以提出：尊严是一项重要的宪法价值，无论是在德国基本法中明确规定的"人的尊严不可侵犯"，还是其他国家通过各种制度实践将人权纳入宪法保护中的做法，都内在地体现了尊严在宪法实践中的独特规范地位。[①] 但尊严的价值内涵并不受限于宪法结构，一方面尊严为人权提供证成，并从人权实践中获得互惠性反馈；另一方面尊严具有超宪法的法律内涵，尊严的内在价值在法律实践中可转化为具体的行为规范，或者类似于 Khaitan 所提出的表达性规范，但必须在一种互惠性的结构之中被转化，也就是说在特定事务或事例中的具体规范要与尊严的不可侵犯性内涵相符合并且能够强化尊严的规范内涵。

尊严的不可侵犯性的内在价值发挥证成作用的论证可以分为两步。第一，如果不可侵犯性是一种成功的内在价值解释，那么在尊严的实践过程中尊严必然转化为特定的规范内涵。在这个转化中，格里芬或沃尔德伦所提议的将尊严理解为特定含义的地位就能发挥作用，而且减少了将尊严与人权进行关联的论

---

① BARAK A. Human Dignity: The Constitutional Value and the Constitutional Right [M]. Cambridge: Cambridge University Press, 2015: 51.

证负担。真正的难题是，尊严从内在转化为外在规范状态的过程中，如何从内在价值形态转化为地位形态。这个转变的关键在于，人是以特定的地位状态进入共同体生活和政治生活之中。这个地位体现为两点：人做出规范性主张和要求、人和人之间进行互动和合作。人的不可侵犯性分别转化为消极的地位尊严和积极的地位尊严来塑造人的地位状态。消极的地位尊严体现的正是人的不可侵犯性所内含的人的免于羞辱和否定的主张，当人以尊严主体的身份进入实践中，消极的地位尊严确立的是共同体对个体的不可侵犯性的认可，也是对一个不可侵犯的个体在世界中的独特地位的肯定。积极的地位尊严表明了尊严的内在价值的共同体属性，在一个合作与交往的共同体之中，不可侵犯性的内在性同样可以转化为对人的重要性的共享性理解，这种理解促进每个人以一种更加体现尊重的方式重视其他人的内在价值。

第二步的论证涉及尊严的转化机制与人权的道德内涵之间的关系。首先需要澄清尊严为人权提供证成的意义所在。人权包含着丰富多样的内容，但人权的特殊性在于其规范结构。这里需要区分人权的性质（nature）和基础（ground）。人权性质体现的是人权区别于其他价值的概念特征，如自由。既然人权属于权利的一种，那么人权共享着一般权利的结构，但人权具有特定的道德内涵。虽然如此，人权的性质与基础仍然不同，后者关注的是人权的规范性基础，即人权所产生之道德理由的来源。[①] 按照贝兹的界定，人权是保护个体免于政府特定行动或不作为所产生之后果的公共性规范实践。[②] 那么，人权的规范性基础在于个体向政府提出避免这种后果的道德主张的源头。批判尊严与人权之关联的主张认为引入模糊的尊严概念反而会加剧人权的证成难题，人权的证成并不需要特别地预设额外的一个抽象概念。[③] 此外，人权面向政府的这种公共实践结构体现了人权的政治功能性，尊严概念需要对人权的这一独特特征做出解释，否则政府对个体的伤害与普通人对个体的伤害会趋同，人权概念也就失去了意义。

然而，这个指控可以通过建立尊严与人权之间的中道的证成性关系加以解决。虽然德沃金采取了一种将责任、自我理解等诸多因素杂糅进尊严概念的处

[①] 威尔曼. 人权的道德维度［M］. 肖君拥，译. 北京：商务印书馆，2018：7.
[②] 贝兹. 人权的理念［M］. 高景柱，译. 南京：江苏人民出版社，2018：15.
[③] SCHROEDER D. Human Rights and Human Dignity: An Appeal to Separate the Conjoined Twins［J］. Ethical Theory and Moral Practice, 2012, 15 (3): 326.

理方式，但他所采取的尊严前置的方案是恰当的。德沃金在讨论权利本质之前先分析了人们的政治义务，而政治义务是个体在联合之中表达自尊并体现本真性的要求。① 即使德沃金赋予尊严过高的含义，但他正确地指出了尊严在促成共同体联合及凸显权利实践之重要性上的意义。为什么人的不可侵犯性在转化为地位尊严之后能够针对政府产生独特的道德理由？我们可以在几种中道的方案之间进行综合考察，从而判断回答这一难题的可行方案。哈瑞尔主张尊严潜在于部分权利的基础之中，但并非所有权利。② 贝兹认为尊严所内含的自我引导能够解释人权的公共实践的价值，而非这种实践内嵌的特定规范性要求。在人权讨论中援引尊严，可以使人们更加自然地关注其背后的道德考量。③ 沃尔德伦和贝兹都持有薄弱意义的证成观，他们并没有在人权推理中赋予尊严以更强的证成力量。

哈贝马斯给出了一个更强的界定，他认为人权的身份内涵使得"人的尊严有资格成为道德和人权之间的历史联结环节"④。Tasioulas 同样是基于一种内在价值的地位观主张尊严影响着人权的道德推理，但并非为人权提供价值来源，而是发挥着操作性功能，即人权规范背后的普遍利益形成紧密联合，以多元方式确定人权基础的道德和审慎成分。⑤ Valentini 和 Rijt 则以类似的形式提供了一种在尊严和人权之间建立更强证成关系的方案。Valentini 主张内在尊严和地位尊严的区分，后者与人权的功能在概念上相关。Rijt 则区分了内在尊严和偶定尊严（contingent dignity），并主张人权直接从尊严的内在性质中导出，但保护的却是尊严的偶定特征。⑥

以上都是区别于强证成模式（德沃金）和怀疑论者的中道模式，但在强度

---

① 德沃金. 刺猬的正义 [M]. 周望，徐宗立，译. 北京：中国政法大学出版社，2016：348.
② HAREL A. Why Law Matters [M]. Oxford：Oxford University Press，2014：63.
③ BEITZ C R. Human Dignity in the Theory of Human Rights：Nothing But a Phrase? [J]. Philosophy & Public Affairs，2013，41（3）：287-288.
④ 哈贝马斯. 人的尊严的观念和现实主义的人权乌托邦 [J]. 哲学分析，2010，1（3）：9.
⑤ TASIOULAS J. Human Dignity and the Foundations of Human Rights [M] // MCCRUDDEN C. Understanding Human Dignity. Oxford：Oxford University Press，2013：293-314.
⑥ VALENTINI L. Dignity and Human Rights：A Reconceptualisation [J]. Oxford Journal of Legal Studies，2017，37（4）：862-885；JAN-WILLEM V D R. Inherent Dignity，Contingent Dignity and Human Rights：Solving the Puzzle of the Protection of Dignity [J]. Erkenntnis，2017，82（6）：1321-1338.

和特定主张上存在差异。综合诸种立场，尊严和人权之间的恰当证成关系应该总结如下。基于第一步论证的讨论，中道的内在价值尊严观主张尊严的地位形态为人权提供了道德意义上的证成，但并非强意义上的，而是体现为如下两个方面的中道意义上的证成：人权的特定规范结构体现了尊严作为地位的规范效力，特别是指向政府行动；人权的内容与尊严的价值性存在关联，但尊严不能直接决定人权的内容，人权具有开放性。

二、尊严的私法内涵

相比于人的尊严与人权之间的强互惠性证成关系，尊严在私法实践之中的规范性内涵并不容易确定。其背后有两个原因，一是在民法学讨论中尊严、人格、人格尊严和人格权几个概念之间的关系不易形成共识，且有时会互换使用；二是我国宪法第三十八条中的人格尊严条款确实给尊严的法教义学形象带来了解释上的负担，也间接地影响了关于人格权立法的诸多争议。基于内在价值的尊严观，这一困境可以得到缓解。人的尊严的私法内涵与宪法内涵的根本不同在于尊严价值所对应的互惠性证成的强度。尊严与人权及其他宪法价值之间的证成关系是中度的，而尊严与人格权之间的证成关系是弱意义上的。这种证成模式存在着三个方面的内涵。

第一，尊严的内在价值性通过人格这个兼具哲学性和社会实在性的概念加以充实。人格概念在哲学上充满争议且难以形成定论，但相对可以确定的是人格具有伦理内涵，兼具公法和私法内涵、主体和客体属性。尊严的内在价值性所包含的重要性、不可侵犯性和证成力量与其他价值共同作用于人的人格，使之呈现出复杂的规范状态和价值面向。人格是人做出利益主张的载体，所以人具有人格方面的权利（一般人格权）。[①] 同时，人格是人在社会生活中的特定利益诉求和尊严、自由等基本价值群之间进行沟通的桥梁，具体的利益诉求表现

[①] 人格权具有权利和利益属性，但其本质上是一种权利还是利益，在理论上存在争议。而解决这个问题的最好路径是从一般意义上探究权利在本质上是一种意志（will）还是利益（interest）。参见：朱庆育. 意志抑或利益：权利概念的法学争论[J]. 法学研究，2009，31（4）：188-190.

人格权属于权利还是利益这个问题是与人格是什么相关的，但人格的伦理内涵来自其他伦理概念，包括自由和尊严，因此分析人格权的属性实际上是分析人格与其他价值之间的关系。

出基本价值的社会面向,而基本价值证成了诉求的正当性。[①] 人格担当了这一证成关系的实施渠道和教义化平台,民法典立法中的人格权的规定可以视为以保护人格的法律规范形式来固定化这一证成结构。

第二,人的尊严的私法内涵通过人格权的保护加以体现,但人的尊严只给人格权的价值意义提供了弱意义上的支持,其包含着两方面内涵。一方面,人的尊严的价值意义仅能对人格权的重要性提供有限支撑,或者说某些人格权仅能体现尊严的重要性的某一方面,如祭奠权体现的是个人表达对逝者的哀思和追念的情感利益,这种主张只是体现了尊严的共同体属性和文化沉淀的一个侧面。另一方面,其他价值同样能够为特定人格权提供价值支持,如人的自由和社会交往价值。隐私权包含的个人的安宁生活和信息受到保护的利益不仅能够体现出尊严的重要意义,也能体现出人在交往之中的公共礼仪的重要性,波斯特将之称为"文明规则的内在化"[②]。正如王泽鉴教授所言,"隐私权旨在维护人之尊严及个人自由,但亦具达成其他价值的功能"[③]。由此可以得出结论,人的尊严是人格权保护机制的重要价值诉求,但二者之间仅存在弱的证成关系。

第三,人的尊严的价值内涵与人格权保护之间存在互惠性关系。人的尊严能够指引人格权的界定和价值分析,人格权的保护实践同样反过来也能够促进人的尊严的理解。[④] 尽管人格权只是表明了人在社会交往领域的利益诉求,但社会发展对人格权的深层塑造实际上也反过来通过人格概念充实了人的尊严的价值表达,使得尊严概念更容易被嵌入法律体系之中。比较典型的是处于争议之中的被遗忘权,如果被遗忘权作为人格权的性质被确认,那么可以将人消除虚拟空间中存在痕迹并脱离互联网技术之公共辖制的自我决定权理解为尊严的不可侵犯性在互联网时代的彰显。

这三个方面的澄清并不旨在解决人格权的类型化以及立法模式问题,但有助于解决相关概念之间的复杂关系,以及为人格权保护提供一个价值分析框架。按照前述讨论,尊严是体现为不可侵犯性并且兼具共同体属性的内在价值,尊严的私法内涵是通过人格概念而展开的,人格体现了人作为尊严主体的地位和

---

① 刘召成.民事权利的双重属性:人格权权利地位的法理证成[J].政治与法律,2016,35(3):108-109.
② 波斯特.宪法的领域[M].毕洪海,译.北京:北京大学出版社,2012:66.
③ 王泽鉴.人格权法[M].北京:北京大学出版社,2013:179.
④ 王利明.人格权法[M].2版.北京:中国人民大学出版社,2016:80-81.

提出利益主张的能力，人格权是以法律的形式对复杂的特定利益加以保护，促进尊严价值经由人格而在私法和社会交往空间中发挥弱的规范效力。尊严的价值内涵无法直接决定人格权的权利边界，也无法辅助法官判断具体纠纷之中当事人的主张是否应受支持，但尊严与人格权保护之间的互惠模式既有助于强化特定人格权的价值色彩，也丰富尊严的价值表达，如尊严在社会公共道德和良好风尚上所体现的共同体属性。

从法教义学的视角来看，这个模式有助于澄清关于人格尊严和人格权的相应法律规定在法体系中的规范关系。无论是基于语义还是立宪目的，宪法第三十八条规定的"人格尊严"规定的不是人的尊严，而是人作为独立和自主的个体在地位上的规范重要性，人格的"尊严"是人的尊严的内在价值内涵的一种社会意义的制度呈现，即人因其内在价值而应在制度上加以确认、社会交往意义上得到认可并通过权利机制加以保护的规范化地位。在这一点上，无论从规范内涵还是保护的价值来说，都不同于德国《基本法》第一条规定的"人之尊严"条款。在这个意义上，"人格尊严"实际上是借助尊严这个概念的独特价值色彩而对人格的规范化地位做出的修饰性强化，是关于人格的"独立条款"。虽然存在着术语上的混淆，但借助人的尊严与人格权之间的互惠性证成关系可以妥善处理人的尊严与人格尊严、人格尊严与人格权之间的概念关联，即使这种互惠性证成关系并不包含如何进行人格权立法或者指引司法裁判的具体方案，但对人格权背后的价值网络和证成关系的重构能够将人格权的学理论争从价值论辩的悬而未决中解脱出来。

第四节　面向新兴科技的尊严法理：危机与应对

尽管人的尊严充满着学理分歧和实践难题，但至少可以通过方法论上的澄清和尊严内涵的挖掘呈现尊严的价值内核及其法理学维度。然而，新兴科技的迅速发展却对尊严法理提出了全新的挑战，并且相应地产生了法律规制的紧迫难题。按照传统的法律实践模式，尊严彰显出人在社会实践过程中的主体性地位并创造出一个以人的基本价值为核心的伦理框架和证成结构，法律只需要契合这个结构就具备了相当的正当性。然而，新兴科技打破了这一格局。人工智能改变了人的实践能力和交往方式的理解，基因编辑和基因优化等生命技术则改变了人进入世界的生物学方式和改造自身能力的可能性。由技术和数据主导的科技革命似乎将人的尊严置于岌岌可危的处境。

一、新兴科技的尊严危机

科技是否真的会给人的尊严带来实质性危机，以及如何通过法律进行应对，问题的关键在于如何理解这种"尊严危机"。虽然强人工智能和通过基因技术随心所欲地"创造"人的场景仍然显得有些遥远，但当前的技术发展已经显示出尊严价值开始受到冲击，基因编辑婴儿事件即是证明。存在着两种理解危机的方式，一种是认为技术本身或其背后的技术中心主义理想有着危及人的尊严的潜力，即福山所称的"后人类时代"，生物技术带来了人的本性的混淆和人的尊严的基础的坍塌。[1] 另一种是认为技术会改变尊严的价值地位，尊严变得不再重要，或者被效率、财富和科学等其他价值所替代，正如赫拉利所预想的未来世界个人价值的消失，或者泰格马克对生命3.0时代超级智能所追求的功利主义目标的构想。[2]

但理解新兴科技对人的尊严的真正挑战和危机的恰当方式是第一种，即新兴技术对人的尊严这一价值造成了威胁。新兴技术并没有否定尊严对于人的独特价值，但是对尊严构成了潜在威胁或者伤害。当前社会对人工智能持拥抱态度，但不能据此否定人工智能发展对人类社会的消极效果，按照波斯特洛姆的预测，与人类智能水平并驾齐驱的机器智能可能在21世纪中叶出现，可能会产生毁灭性影响。[3] 基因科技尤为典型，在对基因编辑婴儿事件的诸多评价中，最有力的声音是认为人体胚胎的基因编辑破坏了人的尊严。虽然人工智能与生命科学的技术逻辑和应用后果存在较大差异，但二者共享着冲击人之尊严的实践结构和法理面向。接下来的问题是，新兴科技究竟如何危及人的尊严，以及法律如何进行应对。

传统意义上的交通、信息和互联网技术便利了人类互动和产业发展，因此在一定程度上促进了人的尊严的实现和保护。但新兴技术在实质意义上改变了人的尊严价值在技术实践中得以呈现的方式。然而，如何对这一方式进行解读，

---

[1] 福山. 我们的后人类未来：生物技术革命的后果 [M]. 黄立志, 译. 桂林：广西师范大学出版社, 2017：172.

[2] 赫拉利. 未来简史：从智人到智神 [M]. 北京：中信出版社, 2017：275.
泰格马克. 生命3.0 [M]. 汪婕舒, 译. 杭州：浙江教育出版社, 2018：359.

[3] 波斯特洛姆. 超级智能 [M]. 张体伟, 张玉青, 译. 北京：中信出版社, 2015：26.

却存在着各种不同的立场。不同学者提出了各种形式的担忧，比如，人工智能的发展存在着使人工具化并被反利用的可能，人工智能的发展使得人类社会的运作越来越依赖于算法，而形成一种算法社会。① 就基因科技来说，尊严的危机显得更为迫切：基因技术否定了人的复杂性和进化而来的禀赋，挑战了我们对人之尊严的自我理解并使我们无法认识到生物科技对人性带来的威胁，损害了人类社会赖以维续的谦卑、团结。②

但以上立场对新兴科技过于悲观，在某些方面误解了尊严在评估新兴科技在价值处境中的推理角色，并且将对尊严的理解建立在比较脆弱的基础之上。颜厥安认为，人工智能的真正风险在于"不具备内在观点与自主意识的演算法，会以如何的发展速度与运作结构，来取代既有的社会功能律行方式，并进而产生现在尚无法清楚预估的高复杂度系统风险"③。但如果不预先假定不具有内在观点与自主意识的智能体对人的尊严理解构成威胁，那么这种风险就是可容忍和吸收的技术风险而已。同样地，尽管以改变自然遗传和基因序列的方式对人类生殖进行技术干预是有违自然和带来风险的，但只有在将尊严等同于自然和风险的意义上，基因编辑才是危及尊严的。④ 但从概念上来说，尊严既不是自然属性，也不必然排斥风险。

二、应对新兴科技的尊严法理

这些争议背后隐含着尊严概念的分歧，如果尊严内涵是不确定的，那么正如麦克林所言，尊严在生物学争论中是一个"无用的概念，无助于对话"⑤。从一个较为乐观的视角来看，面向新兴科技的尊严危机的化解和尊严法理的重构需要在一个互惠关系中进行，否则就会陷入概念循环之中而无助于解决问题。新兴科技的"新"的确体现在人的自我理解和互动方式被技术所更新，尊严危机的理解和化解也需要结合技术结构的独特属性进行。中道的内在价值尊严观

---

① 颜厥安. 人之苦难，机器恩典必然看顾安慰：人工智慧、心灵与算法社会 [J]. 政治与社会哲学评论，2018，17（2）：119.
② 桑德尔. 反对完美 [M]. 黄慧慧，译. 北京：中信出版社，2013：84.
③ 颜厥安. 人之苦难，机器恩典必然看顾安慰：人工智慧、心灵与算法社会 [J]. 政治与社会哲学评论，2018，17（2）：136.
④ GYNGELL C, DOUGLAS T, SAVULESCU J. The Ethics of Germline Gene Editing [J]. Journal of Applied Philosophy，2017，34（4）.
⑤ MACKLIN R. Dignity is a Useless Concept [J]. British Medical Journal，2004，327（7429）：1419-1420.

内含着解决这一危机的方案,首先在方法论上,中道的操作模式将人的尊严放置在具体的实践场景中,通过外在的归属性(attributed)实践来验证尊严的内在价值性,在这个意义上新兴科技同样是可行的验证领域。其次在实质主张上,新兴科技影响人的尊严的关键在于在科技所产生的价值与人的内在价值的沟通互联中,人的内在价值是否能够以一致和融贯的方式得以充实和强化,并形成互惠性的证成关系。从法理的意义上,法律规制同样也要回应新兴科技带来的价值互动和互惠性证成模式。

虽然近几年人工智能和生命科技等新兴技术的发展进程迅猛,产生的社会影响非常广泛,法律上的应对也极为复杂,但从价值视角来看,新兴科技能够纳入以尊严为中心的价值评判网络之中。人工智能和基因技术并没有带来人的自然本性的改变,而是人与技术的支配性关系和人与人类共同体的紧密同构性的改变。人工智能对人的伦理处境的冲击体现在演算式超级智慧承担了人的行动性(agency)的部分角色,增加了人作出道德判断的负担,并引发人工智能是否具有人格的争议。基因技术从另一个方向改变了人的伦理处境,基因改造可以通过遗传传递,并且会影响人类基因多样性,因此个体基因的改变与共同体的命运形成了一种紧密联系,个体在基因事务上与共同体形成了利益上的紧密同构性。虽然二者在具体的伦理评价和责任关系上产生不同的影响和社会问题,特别是对法律责任的认定带来挑战,但它们都指向了尊严的价值内核在面对新兴技术之宰制中的一个核心问题:人的内在的不可侵犯性和应受尊重是否受到损害?

基于两个理由,答案应是否定的。这两个理由结合起来构成了应对新兴科技的尊严法理的基本框架。第一,无论新兴科技发展背后的复杂动因是什么,包括科学、理性主义、技术中心主义和资本的驱动等,技术实践都必须通过社会意义上的互惠性检验,这个检验包含着两层含义。

第一层含义体现在援引尊严的内在价值并在技术实践中寻找归属价值和开放价值,如果技术的归属价值和开放价值促进了尊严的内在价值,那么技术就具备了合理性。如果技术价值与内在价值形成紧张关系,那么有两种应对方式。第一种是技术价值与内在价值严重冲突,那么人的尊严就构成了反对此种技术的决定性理由(decisive reason),如克隆技术。克隆带来的是克隆人和父母之间的自然分离,这是对生育的自然结构的巨大冲击,从根本上触动了人类理解自身命运的存在方式,如桑德尔所言,生殖性克隆涉及"自然的道德地位和人类面向既有世界的恰当立场的问题",其道德问题在于"首要目的是创造某个种类的孩子"。① 但人体胚胎的基因编辑则不会产生这种激烈的紧张关系,相比之下,基因编辑对尊严的冲击要小得多。② 如果技术的归属价值与开放价值与人的内在价值存在微弱的紧张关系,则需要重新回到尊严与实践的互惠关系之中。就人工智能而言,尊严构成了技术实践的制约性伦理要素。

第二层含义是尊严应进入技术发展的价值评价网络中并发挥实质作用。技术发展牵动经济结构调整、资源整合和社会分配,特别是基因科技这种涉及健康保障和生命延续的技术,会产生更多的伦理争议。对技术发展的价值评价是多维的,尊严与其他价值之间的关系会基于特定技术形态而不同,但尊严应该成为实质性的考量因素。

第二个理由是,新兴科技的法律规制同样需要纳入以尊严为中心的互惠模式之中。科技发展拥有自身逻辑,但科技发展中的良性合作、风险控制和权益归属必须纳入法律规制框架之中。不同于传统科技的挑战,新兴科技的法律规制面对着更为复杂的伦理困境,一方面体现在各种价值之间的冲突,如个人自由、效率和社会整体福利之间的冲突,另一方面是传统法律规制模式在面对新兴科技上的失灵。无论是人工智能还是生命科技,大多数国家做出的规制性回应都非常有限,如我国针对基因编辑的法律规范乏善可陈。表面的援引是法律的滞后,但深层原因是新兴科技更新速度太快,目前并没有一个有效、成熟和具有操作性的法律规制框架可以成功应对,而且新兴科技所产生的法律问题超越了公私法二分的传统界限,如基因科技引发的基因权问题。

基于尊严与法律的互惠性证成模式,一个更加积极和互动性的规制框架应该综合尊严的公法和私法内涵,将尊严纳入科技背后的复杂价值网络之中,形成整全性的伦理判断,并通过规制实践中的具体难题反过来互惠性地强化尊严的价值内涵。仅仅从医事法学或卫生法学来应对生命科技中的复杂责任关系是不足够的。这个法律规制框架需要处理各种价值冲突、规范设计和权利配置的难题,尊严不应只是一个抽象空洞的原则性指引,而应是一个进入法律推理之

---

① SANDEL M. Ethical Implications of Human Cloning [J]. Perspectives in Biology and Medicine, 2005, 48 (2): 242.
② 美国国家科学院在2017年出版的著作中有限制地认可了基于疾病治疗目的在人体胚胎上实施基因编辑的可行性。National Academy of Sciences. Human Genome Editing: Science, Ethics, and Governance [M]. Washington D.C.: The National Academies Press, 2017.

中并影响公共决策的实质价值。

因此，面向新兴科技的尊严法理包含着开放性、实质价值推理和互惠性规制三个面向。法律要以一种开放性态度面对新兴科技的挑战，这种开放性立场并非拥抱所有形式的新兴科技，而是基于尊严的价值内涵形成评估标准，在互惠性结构之中控制新兴科技的各种风险，并以一种动态的、回应于尊严的价值论辩的规制方式来应对科技挑战。

第五节 结　　语

本章尝试澄清人之尊严的概念分析和法律实践反思中的理论难题，并试图提出一个分析这些难题的分析框架。方法论上的澄清有助于确立尊严的概念形态。虽然尊严概念充满模糊性和争议，但尊严不是一个薄概念，而是有着特殊结构的厚概念。相比于其他模式，中道的操作模式进路与厚概念的尊严相符合，并且能够提供分析尊严价值和实践内涵的关系的可靠框架。采取这种模式并不排斥其他进路，因为其他进路能够为理解尊严实践的各个面向提供支持，但操作模式的独特价值在于将尊严的价值结构与实践中的不同环节进行对应，把尊严的价值问题以规范性的方式转化为特定的政治和法律问题。

中道的内在价值尊严观在法律实践中以互惠性证成模式影响法律中的价值推理。宪法中人权的设置和实践与尊严形成互惠关系。尊严是人权的价值基础，人权实践在社会世界中形成了一种具有独特道德意义的规范性实践，这种实践反过来塑造和强化了尊严价值，无论是其内在价值还是地位性价值。从私法视角来看，人格权的设定和保护将尊严的内在价值意涵扩展至社会空间之中。互惠性证成模式澄清了人的尊严与人格尊严、人格与人格权之间的概念联系。

从悲观的视角看待新兴技术的宰制所产生的综合影响，会得出人的尊严陷入危机的结论。但从乐观的视角来看，新兴科技带来了重新认识尊严在技术支配和宰制过程中发挥价值功能的契机。尊严的价值内涵并未发生改变，但在新兴科技与法律的互动中，尊严呈现出更为丰富的归属价值与开放价值。在法律规制体系的设计中，尊严将成为实质性的价值因素。所以，面对科技时代的重要使命是捍卫尊严这种内在价值，并使之成为法律规制体系之伦理框架的支撑。

第三章

人权：人格尊严的规范塑造

自1948年《世界人权宣言》颁布以来，伴随着全球人权事业的发展和深入，人权促进和保障成为普遍的政治和法律共识。但在社会政治经济形态的变迁和新兴科技的迅猛发展的背景下，出现了越来越多的人权主张，需要从理论上进行及时回应。人们对生命健康的重视和生态文明的追求催生了健康权和环境权的出场，生命科技、人工智能和数字技术的巨大突破产生了基因权和数字人权的需求。① 这些人权主张成立吗？它们的证成基础是什么？

在方法论上，人权理论在一段时间受政治进路所支配，该立场主张人权的功能在于对政治权力运行和法律进行合宜性评价，排除了对人权进行道德分析的空间。自然主义进路则将焦点放在对人权进行价值分析，展现人权的道德内涵。显然，自然主义进路更适宜回答新兴权利是否能够成立，但该进路依然面对一些困境，特别是与国际人权实践存在诸多不协调。

英国哲学家格里芬以人的尊严为出发点，将人权与人的规范能动性概念关联，把人权建立在人格的根据之上，在方法论上复活了自然主义人权观的传统，有力回应了政治进路的批评。在实践意义上，格里芬对人权实践方式的探讨有助于澄清国际人权实践中所面对的很多困境，并能应对社会变迁和新兴科技对人权保障所带来的挑战。然而，将人权建立在某一种价值主张上总是难免造成人权在整体价值链条中的不稳定，这给人权的道德基础留下了论证缝隙。彻底捍卫自然主义人权观，仍然需要赋予规范能动性以更强的社会内涵。

---

① 马长山. 智慧社会背景下的"第四代人权"及其保障 [J]. 中国法学，2019，211（5）：9.

第一节　人权需要道德根基吗

人权理论研究存在两种进路，一种是政治进路，一种是自然主义进路。[①] 反对对人权进行道德化处理的理论在方法论上采取的是政治进路（political appraoch）。罗尔斯、拉兹和贝兹等人都属于这个阵营。罗尔斯提出人权"为国内政治与社会机构的合宜性建立了一个必要的标准"。[②] 政治进路主张人权不存在一个确定的道德根基，因为其内涵太过宽泛，而且受制于国际人权实践的具体情形，因此合宜的做法是将人权视为一种政治性考量，其内涵受到现实实践的塑造，如贝兹所言，"我们并不假定人权必须表达或者源自一种唯一的基本价值，或者它们构成了一种唯一的、根本的道德关切"[③]。拉兹认为从价值角度探究人权实际上会削弱人权的价值，相反他支持罗尔斯的理论，主张人权的本质是在国际实践中对国家主权的限制性因素，人权的内涵依赖于特定的社会条件。[④]

政治进路提供了理解纷繁复杂的国际人权实践的有益视角，毕竟不同国家存在不同的人权文化，在国际人权交往中，人权的范围也常常存在模糊地带。但政治进路拒绝将人权放置在特定的价值语境中，实际上是把人权视为一个薄概念。这一进路的缺陷在于无法形成关于人权如何影响价值推理的理论说明，更忽视了人权与平等、自由和正义等概念之间的实质关联。基于对政治进路的批评，一些人权理论家恢复了传统的自然主义进路，即将人权视为独立的价值，具有自然实在性和道德基础，而且在政治实践的道德推理中发挥实质作用。他们认为，理解权利的道德结构是展现其政治意义的前提，"道德权利的存在并不依赖于它们的政治认可或实施，毋宁是依赖于这个道德问题，即把这些形式的不可侵犯性归入道德共同体的每个成员是否能获得决定性的证成"[⑤]。

---

① LIAO S M, ETINSON A. Political and Naturalistic Conceptions of Human Rights: A False Polemic? [J]. Journal of Moral Philosophy, 2012, 9 (3): 327-352.
② 罗尔斯. 万民法 [M]. 张晓辉, 等译. 长春: 吉林人民出版社, 2011: 64.
③ 贝兹. 人权的理念 [M]. 高景柱, 译. 南京: 江苏人民出版社, 2018: 13.
④ 拉兹. 人权无需根基 [J]. 岳林, 章永乐, 译. 中外法学, 2010, 22 (3).
⑤ NAGEL T. Personal Rights and Public Space [J]. Philosophy & Public Affairs, 1995, 24 (2): 85.

政治进路和自然主义进路之间针锋相对，展现出人权概念界定的诸多难题，但同时也为我们理解国际人权实践的复杂性提供有益的视角。争论双方的共识是人权需要一个清晰的概念界定，否则人权就无法与自由、平等和尊严等价值相区分。二者都承认人权概念应当具备解释国际人权实践和应对新兴情形（如社会经济权利、科技权利等）的力量，特别是"二战"之后在世界范围内形成的人权共识，否则人权概念就会流于空洞。然而，究竟哪种立场能更好地解释人权实践并对人权困境提供指引，双方争论不休。《世界人权宣言》规定的很多利益类型，如最低生活保障和充分的休息等，是否有必要通过人权这个特殊的概念加以保障？政治进路会将这些类型从人权清单中排除，因为它们实际上是国家社会生活的资源分配和社会保障问题，与人权无关。而自然主义进路会把充足的休息视为人的内在尊严的体现或者实现美好生活的必要条件，因此应该成为人权指向的对象。

格里芬将人权视为道德实践的一部分，但人权并非道德结构的根本性部分。"我认为人权并不是根本的：人权好像是居于整个道德结构的中间偏下的层次。"[①] 启蒙时代将人权视为像自然律令那样存在的实在法则，这一观念在现代社会带来了很多不确定性。格里芬一方面维护人权的道德基础，对人权进行实质性说明，使之避免道德相对主义的困境，另一方面也避免像罗尔斯那样对人权采取结构性理解的方式（将人权嵌入公共理性之中）。人权证成的理论工程体现为实质理论主张和方法论、人权的具体道德内涵和实践应用三个方面，这三者结合起来构成了一个整体。本书接下来结合格里芬的主要观点对自然主义人权观的基本立场进行分析。

第二节 通过规范能动性证成人权

人权是人之为人所具有的权利，但其内容在理论上仍然充满争议。对人权的实质说明面临两个困难。第一，人权必须体现出不同于自由和平等等价值的实质内容，否则我们完全可以用自由来取代人权，这也是很多人权怀疑论者的立场，所以人权概念必须拥有独特的内涵和规范属性。第二，对人权的实质性说明既应展示人权在现代社会的独特意义，也能够呈现人权与尊严和自由等其

[①] 格里芬. 论人权[M]. 徐向东, 刘明, 译. 南京: 译林出版社, 2015: 22.

他价值之间的实质关联,因为我们生活在一个一体的价值世界之中,不同价值虽然内涵存在差异且有时相互冲突,但相互构造于一种追求基本价值的政治文化之中。格里芬主张规范能动性(normative agency)这个概念是理解人权的实质内容的关键。借助规范能动性,人格、人的尊严和人权内涵之间的关系就能得以澄清。

一、人格与规范能动性

人格是人权概念奠基的实质依据,格里芬主张"在人格中来寻求人权的根据意味着对人权的内容施加了一个明显约束:并非任何促进人类的善或人类繁盛的东西都可以算作人权的对象,唯有人的资格所需要的那些东西才可以成为人权的对象"①。人格的概念在哲学上虽然非常抽象,存在着不同理论解读,但格里芬从两个方面对人格的概念内涵加以限定和充实。

一方面,人格是人的一种行动属性,是人自主地参与世界并且创造价值的独特能力,这一点区别于康德意义上的完全理性和抽象的人格观。格里芬强调了人的自主实践与世界的关联性,包含着两个方面。一是自主的本体,即人对世界进行理解、反思和感受的能力,自主把人所特有的那种体验世界、用概念来表达世界的方式反映出来,是由人类特有的关注以及对重要性的感受来塑造的。二是人的自主对世界的创造意义,人们通过自主实践参与到价值世界中并从这个过程受益。

另一方面,人格的抽象属性可以在社会实践中得以具体化,从而为人的实践行动提供指引。康德将人格理解为人无法用等价物衡量的内在属性,即人的尊严属性,人的存在本身就具有绝对的价值。②但这种立场过于强硬,排除了复杂的利益衡量。格里芬认为不能用过于义务论的人格观来理解人权,而是应当采取一种特殊的目的论立场,正是因为这些特定的人类利益具有特殊的重要性,尽管不一定是绝对的重要性,所以采用人权的概念来保护它们。

---

① 格里芬. 论人权 [M]. 徐向东, 刘明, 译. 南京: 译林出版社, 2015: 41.
② 康德. 道德形而上学原理 [M]. 苗力田, 译. 上海: 上海人民出版社, 2012: 42. 施瓦德勒认为康德的人格概念包含着"经验性主体"和"超越论主体"两个层面,经验性主体与人的社会经验和生命体验有关,而超越论主体则体现了人的理性存在,但这两个层面如何相互过渡,康德并未言明,所以这种人格概念仍然面临着哲学困境。施瓦德勒. 论人的尊严: 人格的本源与生命的文化 [M]. 贺念, 译. 北京: 人民出版社, 2017: 128-129.

除了人格，格里芬还提出另外一项依据，即实用性。实用性是确定人权类型的实用考虑，毕竟人格的内涵仍然是抽象的，实用性是关于人性和人类社会的经验信息，尤其是关于人类理解和人类动机的限度的经验信息。实用性是对人权的主体条件和人权在现实实践中受保障的可行性的判断，因此可以视为对人格根据的补充。所以，人权的内涵最终还是落实在人格这一根据之中。人格提供了分析人权概念的道德版图，指向了人权调整道德世界的特殊方式，即人的规范能动性。

按照格里芬的主张，规范能动性是人权概念的要核，是人所特有的一种能力，也是人格在实践过程中的体现，"我们认为有价值的东西是一种能力，即我们选择和追求我们对一种值得过的生活的设想的那种能力"①。规范能动性是个体所特有的一种条件，格里芬用"规范"来界定这种能动性，主要突出的是在使用能动性的过程中个体应当进行更多的价值判断，而不仅仅是审慎判断。所以，格里芬突出了自主和自由在理解能动性上的意义。

在规范能动性的基础上，人权的出现便顺理成章。个体人格和尊严需要通过规范能动性的运用而彰显出来，这种能动性必须得到保护，人权就是人们在规范能动性的实践之上所应受到的保护，人类因为具有规范能动性而拥有人权。但格里芬同时也对这一论证做了限定，除了规范能动性，个人的美好生活还包括其他有价值的成分，社会繁荣也需要平等和正义等原则，所以人权只是对特定社会之善的保护，"人权是对规范行动者的那种更为简朴的生活的保护，而不是对一个充分繁荣的生活的保护"②。

如果人权是一个具有道德基础的规范性概念，那么人权如何在实践中发挥规范意义？格里芬接着解决了三个问题：人权冲突的解决、人权主体的限定和人权价值的客观性。

毫无疑问，不同的人权之间、人权与其他道德考量之间会存在冲突。个人自由权与公众的安全之间会存在张力，一个人的言论自由会对其他人造成伤害，如发布种族歧视言论的自由与其他人的人格存在冲突。第二种类型是人权与其他考量之间的冲突，如人权和正义的冲突，对罪犯进行惩罚，限制了他的自由，但这是正义的要求，这体现了人权与正义之间的冲突。

人权是否应该受到限制，或者让位于更重要的社会考量？康德的绝对主义

---

① 格里芬. 论人权 [M]. 徐向东，刘明，译. 南京：译林出版社，2015：54.
② 格里芬. 论人权 [M]. 徐向东，刘明，译. 南京：译林出版社，2015：64.

观点主张，人权是不能权衡和交易的，哪怕是为了实现更为迫切的目标。诺齐克主张，除非发生核爆炸这样的灾难，否则不能对人权进行限制。义务论的一个要点是，如果只是追求某些福利，那么不能对人权进行限制。格里芬的非绝对主义观点认为，如果能够实现福利的显著增长或者解决迫在眉睫的危险，对人权进行暂时限制是能够获得辩护的。但这个论证的核心在于这种限制是为了促进人的规范能动性，也即对人权的限制不能对规范能动性构成实质损害。规范能动性有着不同的体现，在实践中会受到不同程度的损害，如外在环境总是可能对人的自主性构成限制，但人在特定方面的能动性的丧失不能贬损个人的人格。

　　在人权主体问题上，格里芬对主体范围做了严格限定。格里芬认为儿童享有有限的人权，但并不是完整的人权。而婴儿以及婴儿成型之前的胚胎等并不享有人权，因为我们没必要将人权后推至这里，在这些特殊的主体上体现不出规范能动性的内涵。这并不意味着他们不应该受到保护，而是基于正义原则受到保障。

　　最后一个关于人权的更为复杂也更具争议的问题，是人权是否具有客观性。如果人权反映了人们的需求和欲望，那么人权就不具有客观性，因为在不同的时代和文化之下，人们有着不同的需求和生活体验，人权只是体现了特定时空下人们的社会感受和理解，所以人权只是一个需求问题，而不是客观的、真正意义上的价值。如果人权是一种客观存在的价值，那么人权的自然属性来自哪里呢？为什么人们对人权的主观体验会存在如此大的差异？

　　格里芬的解决方案是，我们应该抛弃理解人权的这种事实与价值截然二分的方案，而是把塑造人们感受的那些利益与人性相关联，"我们对世界发生的某些事情（得到满足或没有得到满足的利益）保持敏感，而那种判断所要报告的就是从这种敏感性中产生出来的东西，这些利益是人性的一部分，而不仅仅是通过社会来看到的人性的一部分"[①]。人权并不是自然意义上的属性，但人们发挥能动性去体验或创造与人类生活紧密相关的利益时，如身体的愉悦或知识的满足，实际上是进入了利益背后的客观价值世界，人类利益是否得到满足不仅是一个事实问题，也是一个价值问题。

---

① 格里芬. 论人权[M]. 徐向东，刘明，译. 南京：译林出版社，2015：64.

二、人权实践的整体图景

规范能动性包含着意志和行动两个层次，人们不只是要对值得过的生活形成合理的判断，也要付诸行动。自主是这两个层次的集中体现，因为格里芬将自主视为最高层次的人权，与自由和福利并列。他区分了自主和自由，自主之所以是价值，是因为"它是人的尊严的构成要素"。而自由则突出的是人的行动免于外在限制和干预。自主包含着自决和对自身生活的创造过程，自主既有道德意义，即人对好生活的认识和追求，也有审慎意义，即人根据对好生活的理解而采取合适的动机并据此行动。

自由也是最高层次的人权之一，政治理论家对自由的内涵做了大量的讨论，经典理论有伯林提出的积极自由和消极自由两种观念。① 格里芬对自由权的界定突出的是自由对规范能动性的彰显，或者说通过自由展现人格的独特意义，自由权是对人的人格的认可和保护，尽管人的自由形式多种多样，但它们指向了人在自由实践中所充实的独特人格地位。如果说规范能动性是个人追求福祉的能动发挥，那么自由就是对这个发挥过程的保障手段。自由的辅助因素同样也发挥着重要作用，在某种程度上也是宽泛意义上的自由的内容，如教育、基本健康，以及最低限度的物质供给、为了克服关键能力的缺失而需要的帮助、一系列很丰富的选项等。

第三种最高层次的人权是当今人权理论研究的热点，也是最富争议的主题，即福利权。20世纪见证了福利人权的兴起，21世纪只会强化这一主题。理论家对福利权所包含的基本生活保障、经济社会环境和健康生态等方面的利益形成了强烈共识，但除此之外，福利权所引发的都是争论。对规范能动性的保护必然需要保护人的福利，福利是对自由的保障和个人人格的认可，同样也涉及共同体成员的互惠和合作，具有共同体属性，当然也需要共同体成员的参与才能展示其完整内涵。福利人权面对的主要批评是，这一人权类型的门槛难以具体化，如人们究竟有权利享受多少健康，以及承担义务的主体难以确定。但格里芬不认为这构成对福利人权的根本挑战，他认为福利是为了保障规范能动性的实现，保障程度可能会有差异，但我们能够结合现实把握一个福利供给的临界点。其次，即使承担保障福利人权责任的主体并不是确定的，但这个问题并不会对福利权的道德证成构成根本挑战，因为人权保障在具体制度之中总是存在

---

① 伯林. 自由论[M]. 胡传胜，译. 南京：译林出版社，2003：189, 200.

不同形式，对福利权的保障也可以根据具体的制度环境而加以优化设计。

规范能动性理论如何回应人权实践？人权实践在现实中充满了大量复杂的议题，伴随着《世界人权宣言》所获得的广泛认可，有很多难题不断困扰着理论界，这也是政治性人权观与自然主义人权观激烈争论的领域。第一类问题是国际人权实践与人权理论之间存在的分歧。国际人权实践对理论并不热衷，这导致人权理论和实践的脱节，一部分学者认为应该承认国际人权实践是一个单独的领域，无须过多理论的介入，一部分学者则尝试对二者进行调和，提炼出一个双方都能够接受的人权观念，罗尔斯和拉兹等人所倡导的人权观更适合国际人权法律实践。但在格里芬看来，尽管抽象的人权理论与国际人权实践中的权威清单，如《世界人权宣言》或者《公民和政治权利国际公约》在话语上存在较大差异，但应该从理论视角把国际人权文件和国际法实践中所潜藏的真正人权问题提炼出来。一方面，国际人权文件太过宽泛地界定了人权的范围，有些权利类型显然不需要当作人权，只需要视为正义的要求，如针对不正义的判决而主张赔偿的权利。另一方面，基于规范能动性的人权观并不会对国际人权实践的制度运行造成冲击，而只是意图展现国际人权实践背后的价值世界，特别是针对人的尊严和最高层次的人权的实质讨论，影响国际法实践中的价值推理便可。

第二类问题涉及人权实践中充满争论的具体议题，主要有生存权、死亡权、隐私权和集体权利等。这些议题的难点在于它们的确与规范能动性相关，但规范能动性是否能够证成这些权利，却需要艰难的辨析。生存权虽然看起来并无争议，但它与死亡权是一枚硬币的两面。如果个体拥有生存权，我们应该赋予他结束自己生命的权利吗？如果人有接受安乐死的权利，那么看起来毫无争议的生存权就受到了限制。尽管格里芬并没有对这个问题做确定性的讨论，而且自杀权问题的确是伦理学中最难回答的一个议题，但规范能动性能够帮助我们更好地理解生命的价值本身。

另外两个问题则可以在规范能动性的框架下得到比较充分的回答。英语世界对隐私权问题进行了持续100多年的讨论，但仍然无法清楚确定它的内涵。很多学者并不认为隐私权是一项独立的权利。在一些学者看来，即使隐私权是独立的，这个概念也是中性的。[1] 在格里芬看来，隐私权的本质在于，人的私人生活的某些形式的公开往往会阻碍能动性，所以应该对人的这种脆弱性进行保

---

[1] GAVISON R. Privacy and the Limits of Law [J]. The Yale Law Journal, 1980, 89 (3).

护。同样，由于规范能动性是个人人格的体现，而群体虽然可以具有拟制的人格，但这种人格不具有与个体自主紧密相关的慎思、反省和能动的性质，所以我们没有必要把人权这个概念施加在群体之上，这并不是否认群体的利益诉求应该得到正当的对待，而是说很多群体的利益主张要么可以还原为个体性权利，要么可以作为一种群体利益，按照正义原则而得到公正的处理。[①]

第三节　人格尊严的规范塑造：为自然主义人权观辩护

在实质内容上，基于规范能动性的人权理论将人的尊严、自主和自由等内涵复杂的一系列价值整合在一起，形成了一个完整的框架，逻辑融贯，层次分明。在方法论上，该进路无惧政治性人权观和国际人权实践对实质理论的怀疑，捍卫了自然主义人权观。巧妙的是，规范能动性概念的价值内核与实践图景的整合，既没有落入启蒙时代人权观的窠臼，也没有陷入当代伦理学研究中关于自然主义伦理观的泥淖之中。然而，自然主义人权观必须正面应对政治性人权观的挑战，并展现人权之道德证成的实践意义。

一、自然主义人权观的优势

当代人权理论所面对的一个困境是，难以说明人权不同于一般道德权利的独特性，因而在应对实践中日益增长的人权需求时显得非常棘手。伴随着技术发展和福利水平的提升，国际人权实践不断认可新的人权类型，包括达到体面生活水准的权利、基因人权和数字人权等。然而，人权理论应当对这种扩张保持谨慎。所以，政治性人权观才会把关注点放在人权所特有的政治内涵上，即个人向政府或国家所提出的应受格外对待的政治主张，如美国宪法第一修正案所保护的公民言论或宗教实践应豁免于政府审查。

但政治性人权观需要克服几个理论困境。首先，政治性人权观及国际法实践关注的是人权的对抗性力量，而自然主义人权观解决的是人权的基础性问题，特别是人权的价值属性。尽管政治性人权观可以主张说价值探讨是不必要的，如博比奥认为"今天关于人权的最根本性的问题，很大程度上不再是如何证明

---

① 格里芬. 论人权 [M]. 徐向东, 刘明, 译. 南京：译林出版社, 2015：332.

它们，而是如何保护它们"①，但对人权的对抗性力量的理解以及对人权实施效果的评价仍然不可避免地需要价值判断。国际人权实践当然产生了很多独立的政治和法律意义，正如贝兹所指出的，"它包括一系列用于调控各种行动者之行为的规则，有关这些规则应该获得遵守的或多或少的普遍信仰，以及一些机构、准机构有关人权的传播和执行的非正式过程"。② 但从价值视角来理解国际人权实践既有助于解决国际人权与国内人权保护的一些冲突，也能凸显人的尊严价值的政治意义。③

其次，即使政治性人权观能够借助突出人权的政治结构而免于把人权和平等、福利等概念相混同，但政治性人权观对人权的处理过于单薄，反而必须借助其他实质价值才能使人权概念变得清晰。比如，诉权被视为一种典型的政治性人权，体现了诉讼主体依据程序正义原则向国家主张司法保障的要求。但如果不借助对公民人格地位的辩护和尊重，诉权的内涵就变得非常空洞。④ 最后，政治性人权观在不断扩展的人权类型面前，比如，数据权和基因权等新型科技人权，只能采取一种消极策略，即将它们归属于普通法律权利的一部分。

自然主义人权观将人权概念落脚在某些价值或实质考量之上，如德沃金主张人权是人的尊严的两个内涵——人的客观重要性和本真性——在政治生活中的体现。但德沃金的人权观过重地依赖于尊严的两个原则，难以把尊严与人权相区分，他主张人权是"把他们作为一个人，一个其尊严具有根本重要性的人加以对待的权利"⑤。如果尊严的概念过于抽象，那么人权也会失去精确性。

其他学者从不同版本的利益论或需求论出发来分析人权的道德意义。纳斯鲍姆主张人权是人的发展应该实现的那些核心能力，包括生命、健康、实践理性和情感等；马太·廖（Matthew Liao）提出人权是对人的美好生活的根本条件的保障；塔斯勒斯（John Tasioulas）则主张人权是基于个体的那些客观、标准

---

① 博比奥. 权利的时代 [M]. 沙志利, 译. 西安: 西北大学出版社, 2016: 14.
② 贝兹. 人权的理念 [M]. 高景柱, 译. 南京: 江苏人民出版社, 2018: 46.
③ 齐延平. "人的尊严"是《世界人权宣言》的基础规范 [J]. 现代法学, 2018, 40 (5): 9.
④ 任瑞兴. 诉权的权利属性塑造及其限度 [J]. 当代法学, 2020, 34 (2).
⑤ 德沃金. 刺猬的正义 [M]. 周望, 徐宗立, 译. 北京: 中国政法大学出版社, 2016: 364.

化、多元、开放和整体性的利益而提出的权利主张。[①] 然而，这些自然主义版本并不足以应对政治性人权观的挑战。一个关键的难题是无法确定这些需求、能力或利益的重要性如何支撑起人权这种非常独特的价值形态。能力论、根本条件观念实际上是利益论的不同表达，表明特定利益对人类的重要性，而应当通过人权的形式加以特别保护。然而，各种版本的利益论面临的共同难题是易于扩张人权的范围，而稀释人权的道德重要性，而且利益论太过扁平化，并不包含解决人权冲突的框架，如死刑是否侵犯犯罪者的生命权等。

规范能动性的引入避免了上述困境，展现出不同于政治性人权观的优势。规范能动性突出的是个体发挥能动性参与和创造生活的能力，是人格的动态展现，沟通了价值和实践两个范畴。其次，格里芬所倡导的特殊版本的利益论避免了扁平化的缺陷。如果只是基于最低限度的体面生活标准或者根本条件观，只能表明这些要素和人的好生活是紧密相关的，但难以给出区别人权和好生活要素的实质标准，依然无法呈现人权的道德分量。但格里芬所提出的基于人格的利益论所强调的并不是人的好生活的构成要素，而是与人的尊严相关的人的规范属性。

规范能动性的人权理论在一定程度上拯救了自然主义人权观，是一项重大突破，但规范能动性这个概念的抽象性及其与复杂价值世界之间进行对应的不同可能性，使得该理论仍然面对很多批判，梳理这些批评意见是人权理论推进的必要进程。

二、规范能动性理论的局限与出路

对格里芬人权理论的批判大致也可以分为两个方向，一是基于方法论的批判，二是围绕实质理论展现，主要焦点在于规范能动性是否能够有力地支撑人权这一价值。方法论的批判集中在格里芬没有完整地呈现人权的概念结构。来自政治性人权观阵营的布坎南认为格里芬的理论是一种镜像观点，即把实践（特别是国际人权实践）中的人权视为道德权利的镜像，而忽视了国际人权实践

[①] 纳斯鲍姆. 寻求有尊严的生活：正义的能力理论 [M]. 田雷, 译. 北京：中国人民大学出版社, 2016; LIAO M. Human Rights as Fundamental Conditions for a Good Life [M]// CRUFT R, et al. The Philosophical Foundations of Human Rights. Oxford：Oxford University Press, 2015：96-97; TASIOULAS J. On the Foundations of Human Rights [M]// CRUFT R, et al. The Philosophical Foundations of Human Rights. Oxford：Oxford University Press, 2015：78-79.

的特殊性和政治意义。① 威尔曼认为格里芬太过严格地把人权和法律权利相区分，没有对人权的结构进行分析，而是直接探讨人权的实质根基问题，缺失了人权的结构维度。② 塔斯勒斯同样也认为格里芬对人权的探讨忽视了其道德权利维度，是没有"权利"的人权，只是突出了人权的价值维度。③

实质内容上的批判主要围绕规范能动性概念而展开。里迪（Reidy）认为格里芬将人权与规范能动性关联的做法模糊了那些本来可以借助其他善或利益而变得非常清晰的人权类型。④ 如教育权是为了让个体追求知识这种善或者利益，规范能动性反而显得多余。克里斯普（Crisp）主张格里芬对人格和规范能动性的概念构建依然是康德意义的，而这是格里芬努力摆脱的一种痕迹。克里斯普认为规范能动性的内涵既过窄也过宽。它的狭窄体现在没有把一些个体享有尊严但不具有充分能动性的情形包含进来，按照格里芬的观点，神志不清的人不具有规范能动性，那么也无法享受人权，这个结论让人无法接受。规范能动性的过宽则体现在格里芬没有把个人关系中损害规范能动性的情形排除出去。⑤ 在私人交往中，存在着大量侵害能动性的做法，如父母把儿女从一个开放多元的地方搬到思想保守封闭的地方，但这种情形显然不构成对儿女人权的侵犯。

然而，这些批评并不能构成对规范能动性理论的致命性批判。格里芬对规范能动性的运用确实存在诸多模糊之处，他对人权类型的界定也有些武断，如对隐私权的界定过于狭窄，无法涵盖那些规范能动性不受影响但权利依然受侵害的情形（如上网记录被搜索服务网站收集却不自知）。规范能动性与个人之间的概念关联也是不清楚的，正如拉兹所言，"如果人格地位被理解为意向行动能力，那么人权实际上也就被全人类所享用着，但人权又仅仅是在保护这种能力所需的一些重要条件"⑥。但从整体上来看，既有批评并未揭示出格里芬的人权理论的致命缺陷，如果上述这些局限能够克服，弥合规范能动性所面对的一些

---

① BUCHANAN A. The Heart of Human Rights [M]. Oxford：Oxford University Press，2013：20.
② WELLMAN C. Two Approaches to Human Rights [M] // CRISP R. Griffin on Human Rights. Oxford：Oxford University Press，2014：6.
③ TASIOULAS J. Taking Rights out of Human Rights [J]. Ethics，2010，120（4）：651.
④ REIDY D A. When the Good Alone isn't Good Enough [M]. Oxford：Oxford University Press，2014：51.
⑤ CRISP R. Griffin on Human Rights：Form and Substance [M]. Oxford：Oxford University Press，2014：140-151.
⑥ 拉兹. 人权无需根基 [J]. 岳林，章永乐，译. 中外法学，2010，22（3）.

挑战，那么格里芬的人权理论仍然是最具吸引力和解释力的理论。

首先，格里芬关于尊严、人格和规范能动性之间的关系语焉不详，常常混同，致使批评者认为他的理论是康德意义上的，也使规范能动性的基础有些脆弱。理论界关于人的尊严与人权之间的关系有很多讨论，许多学者认为尊严并非人权的唯一根基。① 借助规范能动性概念，尊严和人权之间的关联会更清晰，也能夯实规范能动性的基础。尊严体现了人的内在价值和不可侵犯性，人格是尊严的外显。第一，规范能动性是人在实践过程中展现价值和互动的能力，既体现了人的内在价值，也体现了人的外在社会意义。从社会实践的角度，我们容易判断哪些方面体现了人的社会存在的价值，因此规范能动性易于具体化，如基本的生活保障、接受教育和积极地进行社会交往。第二，规范能动性的规范内涵体现在人必须在实践过程中运用基础性的规范价值，包括自主和有见识的判断等，因此这个过程是能动的，也是追求特定目标的。对规范能动性的保障在内容上体现了人的尊严地位，在形式上则与人的社会形象和社会实践方式紧密相关。在这个意义上，人的尊严与人权并不等同，人的尊严也并非人权的唯一根基，因为人格的保护也受正义、平等和人的道德理性等价值的支撑，但人的尊严是人权的价值参照。② 所以，规范能动性并不冗余，而且也展现出需求论或利益论所不具备的优势。简言之，人权是对人格尊严的规范塑造。

其次，我们可以从规范能动性理论、需求论或利益论等学说中寻找到一些公约数，即借助人的美好生活对人权进行道德证成。即使需求论或利益论能够解决一些具体的人权论证问题，如教育权可以借助利益得以证成，但并不意味着规范能动性概念是多余的，而是可以发挥补强性和体系性作用。所以，格里芬完全不必排斥人权的多元论证，应当在规范能动性的基础上纳入利益论的分析资源。塔斯勒斯提出了一种双层的多元主义证成模式，即基于平等人类尊严和审慎考量（普遍人类利益）两个方面来建立人权。这个论证的结果是人权的独有性质是因它们作为人类普遍道德权利而被给定的，而不是支持它们的那些隐含的价值。规范能动性可以强化这个框架，从而在道德权利和其背后的价值

---

① 比如，沃尔德伦对人权和尊严的关系采取一种非常多元的理解，主张尊严只能为人权提供有限的道德证成。WALDRON J. Is Dignity the Foundation of Human Rights [M]//CRUFT R, et al. The Philosophical Foundations of Human Rights. Oxford：Oxford University Press，2015：117-137.

② 刘志强. 论人权法的三种法理 [J]. 法制与社会发展，2019，25（6）.

之间建立更为实质的证成关系。①

最后，批评者认为格里芬未充分展示人权的结构，也未能涵盖很多重要的人权类型。按照前面关于尊严与人权关系的探讨，通过规范能动性的个体维度和社会维度的互惠分析可以破解这一难题。规范能动性是个体的创造性能力，在实践过程中需要社会环境的支持和社会成员的辅助和配合，尊严的共同体属性包含着对个体相互尊重的要求。② 社会理性则赋予人权主张（对象和具体类型）以实在内容，这是一个互惠和主体间性的证成和重建过程。③

以健康权为例，虽然已经被国际人权文件所认可，该权利是否应该成为人权一直存在分歧，理论家争论的是健康权的结构和责任主体是什么。按照规范能动性理论，这个问题可以解决，健康是规范能动性的条件和动态体现，正如沃尔夫所言，健康权作为一种人权，应该体现出其作为人权的道德意义，毕竟在很多时候，当我们使用人权这个概念的时候，我们是在使用它的道德内涵，并根据道德内涵进行推理。④ 另外，健康权的具体内容和责任主体则是在一个特定社会环境之下，由社会理性所塑造，并经由社会主体的参与和论辩加以确定。

再以基因人权为例。基因事务如何涉及人权？这个问题在人类对基因世界所知甚少的背景下，确实难以回答。但在基因技术高度发展，科学家对人类遗传规律的认知不断加强的情况下，关于基因技术的价值判断就变得非常重要，在基因事务上出现了与人类命运紧密相关的特定利益，那么人权的基础条件就能初步建立。基因科技引发了人类实践背后的价值世界的调整和冲突，改变了人们对自我、人性和自由等核心概念的理解，对价值论辩的方式也造成了冲击。传统技术是对人的生活环境和交往方式的改造，而生命科技逆向地指向了人的生命的内在结构，本质上是对自由、尊严等概念所附着的"自我"的更新和改造。尽管基因编辑技术目前在临床上应用的范围还非常有限，但其全面适用指日可待。这种情况下，是否存在基因人权，结合规范能动性概念可以形成一个初步的框架。如果基因编辑在人体的应用无损人的规范能动性的实现，那么基

---

① TASIOULAS J. On the Foundations of Human Rights [M] // CRUFT R. Philosophical Foundations of Human Rights. Oxford: Oxford University Press, 2015: 45-71.
② 郑玉双. 人的尊严的价值证成与法理构造 [J]. 比较法研究, 2019: 165 (5).
③ FORST R. The Justification of Human Rights and the Basic Right to Justification: A Reflexive Approach [J]. Ethics, 2010, 120 (4): 722.
④ WOLFF J. The Human Right to Health [M]. New York: W. W. Norton & Company, 2012: 12-13.

因编辑技术在本质上与人权价值并不冲突。当然,基因对人类遗传的独特意义增加了基因人权的共同体维度和代际正义属性,基因人权的保障应当在个人—社会的框架之中进行,这也是对规范能动性理论的改造。①

第四节 结　　语

　　人权保障是全球性共识,人权事业既是全球性事务,也是国家政治文明的体现。人权与全球正义、人类命运共同体等概念紧密相连,在新兴技术迅猛发展、全球面临公共卫生危机、国际形势日益复杂的背景下,技术权利和社会经济权利方面的需求不断涌现,人权发展显得尤为重要。自然主义人权观为国际人权事业的发展、人权保障和立法背后的道德考量提供了一个理论体系完整、概念层次分明的道德学说。尽管伦理分析与法律制度设计存在差异,但探究人权背后的道德世界,是对法律进步的价值支撑,也有助于展现美好生活的深层内涵。尽管基于规范能动性的人权理论仍然需要从理论和实践的双重视角加以修正和完善,但其包含的核心概念为人权理论发展开辟了新的讨论领地,能够有效地应对现实法律实践中的人权需求。

---

①　吴梓源. 从个体走向共同体:当代基因权利立法模式的转型[J]. 法制与社会发展,2021,27(1).

第二篇 02
生命科技

第四章

并非尊严危机：人体基因编辑的法伦理反思

基于"CRISPR/Cas9"的基因编辑技术（Genome gene editing）是一种新兴技术，于 2013 年被发明之后进入公众视野，成为基因研究领域炙手可热的前沿技术，被视为 21 世纪最具科学前景和革命意义的技术突破。基因科技领域的每一次进步都会把人类对生命之复杂结构和运行原理的理解带到一个新的高度，并为解决人类生命延续和健康维护领域的顽固难题释放出新的可能。"CRISPR/Cas9"技术与传统分子工具编辑基因手段不同，它依靠一种利用引导性 RNA 分子将其导向目标 DNA 的、被称为 Cas9 的酶，重新编辑 DNA 序列或插入想要的片段。[1] 借助"CRISPR/Cas9"技术对人体基因进行编辑，可以实现疾病治疗和遗传病预防的目标。但随着该技术的发展和成熟，通过基因编辑对人体机能进行增强或优化，以及通过对人体胚胎进行编辑从而直接干预生殖过程，虽然已在全球范围之内成为难以阻挡的必然趋势，可同时也引发了科学、伦理学和法学等各个领域的激烈争论。基因编辑技术的迅猛发展始终伴随着技术突破的惊喜和对伦理界限的冲击。

被应用于人体胚胎的基因编辑技术是否会引发尊严危机？是否会带来严重的伦理挑战？法律应如何应对基因编辑技术在研发、临床适用和市场发展等方面所产生的规制需求，并构建出完善的规范体系？本书从实践伦理学和法理学的视角，对基因编辑技术所引发的伦理问题和与之相关的法律规制的道德基础进行分析。通过对反对人体胚胎基因编辑技术的自然论证、风险论证和尊严论证等立场进行检讨，本书尝试提出一种理解基因编辑技术的科技风险与社会意义的法伦理框架：基因编辑技术并不会产生独特的尊严危机，基因科技的法律规制的道德基础应当以该技术所带来的个体与人类命运的紧密同构性为伦理基

---

[1] 单琳琳，夏海滨．成簇的规律间隔的短回文重复序列（CRISPR）介导的基因组编辑技术研究进展 [J]．细胞与分子免疫学杂志，2018，34（9）．

点，因而，我们应在此基础上建构一种开放性的基因编辑技术适用的伦理和法律规制框架。

第一节 人体胚胎基因编辑的伦理争议

在历史过程中，人类不断尝试解读生命延续和遗传的奥秘，但对基因世界的探索和掌控，直至当代才发生。"基因"这个概念最早由约翰森（W. Johansen）在1909年提出，伴随着生物学研究的发展，人类在基因领域取得了越来越多的成果。1953年，沃森（J. D. Watson）和克里克（F. Crick）等科学家提出了DNA的双螺旋模型，成为现代生物学的开端。由于基因承载着人类遗传和人体健康的关键信息，因此通过基因手段来治疗疾病，已成为生物学和医学研究的内在动力。

在很长一段时间内，人体基因机制的复杂性使得基因诊疗技术难以取得实质性进展。人体细胞有超过30亿个碱基对、两万个基因，它们制造着人体所需的蛋白质，发展出了千差万别的生命状态。在对基因诊疗技术的探索中，技术进展伴随着激进试验所带来的挫折。1990年，美国国家卫生院的安德森医生在患有重症免疫缺陷病的4岁小女孩德西尔瓦身上实施基因治疗，取得了成功。但是，1999年，患有罕见遗传病鸟氨酸氨甲酰基转移酶缺乏症的18岁男孩基辛格在宾夕法尼亚大学参加了一项基因治疗，他在接受病毒注射之后死亡，这给如火如荼的基因治疗热潮泼了一盆冷水。在这之后，基因治疗基本偃旗息鼓。直到2013年"CRISPR/Cas9"技术的出现，人类才以全新的姿态进入基因编辑时代。

经过反复实验，科学界确证了"CRISPR/Cas9"技术的高效率、成熟度和可普及性。该技术显示出了巨大的理论优势和实践优势：利用CRISPR系统实现对特定基因的破坏、修复、关闭和启动；对cas9蛋白和向导RNA的不断优化；利用多线程的CRISPR/Cas9；利用CRISPR/Cas9系统尝试治疗疾病；利用CRISPR/Cas9系统研究基础生物学问题。[1] 这些巨大优势也激发了市场的活力和

---

[1] 王立铭. 上帝的手术刀：基因编辑简史[M]. 杭州：浙江人民出版社，2017：177.

广阔的应用前景，并且该技术已经开始在临床上适用。① 然而，CRISPR/Cas9 技术适用的伦理和法律问题从该技术产生之时就开始出现。在 CRISPR/Cas9 之前，科学家曾经尝试通过锌手指核酸酶技术对基因进行编辑，但这种技术效率低下且成本巨大。尽管如此，仍然有机构试图运用锌手指来破坏艾滋病患者体内的 CCR5 基因，以避免 HIV 的入侵。如果 CRISPR/Cas9 技术足够成熟，那么，在遗传过程中对人体受精卵或胚胎实施基因编辑，形成抵抗严重病毒的抗体或者降低患糖尿病和癌症的可能性，就可以极大地改变人类的健康处境。② 推而广之，如果通过对人体胚胎进行基因编辑来治疗遗传病和降低重疾发病率是可行的，那么，通过基因编辑来增强人类的身体机能在技术上就是可以实现的。

为了应对基因编辑技术所带来的挑战，科学家群体和国际机构针对基因编辑技术的适用边界形成了一些共识。例如，基因编辑手术从"治疗"跨越到"预防"，违背了基因诊断和治疗应遵循的三项基本原则，这三项基本原则是：只用于对疾病有单独决定因素的基因突变、疾病对生活带来极度痛苦和社会与医学已形成共识。③ 然而，基因编辑技术的成熟和急速应用势头正在改变社会对这三种原则的理解，正在改变预防、治疗和增强之间的界限。如果通过基因编辑可以阻断艾滋病毒的侵蚀，并且极大地降低基因改变与环境之间交叉影响的风险，那么，阻止这种修复和改善性的医疗方案的正当理由是什么？在生物伦理学家 Julian Savulescu 等人看来，针对人体胚胎实施基因治疗和修复，具有优于试管授精的伦理必要性。④

科技发展如何取得实质性进步和突破，有赖于科学和技术领域的共同努力，但科技究竟如何适用于人类福祉的提升、疾病治疗和健康促进，却是一个社会伦理和法律问题。也就是说，这是一个如何对基因科技的研发、试验以及对人体健康和生命施加影响的各种活动进行道德上的好坏判断的问题。这个问题可以被区分为两个层次。第一个层次涉及对生命科技进行伦理评价的伦理基点，即我们依据什么做出判断。第二个层次涉及生命科技的伦理判断如何产生其社

---

① 周舟. 基因编辑人体临床试验将在美国启动［N/OL］. 新华网，2018-12-04［2023-04-15］. http://www.xinhuanet.com/world/2018-12/04/c_1123805281.htm.
② 张晓宇，唐蔚，李劲松. CRISPR/Cas9 系统应用于早期胚胎编辑和基因治疗［J］. 生命科学，2018，30（9）.
③ 穆克吉. 基因传：众生之源［M］. 马向涛，译. 北京：中信出版集团，2018：497.
④ SAVULESCU J, PUGH J, DOUGLAS T, et al. The Moral Imperative to Continue Gene Editing Research on Human Embryos［J］. Protein Cell, 2015, 6（7）：476-479.

会效应的问题,即影响政治安排和法律规制的体系及其建构。到目前为止,反对基因编辑的大多数讨论都指向了关于基因科技的根本性伦理判断,因此迫切需要建立一个整全性伦理框架来讨论这个问题。整全性伦理框架是指,建构一个讨论基点,基于此基点,分析基因科技涉及哪些伦理问题,并在此基础上探究与基因科技的伦理内涵相关的社会和法律议题。如果将既有的围绕基因编辑所提出的各种主张纳入这个整全性框架之中进行检讨,则可以把它们总结为三种论证,即反自然论证、风险论证和尊严危机论证。这些论证代表了从伦理上反对人体基因编辑的主要立场,它们既围绕着某个讨论基点而展开,又提出了相应的社会和法律回应方案。三种论证的基本主张如下。

其一,反自然论证。通过基因编辑技术对人类胚胎进行编辑,违背了胚胎发育的基本规律,干预了胚胎成长的自然轨迹,特别是通过改变人的基因这一最为神秘和最为基础性的自然运行机制来"制造"生命,是对自然规律和自然逻辑的直接违背和破坏。

其二,风险论证。通过CRISPR/Cas9对胚胎进行编辑,具有较高的脱靶风险,会对婴儿以后的成长带来不可知的风险。比如,被编辑之基因与既有基因之间可能会产生冲突。此外,被编辑的婴儿的基因会遗传给后代,这既改变了后代的基因,又会带来基因多样性危机(通过人为方式对基因构造进行更改,可能会导致基因趋同)。

其三,尊严论证(某种意义上也是滑坡论证)。人为干预人的自然孕育和成长过程,是对人之为人的尊严的严重侵犯,这会改变人对自身的理解,改变人在世界中的独特地位,对人的整体道德处境造成冲击。

第二节 反自然论证

许多批评者认为,对人类胚胎实施基因编辑是违背自然的。这种反自然论证有不同的表达形式,虽然它们之间在立场上存在着实质差异,但共享着"自然"这一判断基点。菲尼斯没有直接针对基因编辑提出批判,而是针对医疗性克隆胚胎提出了基于自然的批判。他认为,被用作医疗的早期胚胎具有自我引导的能力,其已经具备了全部的基因组成,因此对胚胎的医疗处理和废弃会破坏胚胎自身所具备的可发育成完整之人的自然属性。① 哈贝马斯认为，非人为安排的生命开始的自然偶发性为个人自治提供了道德意义上的支持，但出生方面的人为设计会削弱这种支持。② 与之类似，桑德尔认为，基因工程和优生学（通过生物技术改善人的能力）"不仅没有尊重人类力量和成就中的天赋特质，也错失了与上天所赋予的能力持续协商的那部分自由"③。福山虽然更多地关注基因工程对政府规制所带来的挑战，但他也认为，生物技术对人类"作为一个物种所共享的那些典型特征"构成了冲击，带来了人性的危机。④

在这些主张背后，蕴含着对人的某种自然属性的认可，以及基于此种自然属性而形成的伦理判断。通过基因技术对人的胚胎或者身体进行编辑、改造和促进，是对人的自然结构的改变，违反了人的自然属性。因此，对人的自然属性的改造或者破坏，在伦理上是错误的。人不能"扮演上帝（playing God）"，所以应该对此种技术加以控制或者禁止。反自然论证最能捕捉到社会公众对基因编辑技术的直觉性担忧，但却陷入了严重的哲学困境。⑤ 在自然世界中，很多方面是我们无法控制的，如万有引力定律和化学原理都是自然性的一种体现。同样，人体的遗传和发育也是我们无法控制的，只有通过受精卵，人才能孕育成生命。但有些方面是我们能够控制的，如人们通过运动来减少体重，或者通过养生来延长寿命。所以，我们可以把人的自然性理解为人自身不可控制的特定属性。如果人类刻意地改变这种属性，如通过基因编辑破坏 CCR5 基因而形成对艾滋病毒的天然免疫，或者通过对基因改良来提高人的智商，那么这表明的并不是人的能力，而只是显示了人的自负。正如桑德尔所讲的，这些行为"代表了意志对天赋、支配对敬畏、塑造对守望的绝对胜利"⑥。

然而，基因科技恰恰在一种革命意义上突破了传统的人对自身身体和遗传机制的支配方式和干预方式。基因科技给饱受病痛（如各种遗传病、癌症、艾

---

① FINNIS J. Intention and Identity: Collected Essays Volume II [M]. Oxford: Oxford University Press, 2011: 293-301.
② HABERMAS J R. The Future of Human Nature [M]. Cambridge: Polity Press, 2003: 61.
③ 桑德尔. 反对完美 [M]. 黄慧慧, 译. 北京: 中信出版社, 2013: 80.
④ 福山. 我们的后人类未来: 生物技术革命的后果 [M]. 黄立志, 译. 桂林: 广西师范大学出版社, 2017: 101.
⑤ WECKERT J. Playing God: What is the Problem? [M] // CLARKE S, et al. The Ethics of Human Enhancement: Understanding the Debate. Oxford: Oxford University Press, 2015: 97.
⑥ 桑德尔. 反对完美 [M]. 黄慧慧, 译. 北京: 中信出版社, 2013: 83.

滋病等）折磨的人类展现了疾病的机理，同时也提供了改善的机遇。传统上，人类对人体的干预能力极为有限，这特别体现在遗传领域。如果仅仅因为基因领域的突破，就将人对自身改造能力的加强视为违反自然而加以反对，那么这个结论为时过早。①

基于自然的论证仍然能够从哲学讨论中寻找到支持，这需要诉诸自然在哲学上的内涵。什么是人自然而然的属性？答案显然不是人的生物属性（如四肢完整），因为，很多人生下来就是残疾的。答案只可能是另外一种，即人的道德本性。但是，一旦我们将人的自然属性归结为人的道德属性或者道德基础，那么反自然论证所面对的负担就会加重。哈贝马斯将人的自然生育与自治这种价值进行概念结合，过重地依赖于人的自然存在对自治的决定性力量，反而会容易忽视自治的社会塑造力量。② 菲尼斯将生命视为一种基本善，即对生命的尊重构成了基于生命之善的道德要求，这其实也采取了自然法理论的基本立场。但是，这是否意味着医疗性克隆（胚胎试验）或者对胚胎进行基因改造有违对生命的尊重这一自然法道德立场？其实，基于生命这种善，对癌症晚期病患进行治疗和对遗传亨廷顿舞蹈症的胚胎进行编辑，同样共享着保护生命这种善的道德要求。同样，福山对基因科技给人作为物种的独特属性所造成的冲击表示担忧，这一立场很容易把人基于存在和自由的哲学本性与人自身生理结构的道德含义相混淆。

反自然论证的真正有力之处在于，它重视人的自然存在之上的伦理实在，但这一论证在哲学上站不住脚。基因编辑的要害之处在于，该技术改变了人干预自身之存在和进入这个世界的独特方式，但不能因生命延续的自然形态被技术改变而在伦理上否定这种技术。诚然，人对自身的改造确实会引发伦理担忧和社会问题，正如福山所指出的，基因工程的盛行会改变人们对自身医疗责任的理解，会引发利益格局的变化和医疗领域的扩张。③ 然而，这些困局既不是基因科技所独有的困局，也不是因为人的遗传机制被修正就必然会产生的困局。换言之，科技所带来的社会问题不见得是科技本身的问题，而可能是社会反馈

---

① BIRNBACHER D. Naturalness: Is the "Natural" Preferable to the "Artifcial"? [M]. Lanham: University Press of America, 2014: 158.
② GYNGELL C, DOUGLAS T, SAVULESCU J. The Ethics of Germline Gene Editing [J]. Journal of Applied Philosophy, 2017, 34 (4): 508.
③ 福山. 我们的后人类未来：生物技术革命的后果 [M]. 黄立志, 译. 桂林：广西师范大学出版社, 2017: 54.

机制出了问题。正如 Odzuck 所主张的,我们自身和自然之间的关系是规范性和政治性的,人们对自身之身体状态的改变,实际上是对人与自然之规范关系的改变。[①] 反自然论证借助一种类似于伦理学上的自然主义的伦理立场对基因编辑的自然意义进行否定,如果不借助其他的论证,如风险和尊严,那么其论证就非常薄弱。

第三节 风险论证

风险论证有两种策略,一种基于科学,另外一种借助道德论证。毫无疑问,对人体胚胎进行基因编辑存在风险,如健康风险、进化风险和遗传风险。[②] 但社会中虽然充满了风险,有些风险却是可以容忍的,如工业发展所带来的环境风险、食品添加剂和卫生防疫所带来的健康风险。那么,基因科技所带来的风险为何会引发人们的担忧?

基因编辑的反对者认为,基于科学的角度,基因编辑所带来的风险在科学上未经证实。既有科学研究对基因运行机理和遗传原理的掌握仍然有限,"CRISPR/Cas9" 技术 2013 年才被发明出来,所以虽然其适用范围越来越广,但脱靶风险和嵌套性风险仍然存在,如果用于人体胚胎,则会产生难以预测的损害风险或结果。这种借助道德论证的风险观主要关注基因科技所带来的代际风险。不同于反自然论证对人的自然属性被改变的担忧,代际风险涉及基因科技所带来的基因延续和基因多样性被改变的风险。但代际风险的基点不是被编辑的基因会随着遗传而被传递给下一代,而是人类基因改变的不可逆转性以及在下一代引发基因突变的可能性,也就是说,基因编辑对人类整体存在潜在危害。即使 CCR5 基因通过编辑技术而被去除,从而可以对艾滋病形成免疫,但我们并不清楚对 CCR5 的去除是否会导致人体更容易感染其他类型的病毒。一旦这种基因改变记录被遗传下去,那么所造成的危害就不是个体性损害,而是会造成更大范围的后代风险。

---

① ODZUCK E. Is Genome Editing Unnatural? Nature in Bioethics, the Politics of Bioethics, and the Political Dimension of Nature [M] // BRAUN M, et al. Between Moral Hazard and Legal Uncertainty. Berlin: Springer, 2018: 123.

② 陶应时. 人类胚胎基因编辑技术的潜在风险述介 [J]. 自然辩证法研究, 2018, 34 (6): 69-74.

然而，对于风险论证，至少存在着四个主要反对意见，使得风险论证不足以成为反对基因科技的有效理由。

其一，有限的成本—收益计算：虽然基因科技带来的风险无法被量化，也难以像功利主义那样采用某一个确切的衡量指标，但我们还是能够对基因科技所带来的益处和潜在的风险进行对比。"CRISPR/Cas9"技术的成熟、生物医学的重大突破和合成生命的巨大潜能使得基因编辑的脱靶和嵌套性风险是可控的，至少在当前主要针对单一基因病变的情况下是如此，甚至人工智能的迅速发展也可以促进基因编辑技术。① 因此，在一个可控和有限的意义上，基因编辑的收益是大于潜在的风险的。② 这种计算之所以是有限的，是因为存在着其他考量因素，这些因素可以增加支持基因编辑的筹码，比如，具有遗传病之父母的生育自由和改变后代之遗传病症的意愿均是加重基因编辑之收益分量的因素。③

其二，风险容忍度的伦理考量：人类承受风险的能力与技术发展水平呈正相关，医学发展使得人类抵御瘟疫的能力大大提高，技术发展使得人类具备了一定程度的与风险并存的能力。比如，虽然转基因食品是否安全在科学上仍然无法形成定论，并且欧盟基于预防原则对转基因食品加以禁止，但是，在美国，转基因产业的发展和转基因食品已经通过严格监管和风险防范而被认可。④ 转基因食品当然引发了伦理上的担忧，但这种忧虑被社会共同体所容忍。基因编辑属于尖端生物学研究，并且距离人们的普通生活更为遥远，因此公众对人体胚胎基因编辑技术的不安心理是可以理解的。但随着基因技术的普及和公众对基因编辑技术风险的知情，公众对其风险的容忍度会大大提高。在这个意义上，讨论的重点就转向我们到底是应该把预防原则还是开放性原则作为应对风险的政治道德考量。⑤

---

① The Wilson Center. How to Optimize Human Biology：Where Genome Editing and Artificial Intelligence Collide [Z/OL]. (2017-10-1) [2019-04-15]. https：//www.wilsoncenter.org/publication/how-to-optimize-human-biology-where-genome-editing-and-artificial-intelligence-collide.
② GYNGELL C, DOUGLAS T, SAVULESCU J. The Ethics of Germline Gene Editing [J]. Journal of Applied Philosophy, 2017, 34 (4)：508.
③ CAVALIERE G. Genome Editing and Assisted Reproduction：Curing Embryos, Society or Prospective Parents？[J]. Medicine, Health Care and Philosophy, 2018, 21 (2)：221.
④ 胡加祥. 欧盟转基因食品管制机制的历史演进与现实分析：以美国为比较对象 [J]. 比较法研究, 2015, 141 (5).
⑤ 陈景辉. 捍卫预防原则：科技风险的法律姿态 [J]. 华东政法大学学报, 2018, 21 (1).

其三，风险的社会转化机制：风险所产生的社会意义不仅体现在其对个体健康的潜在危害，也体现在社会以何种方式来应对风险，技术风险尤其如此。社会转化包含两个方面：一是风险分配和预防机制，二是通过社会观念的更新。在这两个意义上，基因编辑所带来的风险与其他技术风险在社会转化上可能是相同的。与其他临床试验一样，基因编辑手术同样受制于技术操作规范和伦理规范，尤其受制于应对技术失误（如脱靶）的严格规范。一旦社会公众对基因科技形成了相对客观的认识，反而有助于科学研究者和临床试验者基于风险评估做出更优的决策。当然，技术风险在社会转化中可能出现的一个问题在于技术风险被社会所吸收，因此其风险本质被掩盖。福山所举出的百忧解的例子即是明证。百忧解作为一种神经性抗抑郁症药物，不仅被用来对抗抑郁症，也被用来改变性情和提升自尊感，所以很多人选择用药物来解决自身的社会问题。[1]药物的风险和副作用被复杂的社会调控机制所掩盖。然而，这个例子首先反映了单纯依靠风险无法对一项技术进行伦理判断，其次，它也提出了一项不仅仅针对基因编辑技术的新命题：我们这个世界是否能够脱离风险而存在？

其四，建构新的代际伦理：基因编辑的独特风险是代际风险，也就是说，基因编辑技术可能会改变后代的存在方式。具体而言，后代的基因可能会与今天的我们不同，而且，在智力、体能和寿命方面，经过基因优化的后代也会与当下的我们不同，后代甚至可能会面对与今天不同的伦理处境，比如，后代会变得更加不平等，出现具有更高道德地位的后人类（posthuman），而这一切显然没有经过后代的同意。[2] 这是一个看似严重但实际上仍然可以在既有伦理框架中得到回答的问题。首先，如果是为了避免遗传病和使后代处境更好的缘故而实施基因编辑，那么，基于家长主义的逻辑，这并不需要后代的同意。[3] 其次，如果基因编辑改变了后代的基因处境，那么其有两层意涵：其一，虽然后代将要面对后人类处境下的新议题，但他们可能会基于后人类处境更加重视权利价

---

[1] 福山. 我们的后人类未来：生物技术革命的后果 [M]. 黄立志，译. 桂林：广西师范大学出版社，2017：44-45.

[2] LANPHIER E, URNOV F, HAECKER S E, et al. Don't Edit the Human Germ Line [Z/OL]. (2015-3-12) [2023-04-15]. https：//www. nature. com/news/don-t-edit-the-human-germ-line-1. 17111.

[3] GYNGELL C, DOUGLAS T, SAVULESCU J. The Ethics of Germline Gene Editing [J]. Journal of Applied Philosophy, 2017, 34 (4)：507.

值和社会合作问题,即使他们的道德地位发生了变化;① 其二,当前的我们需要基于对后代的考量而建构一种新的代际伦理,比如,50年前的人们无须为面对人工智能之挑战的我们而进行代际考量,但今天的我们需要为人工智能和基因科技等新兴技术对后代的挑战而预备,这种代际伦理虽然以我们的伦理处境和基本价值为中心,但提出了面向未来的新的考量因素。

根据这四项理由,面对基因科技带来的风险,我们不应该以此为基点而拒绝这种技术,而应以一种新的伦理姿态来面对它,否则我们就要以相同的逻辑而拒绝大多数新兴技术。对基因科技之风险的伦理判断,不能基于风险这个概念,而是需要借助其他框架来完成。很多论者基于尊严这个概念确立了理解基因科技的风险的一种伦理框架,并且抱持着反对基因科技的独立论证姿态。

第四节 尊严(危机)论证

以尊严为依据而反对基因编辑的主张认为,基因编辑在根本上侵犯了人的尊严,触及了人之为人的基本属性和底线,带来了尊严危机。如果借助尊严论证,反自然论证和风险论证会更加有力。尊严论证出现在大量的生物医学宣言之中,也得到了大量的学理辩护。从既有讨论来看,尊严论证是反对基因编辑最有力的理由。

以基因编辑为例,尊严论证的具体内容可以被提炼为如下几个方面。

其一,基因编辑改变了人类生命的开始和孕育的基本方式,构成了对人之为人的基本属性或者本性的破坏。

其二,基因编辑使得人可以对自身加以干预,存在着将人工具化和客体化的可能和危险。

其三,基因编辑改变了人的道德地位、社会处境和交往方式,使人类共同体的未来面临着危机。②

在人的基因这一遗传载体之上所实施的改变人的遗传特性和基因序列的干

---

① BUCHANAN A. Moral Status and Human Enhancement [J]. Philosophy and Public Affairs, 2009, 37 (4): 356.

② KASS L. Life, Liberty and the Defense of Dignity: The Challenge for Bioethics [M]. New York: Encounter Books, 2004: 128-139.

预，是否在根本上危及人之为人所具有的道德地位和独特尊严属性？本书认为，上述三个理由在伦理学上难以获得有效的辩护，因此不足以支撑起尊严论证的有效性。面对基因科技，我们应该具有这样一种伦理姿态：既要维持尊严在生命科技中的基础性价值地位，也要构建一种更加开放的、通过基因科技来促进关于人之尊严理解的新框架。

首先，人类生命起始方式的改变并不必然冲击人的尊严。尊严概念在价值内核上存在的主要争议在于，尊严的价值属性是什么，以及尊严在实践中究竟会产生何种规范内涵。① 毫无疑问，尊严的价值意义的一个体现是人作为一个主体性存在之不可侵犯和否定的地位。因此，一个人不应受到来自他人的攻击和恶意伤害。在孕育期间，对胚胎实施技术改造，构成某种形式的攻击和伤害吗？当然会存在一些伤害的情形，如给胚胎施加不利影响而使婴儿生下来就是残疾，然而，对基因的改造虽然面临技术风险，但显然不属于这种情形。无论是基于治疗目的，还是基于改良目的，实施基因编辑都是为了使成形的人能够更好地实现其内在价值。德沃金区分了派生价值和超然价值。派生价值诉诸其他的人类利益，如遗传病的治疗，但超然价值却是内在于某事物的非寄生性价值。② 如果人的生命起始方式具有尊严性，那么只能诉诸超然价值。然而，在解释生命起始的神圣性的理由时，如果不借助宗教理由，则很难让人信服。生育的自然过程并不意味着这个过程不能被修正和优化，否则人工授精和试管婴儿就不具有正当性。当然，人们可以说试管婴儿并未改变生育机理，而基因编辑却对生育过程施加了实质性干预。这个理由可以用来反对克隆人，但不足以反对基因改造。基因科技在革命意义上创造了重新理解人之出场的生物学方式及其后续社会影响的可能。③ 这种可能是复杂的，它可能使一个本来应该受到遗传病折磨的人免于病痛而更好地实现人生价值，也可能使一个人因为手术风险而丧失生命。人的自然出生过程从"机遇"向"选择"的转变并不意味着人的生命实质及其道德含义被赋予了偏离尊严的内涵。④

其次，基因科技是否会引发将人工具化和客体化的伦理危机？特别是在基

---

① KATEB G. Human Dignity [M]. Massachusetts: Harvard University Press, 2011: 1-27.
② 德沃金. 至上的美德 [M]. 冯克利, 译. 南京: 江苏人民出版社, 2003: 501.
③ HARRIS J. Germline Manipulation and Our Future Worlds [J]. The American Journal of Bioethics, 2015, 15 (12): 30-34.
④ BUCHANAN A, BROCK D W, DANIELS N, et al. From Chance to Choice: Genetics and Justice [M]. Cambridge: Cambridge University Press, 2012.

因优化的情形之下，通过技术手段促进人在智力、情感和体能方面的能力，是否会损害人所共有的尊严的基础？这个问题需要从两个方面来看。一方面，尊严包含着对人的尊重，人与人之间的责任关系与将人工具化是相排斥的。然而，工具化提供了基因编辑的一个伦理界限，而非拒绝基因编辑的理由。医学发展和基因科技给生命伦理带来了极大的挑战，如人对百忧解等神经性药物的依赖、儿童多动症公益组织对治疗多动症的哌甲酯的推崇，但这些困境所展现的尊严危机不是由技术，而是人们面对技术的态度所引发。① 另一方面，技术发展当然会带来异化风险，但异化的本质在于技术自身功能与社会价值之间的不对称，如互联网虽然带来了生活的便利，但在某种程度上却使人被技术所"奴役"。人工智能对人的尊严、理性和道德责任等概念都会造成冲击，但这不是我们拒绝人工智能的理由。② 基因技术最危险的异化在于，人可以随心所欲地对人体进行基因编辑，将人类置于被工具化的危险境地。然而，虽然基因编辑会引发这种异化，但这种情况并非源于基因编辑技术内在着反尊严属性，而是因为基因技术的社会功能被扭曲，伦理边界被挪移。③ 如果我们能够对尊严所包含的不可侵犯性和内在重要性形成共识，那么尊严概念对势不可挡的基因科技发展就会构成积极的内在伦理限制，而非否定性因素。

最后，基因科技给人类共同体带来了革命性意义的技术改变，但这并不必然带来共同体的尊严危机。尊严论证的第三个方面关注了尊严的共同体维度，即人类整体的物种尊严。基因科技带来的一个挑战是，人们失去了形成道德共识的基础，成为像德沃金所形容的那种道德上的自由落体。④ 即使人们对尊严的

---

① BIRNBACHER D. Naturalness：Is the "Natural" Preferable to the "Artifcial"？ [M]. Lanham：University Press of America，2014：51-52.
② 陈景辉. 人工智能的法律挑战：应该从哪里开始？[J]. 比较法研究，2018，159（5）：145-147.
③ 单凭尊严的概念内涵，无法判断基因科技是否有损尊严，在特定情况下，必须结合其他价值进行分析。比如，基因优化技术的一个问题在于，这种技术加速了不平等。但是，此种不平等是何种意义上的不平等？批评者主要基于道德地位上的不平等，即经过优化的人（postman）享有更高的道德地位或者道德优势，批评基因优化技术造成了人与人之间尊严的不对称。但很多理论家认为，基因优化只是带来了优势上的差异，而非道德地位上的区别。参见：BOSTROM N. In Defense of Posthuman Dignity [J]. Bioethics，2005，19（3）：202-214. 甚至有学者主张，基因优化会促进公民德性和政治共同体发挥功能的方式。参见：JEFFERSON W，DOUGLAS T，KAHANE G，et al. Enhancement and Civic Virtue [J]. Bioethics，Social Theory and Practice，2014，40（3）：499-527.
④ 德沃金. 至上的美德 [M]. 冯克利，译. 南京：江苏人民出版社，2003：521.

概念充满分歧，但对尊严的重要性仍有共识。诚然，基因科技改变了这一切，我们可能无法理解后代人的处境，可能将有经过改善的后人类出现，后人类在未来的存在可能使我们当下对人的理解的客观意义丧失，如丧失桑德尔所提出的人的"谦卑、责任和团结"的共同体属性，[①] 因此尊严也就失去了意义。然而，不同于其他技术，虽然基因科技带来了人对生物学意义的自身的理解，虽然它也在改变着人的权利和自由的内涵，但这是否构成了人类整体的尊严危机？答案是否定的。人的物种性尊严的概念无助于基因科技的伦理和法律规制体系的构建，如基因检测或者基因疗法导致了侵权责任的承担，同时也淡化了尊严概念所包含的个体的内在重要性的价值内涵。对于过去之人、现代之人与未来之人在道德地位和命运上的差异，需要借助人所创造的历史、政治和文化资源来判断。而基因科技所带来的挑战首先是针对现代人的，所以伦理判断的起点也应在此。

第五节　面向基因科技的新伦理框架：个体与人类命运的紧密同构性

一、新的生命伦理学框架

反自然论证、风险论证或尊严论证不足以构成对基因编辑技术的开发与临床适用的反对，但这并不意味着基因编辑技术就是安全的，也不意味着基因编辑技术在实践之中应该被普遍适用。本文的写作目的在于，为基因科技寻找新的伦理学基点，并建构一种新的可以指导法律规制的整全性伦理框架。若要完成这项理论任务，需要再探讨两个问题。

（一）技术是中立的吗

在面对技术发展给人类生活所带来的冲击时，很多人主张，技术应该中立。然而，技术只能在一个非常有限的意义上实现中立，如技术在功能意义上的中立性。人工智能的迅猛发展和基因科技在近十年所取得的巨大成就确实是在科学理论发展基础上的重大突破，因此只有赋予技术研发足够的空间，才能让科

[①] 桑德尔. 反对完美 [M]. 朱慧玲, 译. 北京：中信出版社，2013：84.

学研发有充足的动力实现技术突破。然而，技术在价值意义上是无法中立的。[1] 科技发展总是会引发技术的功能价值和社会价值之间的冲突，而人类社会所面对的层出不穷的新议题就是应对这种冲突所带来的各种难题，如冷冻胚胎的归属问题、代孕所引发的抚养权之争、区块链的法律争议以及人工智能的著作权问题。应对技术风险的可靠方案在于，对技术影响社会共同体的基本善的方式进行评估，并基于技术价值与基本善的深层互动而确立可靠的方案。

（二）法律规制应该建立在道德判断的基础上吗

从价值视角来看，法律针对道德事务所做的干预需要符合特定的政治道德原则，即进入法律背后的价值世界中。对于内嵌着激烈道德分歧的新兴技术来说，法律的角色更为复杂。如果既有法律框架无法解决技术发展所带来的新兴问题，那么就需要进入法律背后的价值世界，寻找能够支撑起法律之规制功能的伦理之点。基因科技对法律规制提出了全新议题，面对基因科技的法律规制体系，需要在关于基因科技的伦理判断的基础上进行建构，以确立能与技术逻辑进行互动的规范原则、行为标准和归责原理。

二、个体与人类命运的紧密同构性

无论是基因编辑，还是基因科技的衍生技术（修复、治疗、优化，以及人工合成生命等），都指向了人的生命的内在构造，如里夫金（Jeremy Rifkin）所言，"当人类迈步进入生命技术世纪时，我们关于自然、进化和生命意义的观念正在经历一场根本性的修正"[2]。基因科技相关的伦理判断围绕人的生命的内在构造而展开，基因科技的伦理本质涉及如下问题：人为干预人的自然基因构造会引发人的自我理解和个体责任的重构。基因是人的遗传密码，是人类从未成功触及的一个神秘领域，当人可以运用编辑技术对人的基因进行改造时，人的自然存在意义和人与外在世界的互动方式会发生根本改变。[3] 这种改变体现在三个方面。

---

[1] 郑玉双. 破解技术中立难题 [J]. 华东政法大学学报, 2018, 22（1）: 94.
[2] 里夫金. 生物技术世纪：用基因重塑世界 [M]. 付立杰, 等译. 上海: 上海科技教育出版社, 2000: 201.
[3] WILLIGENBURG T V. Philosophical Reflection on Bioethics and Limits [M] // DÜWELL M, et al. The Contingent Nature of Life: Bioethics and the Limits of Human Existence. Berlin: Springer, 2008: 154.

第一,人的本性会改变。基因编辑会改变人的自然属性、遗传特征或基因序列,但这不是关键的问题,真正有意义的改变是人的身份同一性的改变。人的身体是人的身份同一性的载体,"身体是一个时间构形"①,人的生命历程和成就虽然不同,但共享着一个受自然律支配的身体与生命历程的同一性结构,这是人作为实践主体意义上的"我"的内涵。但基因编辑和优化将每个人所共享的身体与生命历程的同一性结构打破,这实际上导致了人的本性的特定方面的差异。尽管这个变化在实践中不会产生直接的效果,但人的自我理解的框架的变化会渗透到社会实践的各个领域,包括教育资源、医疗资源的分配和个人的生育决定等。

第二,人的责任伦理会改变。基因科技创造了新的可能,并且会被适用于生物学领域和医学领域,具体包括遗传病避免、重症治疗、基因修复、基因优化甚至运用人体基因对植物进行优化。区别于传统的道德和法律责任的判断,基因科技产生了新的责任认定和归结方式。

第三,基因科技创造了人在基因上的共同利益这个伦理基点。人类在基因上有共同利益,这种利益不是外在的。如空气和水,因为,人对于空气和水的依赖程度是有差异的,糟糕的空气可能会让一些人致命,也可能对人的健康不会有实质性影响。但人类在基因上的核心利益不是健康,不是人的发展前景,不是人类改造自身的能力,而是人与人类自身命运的紧密同构性。这种同构性的核心要素在于,人的自由和尊严等价值与人类自身命运的独立价值紧密相关,所以对基因技术的伦理判断必须围绕人类自身命运而展开。基因科技将人类整体性命运放置在一个实质性的价值判断语境之中,对基因科技的法律规制也要建立在这个实质性判断基础之上。

三、基于个体与人类命运之紧密同构性的基因伦理

本书主张,基因科技对人的伦理实践带来了实质性挑战,因此我们需要构建一个新的伦理框架。人在基因上的共同利益塑造了个体与人类命运的紧密同构性,而我们能够在伦理上有把握地、积极地迎接基因科技。具体来说,基于个体与人类命运的紧密同构性的基因伦理立场主张:基因科技不会对人的尊严带来实质性危机,基因科技通过创造一种将个体与人类命运进行强化性同构的方式改变了个体嵌入人类命运的方式,由于基因科技的潜在利益,反自然论证

---

① 施瓦德勒.论人的尊严[M].贺念,译.北京:人民出版社,2017:127.

和风险论证经不起既有伦理理论的考验,而个体和人类命运的紧密同构却可以在实质上提升个体的伦理处境,因此我们应当以一种开放的态度面对基因科技。基于这种新的伦理框架及其与基因科技在各个方面的相关性,在一个理想的意义上,我们可以将这种伦理立场具体阐释为以下主张。

1. 个体生命与共同体之整体命运的紧密同构性是指,基因科技带来了个体本性中经验性自我与超越性自我之间的分离,但增加了个体与共同体的紧密联结。人们在基因检测、治疗或者改造上的每个决定都与共同体命运相关。这并非意味着个体的每个决定都会对人类整体命运造成影响,而是意味着共同体命运构成了一种"元道德"。① 基因科技将人类命运带入一个节点上,如果人们通过实施基因技术而促成了对人类共同体的更深理解,并且消除基因科技的潜在威胁,如基因多样性受损或者人的自然属性改变对人类共同体命运的影响不是实质性的,那么个体与人类命运的紧密同构性就不会受到损害。② 在这个意义上,对人体胚胎进行基因编辑,在伦理上是可以被接受的。

2. 个体与人类命运的紧密同构性为基因科技对各种伦理价值的冲击提供了缓冲的平台和重构的可能。由于基因科技对人的本性之理解的冲击,自由、权利和尊严等价值的基本内涵在基因问题上陷入了混乱。在基因事务上,个体与人类命运的紧密同构性对价值推理的增益在于,它为各种价值被应用于基因科技的社会问题的分析提供了一个强化性理由。尽管不能确定,从这种紧密同构性中推导出何种具体伦理原则(因为需要借助大量的其他价值),但它可以成为一个实质的推理理由。比如,我们之所以应当禁止生殖性克隆,并不是因为这种行为违背自然(我们可以克隆其他动物),而是因为克隆使人类生命的起点变得任意和随意,且可以被操纵,而这违背了个体进入共同体的自然性和亲缘性的生育方式,构成了对人类命运的实质威胁。③ 同样,人体基因和其他物种的基因的交叉和混合,也有损于共同体命运,因为这造成了共同体命运向极为不确定的自然风险和伦理危机开放。

---

① CAVALIERE G. A Path Through the (Moral) Morass: Ethical, Legal and Societal Challenges of Human Genome Editing [M] // BRAUN M, et al. Between Moral Hazard and Legal Uncertainty. Berlin: Springer, 2018: 218.
② GYNGELL C, DOUGLAS T, SAVULESCU J. The Ethics of Germline Gene Editing [J]. Journal of Applied Philosophy, 2017, 34 (4): 506.
③ SANDEL M. Ethical Implications of Human Cloning [J]. Perspectives in Biology and Medicine, 2005, 48 (2): 242.

相比之下，基因编辑并没有将人类命运置于一种极不确定的自然风险之中，反而是通过将个体增益与共同体的实质益处关联在一起，从而形成对基因科技进行伦理判断的联合判准。一方面，通过科技对生殖过程进行干预，会使生育从自然意义的代际传承转变为承载公共利益的社会过程，"生育一个健康的后代是基因提供者的延伸生命利益，同时也能减轻社会的负担，体现了公共利益"①。另一方面，按照 Bayefsky 的主张，人类基因具有两个方面的公共属性，即共同遗产（common heritage）和共同资源（common resource）。② 共同遗产体现了人类在基因池上的自然紧密同构性，而共同资源则体现出人类在基因资源利用和开发上的共同利益。虽然 Bayefsky 所提出的框架强调了基因事务的公共性，但结合个体在基因事务上的自主选择和个人用益，我们可以得出如下结论：个体与人类整体在基因事务上的关系不同于个体与自然环境、经济和文化事务上的关联，而是体现出强烈的同构性。

3. 个体与人类命运的紧密同构性能够为基因科技或生物技术方面的政府规制提供可靠的伦理限制。政府对现代科技发展的规制功能是非常有限的，但政府和法律必须有所作为。然而，在迅猛的基因技术突破、人们对基因技术的迫切健康需求和基因发展所带来的各种潜在社会影响之间，政府规制很难找到一个良性规制的平衡点。过紧或者过宽的法律规制都会影响基因科技发挥作用的方式。③ 而个体与人类命运的紧密同构性却能够为政府决策提供一个在成本收益分析、风险评估和执法成本考量之外的可靠伦理框架：政府作出的每一个决定都应指向个体福祉和人类整体处境之间的深度契合。政府行动应该是原则导向的，如正义和平等，但在基因科技规制上，这些价值容易沦为空洞的口号。个体与人类命运的紧密同构性提供了在基因问题上理解这些价值的平台，使得围绕基因科技的价值讨论不再是在自由落体之中进行，而是在此基础上形成社会性共识。

必须承认的是，基于个体与人类命运的紧密同构性的基因伦理判断只是一个框架，它只是确立了一个新的伦理基点，以回答如何从伦理价值上评判基因

---

① 朱振. 反对完美：关于人类基因编辑的道德与法律哲学思考［J］. 华东政法大学学报，2018，21（1）：81.
② BAYEFSKY M. The Human Genome as Public：Justifications and Implications［J］. Bioethics，2017，31（3）：209.
③ RIXEN S. Genome Editing and the Law［M］// BRAUN M，et al. Between Moral Hazard and Legal Uncertainty. Berlin：Springer，2018：17-30.

科技的具体应用和对人类社会的影响。我们无法确保在每一件事项上都能做出正确的选择,但可以确定一些尽可能减少争议的基本原则,在此基础上,为理性的政治决策提供依据。

首先,基于疾病预防目的在人体胚胎上实施基因编辑,并不会损及个体与人类命运的紧密同构性,人在基因上的共同利益并未受到威胁。基于"CRISPR/Cas9"技术的研究进展和应用前景,当前应该对在人体胚胎上应用该技术保持谨慎开放。[1] 谨慎性体现为,临床上的安全性目前仍然没有得到充分保障,所以需要更加成熟的技术。[2] 开放性体现为,生命科学研究应该更集中于开发更为可靠的针对高外显率基因突变所引发的疾病。在社会共识之下,技术的成熟意味着以一种负责任的方式提高基因技术治疗疾病的能力,并提高社会收益。因此,人体基因编辑的研究和应用应当继续进行。

其次,对基于个体与人类命运的紧密同构性原理的具体伦理内涵,应该结合基因科技的具体适用而加以检验和具体阐明。在一定意义上,这个伦理框架也应该被用来审视当前关于基因科技的众多宣言和伦理共识。我们既应该突破传统的道义论或者功利主义的传统观念限制,也应该避免在价值评判中援引那些内涵模糊的价值主张。

以基因增强为例,在基因编辑技术被发明之前,关于基因增强的伦理正当性已经被争论了近20年,但受限于技术瓶颈,这个问题主要在学理论争中得以体现。基因编辑技术的突破使得对人体机能和能力进行强化和提高在技术上具备了可行性,一系列社会和伦理难题相应出现:基因增强是否会导致完美的"定制婴儿"或"超强人类"的诞生?是否会加剧财富差距带来的社会不平等?然而,正如布坎南所言,关于基因增强的争论,仍然有许多误解需要澄清,争论双方的主要依据也常常自相矛盾。[3] 以桑德尔和哈贝马斯为代表的反增强论者以增强技术会危及人类对天赋之感激或者胚胎设计会损及个体自由为理由反对人为的基因增强。[4] 然而,批评者认为,感激或者对掌控(mastery)的担忧都

---

[1] NATIONAL ACADEMY of SCIENCES. Human Genome Editing: Science, Ethics, and Governance [M]. Washington D.C: The National Academies Press, 2017: 115.

[2] 王翠平. 人胚胎基因编辑治疗的伦理分析:以 CRISPR/Cas9 技术为例 [J]. 自然辩证法通讯, 2018, 40 (11): 108.

[3] BUCHANAN A. Beyond Humanity? The Ethics of Biomedical Enhancement [M]. Oxford: Oxford University Press, 2011: 243.

[4] 桑德尔. 反对完美 [M]. 黄慧慧, 译. 北京:中信出版社, 2013: 84.

难以成立，因为其背后预设着错误的基因决定论或生物伦理学立场。布坎南将支持基因增强的主张称为反—反增强论者（anti-anti-enhancement），其核心立场体现为：基因增强并不必然导致掌控和失控，特定形式的增强在伦理上是可行的；基因增强带来的不平等和不公正等问题可以通过公共政策和民主决策加以解决。这些难题与传统的社会实践难题并无本质差异，因此它们并不是基因技术所带来的独特困境。①

上述两种立场都在一定程度上错失了基因增强对伦理观念和社会实践结构所产生的独特意义。反增强论者依赖于一种不可靠的社会心理学，夸大了技术进步对人的道德心理的冲击效应，尽管历次技术革命不断重塑人的自我理解和道德地位，但无论技术如何被突破，人类都难以成为自身命运的主宰，反而更加受制于技术。同样地，反—反增强论者过分倚重技术进步对社会价值的自发性修复能力，也忽视了被增强之个体与共同体之道德关联的变化。② 基于个体与人类命运的紧密同构性，解决这个两难困境的关键在于，借助个体决定与共同体的基因关联性的时间厚度，区分修复性增强与增益性增强，并据此形成约束性的社会价值规范。增益性基因增强，如提高智力和运动天赋，会改变或损及个体与共同体的同构程度，会带来社会平等和正义的挑战；但修复性增强，如修复免疫力、改变肤色等，并不会实质地影响个体与共同体之间的关系。③

第六节 基于个体与人类命运的紧密同构性的法律规制框架

个体与人类之命运的紧密同构性作为一个伦理原则与基因科技的法律规制之间仍然存在着较大的论证空间，但当前关于政府规制的大量建议和原则性指

---

① BUCHANAN A. Beyond Humanity? The Ethics of Biomedical Enhancement [M]. Oxford: Oxford University Press, 2011: 243.
② DOUGLAS T. Human Enhancement and Supra-personal Moral Status [J]. Philosophical Studies, 2013, 162 (3): 473-497.
③ 修复性增强和增益性增强之间的界限是模糊的，并且会随着基因技术的应用范围而发生变化，因此对于基因增强究竟如何产生不平等或不公正的难题，仍然需要进一步分析，但当前关于基因增强的争论的难点在于缺乏一个有效的伦理支点，以应对基因增强的特殊难题。个体和人类命运的紧密同构性作为一个背景性框架参与这个争论之中，并检验基因技术适用的正义标准的有效性。

导更多的是基于预防原则。基因科技的法律规制体系需要在一个国家既有的法律框架之内被建构，但由于人们在基因事务上存在着共同的核心利益，因此在将基因科技的伦理框架转化为法律规制框架的过程中，应该体现出以个体与人类命运的紧密同构性为伦理基点的支配性伦理原则的影响，而非受限于预防原则。上述内容可以被概括为以下几个方面。

第一，在基因的共同利益上，形成强烈的国际共识，促进全球性参与；① 第二，形成强程序性要求，也就是说，在关于基因事务的相关决策上，政府、研发和治疗的相关方案必须符合严格的程序性要求，甚至在适度开放人体胚胎编辑之后，也应该设定更为严格的程序性规定，既包括技术程序，也包括决策程序；第三，形成实质核心利益，也就是说，基因科技的法律规制应该围绕基因上的实质核心利益而展开，这意味着，应该基于个体与人类命运的紧密同构性确定法律实践中的价值原则；第四，共同面对风险，也就是说，基因科技带来了全新的风险形态，但法律规制对此并非难以应对。基因风险具有不确定性和潜在性，虽然基因科技的研发者和实施者对技术适用承担直接的法律责任，但这是不够的。基因科技所带来的伦理重构需要我们建构新型的法律责任分配模式。基于个体与人类命运的紧密同构性，应该建立一种政府、科研主体、病患与利益群体之间互动和有效反馈的责任分担机制，而且法律规制应敏感于且促进这种机制。②

根据前述讨论，本书提倡一种基于伦理和法律之深层互动的动态规制体系。这个体系的主要特色在于，就基因科技的发展进程、对基因科技的整全性伦理判断和法律自身之完善，形成一个有机的互动体系。除了那些可以依据传统法律框架加以解决的问题（如制造可以对人体造成致命损害的基因药物），其他新兴问题都应该按照这个敏感于个体与人类命运的紧密同构性的互动体系加以规制。由于这个框架涉及科学研究、生物医药、社会参与和法律自身内部规范体系的调整，所以很难在有限的篇幅之中展现出这个互动体系的全貌，但是我们可以确立一些基本原则，以应对高速发展的基因科技所带来的法律挑战。

第一，对于基因科技的挑战，需要在伦理和法律的深层互嵌之中加以回应，

---

① BALTMORE D, BERG P, CARROLL D, et al. A Prudent Path Forward for Genomic Engineering and Germline Gene Modification [J]. Science, 2015, 348 (6230): 37.

② TOMLINSON T. A Crispr Future for Gene-Editing Regulation: A Proposal for an Updated Biotechnology Regulatory system in an Era of Human Genomic Editing [J]. Fordham Law Review, 2018, 87 (1): 463-465.

我们不仅需要一个严密的法律规则体系,而且需要一个体现出基因事务的实质伦理判断的重构性规制体系。这意味着,我们需要基于个体与人类命运的紧密同构性来审视科技发展,形成社会共识,以确立基因技术的适用边界。一方面,基因科技领域的立法应当"在科学与民主、创新与公共利益之间取得平衡,增加立法透明度,强化公众参与"①;另一方面,由于针对人体胚胎的基因编辑并不会危及个体和人类命运的紧密同构性,所以应该以此为伦理基点,确定关于基因科技适用的具体伦理原则和决策方式。

第二,伦理原则应该成为法律规制体系的内嵌性原则,并据此形成法律面向基因科技的内在德性,比如,通过权利形式,对基因上的具体利益和共同利益加以保障。在具体伦理原则上,应该确立一种基于个体与人类命运的紧密同构性的整全性伦理体系。从目前已有的相关伦理规范来看,如美国国家科学院的《人类基因编辑》和英国纳菲尔德生物伦理委员会发布的最新报告《基因编辑和人类生殖:社会伦理及法律规制》,②这些文件在确立基因科技的伦理原则方面都是模糊的,仅仅突出了一种谨慎的态度。因此,在此基础上形成的伦理判断和法律应对方案可能就会出现不一致的情况。基因技术的伦理判断如果仍然存在争议,就会影响法律体系内部的权利配置和侵权救济,如基因权作为人格权的法理证成问题。③基因技术的突破会带来更为多元和复杂的基因权利主张,基因编辑技术的广泛运用更会带来基因治疗与预防的界限模糊的问题,以及基因自主权与公共属性的更大张力,传统私法视角的人格权体系将难以应对基因技术革新所带来的各种新兴问题,如人类胚胎植入前的基因诊断(PGD)所带来的一系列难题。④ 个体与共同体在基因事务上的紧密同构性对基因权的人格权属性构成了内在限制,并强化了基因权的共同体属性。在法律规制框架上应对基因编辑技术广泛应用的挑战,需要在法学学科体系上进行重整,以促进法律与伦理的深层互嵌。

第三,基因事务体现了人类命运的整体性,因此国际共识非常重要。在寻求深度国际共识的同时,世界各国的国内法律规制体系应当以更为积极的态度

---

① 郑戈. 迈向生命宪制:法律如何回应基因编辑技术应用中的风险[J]. 法商研究,2019,36(2):13.
② 纳菲尔德生物伦理委员会. 基因编辑和人类生殖:社会伦理及法律规制[J]. 苏州大学学报(法学版),2018,5(4).
③ 张莉. 论人类个体基因的人格权属性[J]. 政法论坛,2012,30(4).
④ 王康. 人类基因编辑实验的法律规制[J]. 东方法学,2019,67(1).

回应关于基因科技的国际行动,并在国内行动中促进伦理与法律的互动。这种国内行动进程可以体现为:系统性地整理关于人工辅助生殖和基因科技的相关规范和伦理指导原则,围绕基因科技的新伦理框架,针对科学研究、临床适用和社会共识的塑造,确立一些更为明确的伦理原则和共识形成机制,比如,组建一个由科学、伦理学和法学等学科背景的专业人员组成的基因科技伦理委员会,对当前基因科学的研发动态及在医学上的适用进行全面伦理评估,并形成评估报告。

基因科技给人的尊严带来了挑战,但并非使人类社会陷入尊严危机之中。借助技术进展,我们可以形成关于自由、权利和人之道德地位的新的诠释方案。但这只是理论上的分析方案,鉴于当前基因科技仍然处于不确定的发展状态、科技与社会未形成良性互动、充分的伦理共识并未建立等因素,当前应该暂停所有应用于胚胎的基因编辑技术的临床适用。但在基因编辑技术方案更加成熟、针对基因科技的伦理共识相对稳固之后,政府资助和法律规制应该向基因编辑和适度的基因优化开放。

当前,大多数国家的法律规制体系的主要问题不在于不完善,而在于无法与基因科技的发展动态和伦理判断形成有效互动。基于个体与人类命运的紧密同构性,应该将基因科技对人类共同体利益的潜在促进意义纳入对以宪法基本原则为中心的法伦理判断之中,形成宪法性共识。[1] 与基因科技相关的传统议题,如生育自由、基因之人格权、政府基于个体利益对个体进行家长主义式干预等,在传统法律框架之中会衍生出许多争议性话题,但在基因科技的挑战中却面临着重构的可能,如对基因资源是否可以进行商业利用的问题,又如政府是否应该调整保险政策以应对基因治疗的巨大成本的问题。目前,对这些问题虽然还没有确定的答案,但一个与基因科技的伦理判断形成深层互动和互补的动态法律规制体系仍然是必要的。

第七节 结 语

法律与科技之间的关系是复杂的,人工智能与基因技术等新兴科技给法律制度带来了前所未有的挑战,我们需要建构一种新的伦理学框架以迎接这种挑

---

[1] 韩大元.当代科技发展的宪法界限[J].法治现代化研究,2018,2(5).

战。虽然基因科技的发展充满了坎坷，但基因编辑技术的发展已经为人的生命自身结构的改善创造了新的可能。目前，既有的几种论证会错失基因编辑的伦理思考的论证焦点，也难以为基因科技的伦理边界和法律规制提供有效的指导。针对基因科技的挑战而重新确立伦理思考的基点，是当前的一个迫切难题。基因科技不仅关乎未来和后代，也关乎现代共同体的生命处境。因此，关于基因科技的伦理思考的核心支点不在于代际正义和后代利益的最大化，而在于在基因事务上个体与人类整体命运的紧密同构性。基因科技改变了个体医疗行动与共同利益相互作用的方式，将个体命运以技术性方式内嵌入人类整体命运，这种互动方式的改变为基因科技的伦理学评估提供了新的基点。个体与人类命运的紧密同构性会产生何种具体的规范内涵？如何与其他价值进行关联？如何影响法律规制体系的构建？关于这些问题，目前只有框架，而无具体细致的方案。但人类已经进入不可逆转的技术支配时代，所以在伦理学上确立成熟的讨论框架，并在法律上构建前瞻性的防范方案，是忠实于人类命运的必然选择。

第五章

风险沟通：人体基因编辑技术风险的法律制度构建

第一节 导 言

2020 年诺贝尔化学奖颁给埃马纽埃尔·卡彭蒂耶和詹妮弗·杜德纳两位女性科学家，以表彰她们在基因编辑技术发明上的巨大成就。从 2013 年两位科学家发现 CRISPR/Cas9 基因编辑技术以来，人体基因编辑技术成为生命科学研究的焦点。两位发明者在短短七年内就获得诺贝尔奖，这预示着人类将在 21 世纪见证基因科技所带来的生命和健康革命。2018 年 11 月，南方科技大学贺建奎研究团队通过利用 CRISPR/Cas9 基因编辑技术对人类受精卵的 CCR5 基因进行编辑，诞生一对双胞胎女婴，目的是使婴儿出生后能够天然抵抗艾滋病毒。该事件曝光之后，遭到国内外科研界的强烈谴责。2019 年 12 月 30 日，深圳市南山区人民法院一审作出公开宣判，贺建奎等因共同非法实施以生殖为目的的人类胚胎基因编辑和生殖医疗活动，构成非法行医罪，被依法追究刑事责任。[1]

由于目前基因编辑技术尚不成熟，并且人类遗传物质内在机理的复杂性超出了人类当下的认知限度，再加上人们的道德观念存在差异，导致将基因编辑技术应用于人体存在高度不确定的安全风险及伦理风险。"基因编辑婴儿"事件反映出了我国人体基因编辑风险之行政法规制上的不足。尽管《民法典》和《刑法修正案（十一）》部分地弥补了关于基因技术的法律空白，但其背后的风险治理难题仍然悬而未决，部门法规制存在归责功能化、立法模糊化、预防

---

[1] 王攀，肖思思，周颖."基因编辑婴儿"案一审宣判：贺建奎等三被告人被追究刑事责任 [EB/OL]. (2019-12-30) [2022-06-15]. http://www.xinhuanet.com/2019-12/30/c_1125403802.htm.

积极化、行为拟制化等局限。① 人工智能、区块链和人体基因编辑技术等属于新兴科技形态,其发展及应用所带来的风险是一种现代性风险。如乌尔里希·贝克(Ulrich Beck)所述,现代性风险与传统的危险不同,其造成的损害往往是系统性的,通常不可逆转并且大多不可见,任何人在风险扩散的过程中都难逃其侵害,"风险的制造者或者受益者迟早都会和风险狭路相逢"②。

当前学界对基因编辑技术应用的伦理边界和法律规制模式做了较为充分的探讨。从伦理学的角度来看,在无法保障基因编辑技术安全性的情况下,将基因编辑技术径直应用于人体或者胚胎是违背伦理的。③ 从法律规制的角度来看,滥用基因编辑技术对公众健康造成威胁,具有可罚的法益基础。然而,科技不断发展,基因编辑技术也在不断升级迭代,对基因编辑技术一禁了之并非最优策略。一方面,生命科技研究需要在安全和创新之间平衡,科学研究既需要符合科学伦理,也应以技术创新和人类福祉为追求。④ 另一方面,关于基因编辑技术的应用边界在伦理上存在争议,有论者主张基因编辑并非违背伦理,而是借助技术进步以保障个体自主的契机。⑤ 法律规制应当以适切的方式回应这些争议,并在科技、伦理和法律之间达成最佳的平衡点。既有研究充分地认识到人体基因编辑技术的潜在风险,但对于如何以符合公共理性和风险治理逻辑的法律规制方案应对这种风险,既有探讨并不充分。

人体基因科技的风险治理和法律应对是迎接科技时代和优化国家治理的重要内容。本书结合风险治理的相关理论对人体基因编辑技术的风险规制的恰当理念和模式予以探讨。人体基因编辑技术的潜在利益与技术风险并存,风险预防原则在应对基因科技风险上存在不足,应在风险预防的宏观框架下注入"商谈—建构"模式,以充实人体基因科技风险治理的价值内涵。风险沟通是"商

---

① 石晶. 人体基因科技风险规制路径的反思与完善:以宪法与部门法的协同规制为视角[J]. 法制与社会发展, 2022, 28(2): 100-118.
② 贝克. 风险社会:新的现代性之路[M]. 张文杰, 何博闻, 译. 南京:译林出版社, 2018: 29.
③ 于慧玲. 人类辅助生殖基因医疗技术滥用的风险与刑法规制:以"基因编辑婴儿事件"为例[J]. 东岳论丛, 2019, 40(12);姚万勤. 基因编辑技术应用的刑事风险与刑法应对:兼及《刑法修正案(十一)》第39条的规定[J]. 大连理工大学学报(社会科学版), 2021, 42(2).
④ 余厚宏. 人类胚胎基因编辑中的权利冲突解析[J]. 交大法学, 2021, (4): 78-93.
⑤ 姚大志. 基因干预:从道德哲学的观点看[J]. 法制与社会发展, 2019, 25(4);刘叶深. 基因提升伤害平等和伦理了吗?[J]. 华东政法大学学报, 2019, 22(5).

谈—建构"模式的制度应用，有助于完善基因科技风险的治理体制。以风险沟通为模型对我国应对基因科技风险的法律治理体系进行构建，是实现科技风险善治的可行之道。

第二节 人体基因编辑技术风险的法律治理难题

一、人体基因编辑技术的新兴风险形态

人体基因编辑即利用基因编辑技术对人类细胞进行的基因修饰。依据基因修饰靶细胞的不同，人体基因编辑可以分为体细胞（包括干细胞）基因编辑以及生殖细胞或胚胎基因编辑，前者所产生的基因改变仅对接受基因修饰的个体产生影响，后者则具有可遗传性，亦被称为生殖系基因编辑或者生殖系修饰。依据目的的不同，人体基因编辑可以分为以治疗疾病为目的的基因编辑及以增强（增强人类某种性状或能力）为目的的基因编辑。依据研究阶段的不同，人体基因编辑可以分为基础研究、临床前研究以及临床研究三个阶段。基础研究是指在实验室所进行的基础科学研究试验。临床前研究是指通过进行动物试验对基因编辑技术的效果及风险进行观察和判断的科学研究活动。临床研究则是指在医疗服务机构以人类受试者为研究对象，对基因编辑技术的安全性及有效性等进行观察和判断的科学研究活动。[①] 人体基因编辑技术作为一项新兴的生命科技，由于目前技术本身的尚不成熟以及对自然的干预，其对人类的身心健康以及社会的稳定发展均可能带来负面影响。

传统风险规制理论发源于自由主义法治国时代，行政机关在这个时期不会过多地参与到社会生活之中，而是充当"守夜人"的角色，主要任务是维护社会秩序，因此也可以将这个时期称为"秩序行政时代"。这个时期的风险观属于自由主义的积极风险观，即认为拥有风险观的个体是自治的，个体有权自主选择承担风险，并且可以利用风险带来的机遇使个体福利最大化。在行政领域，人们关注的焦点是如何确保个体自由不会受到行政权力的侵犯。

在秩序行政时代，行政活动大多局限于对事件发生后的处理，因此法律可

[①] 邱仁宗. 人类基因编辑：科学、伦理学和治理 [J]. 医学与哲学，2017，38（5）：91-93.

以基于对过往经验的总结对行政机关采取相应的行政措施进行明确授权,从而通过法律保留控制行政权力的扩张。然而在现代社会,人体基因编辑所带来的风险是面向未来的,这种不确定的风险无法事先被充分认识,而且对于基因编辑技术的具体研究或应用场景具有高度的依赖性。法律无法为未来不确定的、不同场景下的风险预先设计明确的规制条款,只能为行政机关设置宽泛的管理目标,提供基本原则和组织法上的依据,对于为实现管理目标而采取各类措施的行为法上的依据则不做严格规定,交由行政机关进行灵活选择,从而赋予行政机关大量的自由空间制定行政规范,对人体基因编辑不同场景下的风险予以具体处理。①

二、风险预防原则的应用局限

既有研究通常接受风险预防原则为人体基因编辑风险治理的指导原则。人体基因编辑风险不仅具有高度不确定性,而且可能给人类的生存和发展带来严重且不可逆的影响,无疑是符合风险预防原则的适用前提的。然而在我国,风险预防原则并未在立法中得到明确确立,只是在涉及食品安全、环境保护等领域的法律文件中,使用了"预防为主"的表述,如《食品安全法》第三条,②以及《环境保护法》第五条。③"预防为主"的表述与风险预防原则的精神内核虽然具有相通之处,但其更接近于政策原则而非法律原则,具有纲领性特点,并非试图通过该原则建构行政机关在法律上的职责,亦非试图将该原则作为判断行政活动是否合法的标准。

然而,风险预防原则的适用存在限度。首先,该原则的内涵和适用存在争议。怀尔德威斯基肯定地认为风险通常既会造成损失又会带来收益,因而"预防"的理念是在无意义地防止一组风险而忽略其他风险。在怀尔德威斯基看来,不仅应当弃用"预防"这个概念,而且应当替代它。它应当被"恢复性"原则(resilience principle)所取代,该原则是建立在如下认识的基础之上的:自然和

---

① 戚建刚,易君. 灾难性风险行政法规制的基本原理[M]. 北京:法律出版社,2015:229.
② 《中华人民共和国食品安全法》第3条规定:"食品安全工作实行预防为主、风险管理、全程控制、社会共治,建立科学、严格的监督管理制度。"
③ 《中华人民共和国环境保护法》第5条规定:"环境保护坚持保护优先、预防为主、综合治理、公众参与、损害担责的原则。"

社会能够吸纳非常强的冲击，因此最终的危险并没有我们所担心的那样大。①

其次，风险预防原则并非总是能够为风险治理提供明确的指引，特别是在知识界对风险的认识无法形成定论的情况下。在风险预防原则的思维模式下，人们容易忽略对特定风险的干预所造成的系统性影响，有时为预防风险而采取的干预措施甚至会对风险预防原则本身构成破坏，引发替代风险或者导致丧失伴随风险的潜在收益，特别是由于人体基因编辑在不同的类型、目的以及阶段下具有不同程度的风险，如果对人体基因编辑整体上采取统一的预防措施，则可能导致在某些情形下的干预不足，无法达到防范人体基因编辑所带来的风险的目的，抑或导致在某些情形下的过度干预，阻止了人体基因编辑可能带来的潜在收益，如排除了治愈遗传性疾病的机会，从而在整体上仍然无法达到消解风险的目的。因此，应当结合人体基因编辑的具体情境通过比例原则来对风险规制原则的适用进行考量和约束。

第三节 人体基因编辑技术的风险沟通：价值基础与实践内涵

科技风险治理是应对新兴科技风险的理念建构和制度实践过程，风险治理包含着技术、社会和价值多个维度，所以应该确定风险治理制度的基本模式，从而清晰地划定政府权限并有效应对和化解风险。风险预防原则虽然具有表面上的吸引力，但无法充分灵活地应对生命科技和智能科技等带来的新兴科技风险形态。基因编辑技术的运用在给社会公众带来一系列风险的同时，亦会带来一些福利，如能够彻底治愈某些遗传性疾病，因此社会公众对人体基因编辑技术的研究和应用在一定程度上具有可接受性。实际上，社会公众不仅是人体基因编辑风险的最终承担者，亦是其福利的最终受益者，如此看来，社会公众的意见在人体基因编辑风险规制的过程中显得尤为重要。因此，面对由数字技术和基因技术所带来的巨大收益和不确定风险，在风险预防原则的基础上强化风险沟通，是应对人体基因科技风险的可行出路。风险沟通作为一项以"商谈"为核心的制度，贯穿于风险评估和风险管理的全过程之中，甚至可以说是风险

---

① WILDAVSKY A. But Is it true? A Citizen's Guide to Environmental Health and Safety Issues [M]. Cambridge MA: Harvard University Press, 1995.

治理的关键环节。① 在价值基础上，风险沟通以"商谈—建构"模式为规范框架。在实践中，风险沟通突出社会多元主体在面对风险时的制度互动。通过对风险沟通的价值基础和实践内涵进行探讨，可以展现人体基因科技风险的法律治理的价值维度和制度前景。

一、"商谈—建构"模式的基本内涵和优势

费雪主张，传统的科学与民主"二分法"系将科学和民主假定为两个不可通约的人类活动领域，前者将风险规制视为对事实的处理，后者则将风险规制视为对价值的取舍，二者完全忽略了法律的作用，有将法律工具化、边缘化的倾向。风险规制的机构情境并非科学或者民主，而是公共行政，因为只有公共行政能够为风险规制所需要的标准制定、信息收集、专家知识和公众参与提供灵活的空间，并将之整合。在风险规制的过程中，法律的作用在于：其一，建构、限制公共行政并使其负起责任；其二，提供讨论公共行政性质及作用的场所和话语。将未来引入现在的风险规制所带来的不确定性，对传统行政的合法性和权威性构成了极大的挑战，因此在风险规制中如何建构公共行政的合法性基础乃当务之急。

费雪将风险治理的模型总结为"理性—工具"以及"商谈—建构"两个模式。② "理性—工具"模式解决公共行政合法性问题的方法是将公共行政限制在立法授权的边界之内，其评判风险规制体系是否成功的标准是考察特定的立法指令是否得到了贯彻执行，这种模式更加符合传统行政法理论，因此具有强大的吸引力。而在"商谈—建构"模式下，立法并非建立一套严格的命令，而是为行政裁量权的行使规定一系列一般性原则以及广泛的考虑因素，行政机关不是立法机关的"代理人"，而是由立法机关建构的，实施自由意志的机构。③ 此

---

① 从概念上讲，风险治理的内涵更为宽泛，体现为以政府为主导的各方主体协同治理以降低风险水平的综合过程。风险治理包含着风险识别、风险评估、风险管理和风险沟通等多个层次。在这些层次中，风险沟通受到的重视程度更低，而在新兴科技发展所带来的技术复杂性和收益不确定性之下，风险沟通对于科技风险治理尤为重要。关于风险评估在风险治理中的意义，参见：刘鹏. 从行政管控走向风险治理：中国风险应对体系建设的发展历程与逻辑 [J]. 政治学研究，2021，(6)：95-96.
② FISHER E C. Risk Regulation and Administrative Constitutionalism [M]. Oxford：Hart Publishing，2007：28-31.
③ FISHER E C. Risk Regulation and Administrative Constitutionalism [M]. Oxford：Hart Publishing，2007：32.

外，虽然两个模式均包括科学与民主之间的互动，但是在"理性—工具"模式下，行政决策的主要依据是高度理性的专家知识以及量化分析方法，民主的实现则依赖利益代表制，并且须确保行政决策并非社会公众情绪的产物。

由于人体基因编辑风险具有复合性特征，既包括安全风险，又包括伦理风险，对其进行风险规制不仅涉及社会公众可接受风险的概率问题，还会涉及大量风险偏好、风险分布和文化特性等非概率因素。① 由专家计算出来的风险后果与社会公众所感受到的问题后果之间往往存在巨大差异，因此在对人体基因编辑进行风险规制的过程中，不应当仅仅依赖专家群体对科学信息的分析和评估，还应当让社会公众充分参与其中。而且随着公众受教育程度和经济福利的提高，参与公共决策的愿望也在不断增长，特别是在人体基因编辑技术与公众未来的生活、医疗紧密相关的情况下。但是在参与的过程中，科学评定和公众偏好之间可能存在一种紧张关系，即社会公众对人体基因编辑的风险评价可能与专家意见相左，一方面可能是由于公众缺乏相关科学知识或者是存在某种偏见，如受到基因本质主义认知偏向的过度影响，认为基因构成了人的本质，决定人的特征和行为，从而放大了对人体基因编辑风险的恐惧。② 另一方面，依据文化认知理论，人们对风险基本态度的不同是由于文化世界观存在差异，人们均会依据其对理想社会的看法，评价对某项活动进行限制是否合理或者是否有必要。例如，等级个人主义者倾向于回避规制，因为规制在某种程度上意味着对精英能力和市场解决方案的质疑，平等主义者的态度则与之相反。如果人体基因编辑的风险决策与社会公众隔绝，那么会造成对公众价值观的反应不足，但如果风险决策以"民粹主义"的方式形成，则会造成对错误信仰的反应过度。

在"商谈—建构"模式下对人体基因编辑进行风险规制，能够打破专家系统对风险规制过程的垄断，弥合专家知识与公众认知之间的鸿沟，特别是社会公众提供的经验知识对风险决策具有特殊意义，能够在一定程度上优化知识结构。此外，公众参与亦可以为决策者提供价值观分布和优先选择的重要信息，作为风险决策的基础。③ 同时，还可以使社会公众的价值观在商谈和辩论的过程

---

① HOLM S. Precaution, Threshold Risk and Public Deliberation [J]. Bioethics, 2019, 33 (2): 254-260.
② 陆俏颖. 人体基因编辑与基因本质主义：以 CRISPR 技术在人类胚胎中的应用为例 [J]. 自然辩证法通讯, 2019, 41 (7): 26-27.
③ 格伦瓦尔德. 技术伦理学手册 [M]. 吴宁, 译. 北京：社会科学文献出版社, 2017: 699.

中得到修正,①使公众自愿承受一定程度的风险并主动对风险进行防范,进而有利于提升人体基因编辑风险规制的民主性,构建社会公众对公共行政的信任。这是人体基因编辑的风险规制适用"商谈—建构"模式的优势所在。

但是,在适用"商谈—建构"模式的过程中应当注意以下两点:第一,应当保证专家系统科学评估的独立性,确保专家对事实问题,如对人体基因编辑特定风险的性质、危害后果发生的可能性、范围及严重程度等的判断不受外界价值观念以及利益考量的干扰。②第二,在充分考虑社会公众诉求的过程中应当避免"民粹主义",不得将社会公众的偏好和利益集团的诉求毫无保留地体现在行政决策中。虽然社会公众对人体基因编辑的风险认识可能存在大量的不理性因素,但是通过将人体基因编辑风险的相关信息向社会公众进行充分披露,引导社会公众在充分理解相关信息的基础上进行广泛讨论,社会公众对人体基因编辑的非理性认识完全可以转变,并且最终能够通过审慎判断做出理性的抉择。行政机关在人体基因编辑风险规制的过程中应当对社会公众的意见和诉求做出及时、必要的回应,特别是应当对不予采纳的理由进行说明,从而促进理性和民意的良性互动,防止傲慢的"精英主义"以及狭隘的"民粹主义"。③

二、风险沟通的内涵与实践结构

风险沟通的概念起源于 20 世纪 80 年代的美国,是指在政府、专家学者、社会公众等多个主体之间关于风险评估或者决策进行信息交换的互动性过程。④20 世纪 80 年代以来,出现了大量关于信任与风险认知关系的研究,风险沟通大致经历了三个阶段:第一个阶段是"技术风险评估"阶段,该阶段表现为以信息来源为核心的线性模式,强调专家在风险沟通中的决定性作用,主要通过专家向社会公众传递风险相关信息并说服公众来取得公众的理解;第二个阶段的风险沟通强调社会关系,注重对话的、建立关系的沟通模式,将风险的内容和性质与参与者的社会活动相联系;第三个阶段的显著特征是从仅将风险沟通视

---

① 斯蒂尔. 风险与法律理论[M]. 韩永强,译. 北京:中国政法大学出版社,2012:199.
② 孙斯坦. 风险与理性:安全、法律及环境[M]. 师帅,译. 北京:中国政法大学出版社,2005:134-135.
③ 王明远,金峰. 科学不确定性背景下的环境正义:基于转基因生物安全问题的讨论[J]. 中国社会科学,2017,(1):141.
④ 卫乐乐. 环境治理中引入风险沟通的理论准备[J]. 常州大学学报(社会科学版),2019,20(3):29-30.

为专家对社会公众进行说服的过程转变为从心理学、社会学等角度来看待风险沟通。从风险沟通的发展过程来看，风险沟通的模式经历了由"教育"到"对话"再到"信任"的演变，其中信任在风险沟通中的地位和作用越来越受到重视。①

基于"商谈—建构"模式的实践要求，风险沟通体现为决策机构、知识群体和社会公众之间的信息共享与知识建构。虽然科技应用需要经过复杂的研发过程和层层审批的应用把关，但其应用对象和受益者是普通社会公众。在基因科技的研发和应用中，由于基因编辑技术的健康利益和潜在风险是由不同代际的社会公众所共担，因此该技术的风险沟通应当体现出主体平等参与、商谈实质有效和持续性建构等内涵。

（一）沟通主体平等参与

在人体基因编辑的风险沟通过程中，参与各方在地位上是平等的，行政机关和专家群体不能以居高临下的姿态来对待社会公众，而是应当将社会公众当作合作伙伴。首先，平等是对话的前提，只有坚持平等参与和沟通，社会公众才能够感受到被尊重，才能对行政机关和专家群体提升信任水平，最终各方才有可能通过对话和协商就人体基因编辑的风险性质、危害大小以及是否可控等问题达成一致意见。其次，平等是倾听的前提，在风险沟通的过程中倾听具有十分重要的地位，特别是行政机关和专家群体应当耐心倾听社会公众的感受、需求和想法，因为社会公众对风险的感知和接受程度往往与专家的评估结果并不一致，风险沟通的目的就是通过各方协商来解决这种不一致的问题。只有坚持平等沟通，行政机关和专家群体才有可能耐心倾听社会公众的想法，并且理解他们的关切和动机。最后，平等是回应的前提，风险沟通不是将行政机关的政策或者专家群体的知识单向地传递给社会公众，而是需要行政机关与专家群体对社会公众的感受、需求和想法做出回应，只有以平等为前提，行政机关与专家群体才有可能对社会公众的关切和诉求做出积极的回应，才有可能就具体问题达成共识。②

由于行政机关与专家群体处于天然的优势和主导地位，因此平等的风险沟通可能流于表面，影响沟通效果。为了实现风险沟通的可持续性并将风险控制

---

① 伍麟. 从"教育"到"信任"：风险沟通的知识社会学分析［J］. 社会科学战线，2013，219（9）：180.

② 华智亚. 风险沟通：概念、演进与原则［J］. 自然辩证法通讯，2017，39（3）.

在合理限度之内，风险治理应当在制度上保障公众的平等参与。一方面，尽管专家系统对于风险认定和评估有着关键性的作用，但专家系统与公众认知之间应该形成融贯，"公众的直觉判断可能代表一种'隐藏'的智慧，对风险可容忍性的认定有着不可替代的作用"①。如果公众知识判断得不到平等对待，则会扭曲专家系统与公众知识系统之间的稳定融贯性。另一方面，以制度形式强化公众参与是风险行政之民主性的体现。例如在技术标准指定的过程中，应当"提高标准制定的透明度，给其他企业提供发表意见、做出评论的机会，也为各种利益的平衡提供可能"②。强化公众参与的制度保障，可以畅通风险沟通的多元渠道，更好地应对基因编辑技术的潜在风险。

（二）商谈实质有效

风险沟通作为人体基因编辑风险规制的一个必要和关键的工具或者手段，应当沟通各方之间建立和维护信任，尽量促进沟通各方就人体基因编辑领域具体的风险问题达成共识，促成实质有效的商谈过程。实质有效内涵包含以下几个方面的内容。第一，风险沟通的及时性。有些问题之所以成为争论的焦点不是因为风险本身，而是由于沟通不及时，社会公众未能获取最新的风险信息，或者行政机关及专家群体未能及时了解社会公众的感受、需求和想法。第二，风险沟通的公开性。风险沟通所涉及的风险信息以及风险沟通的过程和结果，除依据法律规定需要保密的部分之外，均应予以公开，这样才能避免沟通各方之间信息不对称，并确保风险沟通的全过程能够受到广泛的监督。第三，风险沟通的清晰可靠。人体基因编辑的相关科学术语可能会给社会公众在进行沟通的过程中带来困难或障碍，因此行政机关和专家群体在与社会公众进行风险沟通的过程中应当使用便于社会公众理解的语言对风险相关信息进行清晰的表述。第四，风险沟通的双向性。有效的风险沟通应当是风险信息在行政机关或者专家群体与社会公众之间的双向流动，而不是由行政机关或者专家将相关政策、知识向社会公众进行单向输出，社会公众的关切和诉求应当被及时收集和回应。③

---

① 肖梦黎，陈肇新．突发公共危机治理中的风险沟通模式：基于专家知识与民众认知差异的视角［J］．武汉大学学报（哲学社会科学版），2021，74（6）：121．
② 王贵松．作为风险行政审查基准的技术标准［J］．当代法学，2022，36（1）：108．
③ 孙颖．食品安全风险交流的法律制度研究［M］．北京：中国法制出版社，2017：213-214．

(三)沟通的持续性建构

人体基因编辑的风险沟通不是一个独立的行为或者单一的事件，而是一个持续不断、循环往复的过程。社会公众对人体基因编辑风险的感知和接受度往往与行政机关和专家群体的预判存在差异，因此无论是人体基因编辑的风险评估阶段还是风险管理阶段，均应当将风险沟通贯穿其中，耐心倾听社会公众的感受、想法和需求，积极做出回应，并且应当依据各个环节的沟通效果对沟通方案进行及时修正。要达成一个理想的沟通效果往往需要各方进行多次沟通，并适时对沟通内容进行动态调整，整个沟通过程不是一蹴而就的，即使沟通各方针对人体基因编辑的某种特定风险暂时达成了共识，然而随着基因编辑技术的发展以及社会观念的更新，仍有可能需要对该风险再次进行沟通。只有保持持续的建构性沟通才能真正将社会公众的意见及时吸纳到风险评估和风险管理的环节之中，避免风险沟通流于形式，切实提升人体基因编辑风险规制活动的民主性。

第四节 人体基因编辑风险沟通的法律制度构建

一、人体基因科技风险沟通的社会建构

(一)获取社会公众信任

早期的风险沟通要达到的目的是在对能否接受特定风险的判断上，使社会公众的观念尽量趋近于专家的观念，认为社会公众在对风险的理解和掌握的科学知识方面存在缺陷，因此对社会公众进行知识教育可以解决风险的接受问题，但由于社会公众的主体因素未能受到重视，社会公众仍然会对专家及行政决策者产生怀疑。近期的风险沟通主要聚焦于社会公众的信任，强调风险规制过程中社会公众的参与和协商，特别是面对人体基因编辑高度不确定且极为复杂的风险，如果坚持从科学的严谨性角度出发，将人体基因编辑风险视为严格的因果关系，则更会加剧风险确认的难度。科学界所追求的价值是获得新知，这种价值与社会公众所追求的安全、健康以及免于道德焦虑等价值往往会产生冲突，而且从认知心理学的角度来看，即使是专家群体也可能在听不到外部声音的情况下带有技术官僚的短视以及形成小圈子的虚假共识。科学界倾向于夸大基因

编辑能够给人类带来的益处,却往往对其中潜在的巨大风险轻描淡写。而风险沟通则能够确保社会公众对人体基因编辑相关风险信息的知情权,使社会公众主动认知风险,并且能够通过为社会公众提供参与人体基因编辑风险评估和决策的机会和渠道,建立社会公众对专家和行政决策者的信任。①

(二) 提高风险规制民主性

人体基因编辑风险具有高度不确定性、复杂性和危害后果的不可逆性及严重性等特点,这意味着关于人体基因编辑的行政决策必须谨慎地作出,虽然让社会公众参与到风险决策的过程中会在一定程度上弱化行政责任,使得最终的决策责任由多元化的主体共同来承担,但是从人体基因编辑的风险规制的现实需要来看,通过风险沟通让社会公众参与到风险规制的过程中可以在不损害行政决策的合法性的基础上增强行政决策的合理性以及可接受性。②

人体基因编辑风险具有现实性和建构性的双重属性,不能简单地将人体基因编辑风险当作科学上的事实,还应当认识到其中同时涉及一系列的价值判断。因此,对人体基因编辑风险的认识不应当仅仅取决于对客观的概率以及可能的危害进行的科学分析,还与价值观、文化、心理等因素密切相关。正是由于社会公众对人体基因编辑的风险认知和评价受到价值取向和偏好的影响,对于人体基因编辑可能带来的危害,社会公众考虑的比专家复杂得多。充分尊重社会公众的意愿不仅能够满足社会公众对民主的心理需求,还能够使风险规制更加具有社会基础。从本质上看,人们如何认识风险是由其所处的社会文化背景决定的,有关风险的决策实际上是一个社会对生活方式所进行的选择。③ 行政机关在人体基因编辑风险规制的过程中应当让社会公众参与关于其面临的风险程度的决策,这种方法表达了对公众自主选择权的尊重,即使最终结果不能令每个人都满意,也能够确保决策的正当性,避免恣意问题的产生。④

---

① 张成岗,黄晓伟."后信任社会"视域下的风险治理研究嬗变及趋向 [J].自然辩证法通讯,2016,38 (6):14-21.
② 张哲飞,王华薇.科技风险治理的行政法治:实践、理念与建构:基于若干实例的分析 [J].科技与法律,2017,128 (4).
③ 黄新华.风险规制研究:构建社会风险治理的知识体系 [J].行政论坛,2016,23 (2).
④ WAREHARM N. Policy on synthetic biology: deliberation, probability, and the precautionary paradox [J]. Bioethics, 2015, 29 (2): 123.

二、人体基因科技风险沟通的法治路径

我国科学技术部于 2019 年 3 月公布的《生物技术研究开发安全管理条例（征求意见稿）》第四条仅规定了"加强宣传教育，提高公众对生物技术的科学认识和风险意识"，显然仍未突破通过专家向社会公众传递风险相关信息并说服公众的"教育"模式，在人体基因编辑技术这种具有高度不确定性和复杂性风险的新兴科技面前，采取"自上而下"的单向信息输出模式，无益于建立行政机关和社会公众的相互信任，因此应当构建行之有效、多元互动的风险沟通制度，确保社会公众在人体基因编辑的风险规制活动中的实质性参与。

（一）明确风险规制部门的沟通职责

我国 2008 年公布的《政府信息公开条例》规定了政府信息公开的范围、程序和方式，在一定程度上保护了公民的知情权，这是实现政府信息公开的法律基础，也是风险沟通有效开展的必要条件。[①] 但是，风险沟通的最终目的在于通过影响风险信息接收者的行为而尽可能地消减风险，因此应当要求风险规制部门改变将风险沟通当作单纯的信息公开义务的消极态度，明确规定风险规制部门的沟通职责。例如，在食品安全领域，我国《食品安全法》第二十三条就明确规定了食品安全监管部门以及食品安全风险评估专家委员会有就食品安全相关风险信息组织各方主体进行交流沟通的职责。[②] 然而在人体基因编辑的相关法律规范中，却未体现出对风险规制部门主动履行风险沟通职责的要求，这实际上造成风险规制部门为组织各方主体进行风险沟通投入人力、财力缺乏直接的法律依据，不利于改变风险规制部门被动、静态的治理观念。因此，应当在人体基因编辑的相关法律规范中明确风险规制部门的沟通职责，促使风险规制部门及时响应多元主体的风险沟通诉求，积极探索风险沟通的手段和工具，使风险规制部门可以更好地维护社会公共利益。[③]

[①] 孙颖. 风险交流：食品安全风险管理的新视野 [J]. 中国工商管理研究，2015（8）：44.

[②] 《中华人民共和国食品安全法》第二十三条规定："县级以上人民政府食品安全监督管理部门和其他有关部门、食品安全风险评估专家委员会及其技术机构，应当按照科学、客观、及时、公开的原则，组织食品生产经营者、食品检验机构、认证机构、食品行业协会、消费者协会以及新闻媒体等，就食品安全风险评估信息和食品安全监督管理信息进行交流沟通。"

[③] 吴长剑，刘晓苏. 高科技社会我国风险沟通重塑：一个全球本地化新分析框架 [J]. 科技进步与对策，2018，35（17）：128.

(二) 准确定位风险沟通中的专家角色和公众参与

公众参与是风险沟通过程持续运作的动力机制，在"商谈—建构"的行政宪政主义模式下，行政机关对人体基因编辑的风险规制活动应当适应社会公众的能力、顺应社会公众的需求、符合社会公众的价值观念，这为社会公众参与人体基因编辑的风险规制活动提供了正当性基础。社会公众不仅能够提供常常被科学和理性所主导的专家和行政机关所忽视的经验知识，而且作为风险决策后果承担者的社会公众更有资格对人体基因编辑的风险决策做出价值选择。此外，专家系统并不是一个被完全隔离的封闭的群体，其完全可能受到外界因素的影响，因此社会公众积极参与到人体基因编辑的风险规制活动中，可以起到监督和制约的作用，避免专家被利益绑架或者滥用科学知识。[1]

在人体基因编辑风险沟通的过程中，专家角色和公众参与能够发挥彼此不同却又相互补充的作用：在所涉及的知识上，专家一般运用专业的、系统的、事实与价值相分离的、具有未来维度的知识，社会公众则会运用与自身利益相关的、零散的、事实与价值相联系的、具有现实维度的知识；在正当性上，专家倾向于以事实推理的思维模式来解决价值冲突的问题，习惯将价值问题技术化处理，与正当性之间易存在紧张关系，而社会公众则可以通过直接参与的形式来促进正当性；在理性方面，社会公众倾向于以价值冲突的思路来解决事实问题，习惯将技术问题价值化处理，与理性之间易存在紧张关系，而通过专家论证则可以更多地促进理性。[2] 由于人体基因编辑的风险规制具有较强的技术性，因此应当保证专家系统的独立性和话语权，但为了防止专家角色的错位和越位，应当在风险沟通过程中强化社会公众的角色参与，促进双方真诚、有效地沟通和交流，从而为风险规制提供更多理性化、正当化的资源。[3]

(三) 加强风险沟通的软法构建

所谓"软法"是与"硬法"相对应的概念，硬法是指具有强制约束力，必须得到严格适用的法律规范，具有强制性、统一性、稳定性的特点，而软法相

---

[1] 金自宁. 风险规制的信息交流及其制度建构 [M] // 沈岿. 风险规制与行政法新发展. 北京：法律出版社，2013：189-190.

[2] 骆梅英，赵高旭. 公众参与在行政决策生成中的角色重考 [J]. 行政法学研究，2016，91 (1)：34-45.

[3] 王锡锌. 我国公共决策专家咨询制度的悖论及其克服：以美国《联邦咨询委员会法》为借鉴 [J]. 法商研究，2007 (2).

对于硬法而言则具有指引性、灵活性、动态性的特点。对于人体基因编辑的风险沟通而言，由于人体基因编辑风险的复合性、高度不确定性及多层次性，其风险沟通的具体内容、目标、形式和策略皆无固定程式，需要在不断积累、更新知识和经验的基础上，针对不同沟通主体、内容和目标及时调整沟通的形式和策略，因此既要使风险沟通的实际操作调理化，又不能使其具有严格的约束性，[1] 而且应当使其便于解释和修正，就此而言，软法相较于硬法更加符合人体基因编辑风险沟通的灵活性需求。例如，在食品安全领域，我国卫生计生委于2014年印发了《食品安全风险交流工作技术指南》，即通过软法对食品安全的风险沟通工作提供操作指引。

人体基因编辑的风险规制部门亦可以结合人体基因编辑的风险特征制定清晰可操作的风险沟通指南，明确人体基因编辑风险沟通的时机、提供风险信息的渠道和频率，以及风险信息的表现形式等方面的要求，为人体基因编辑风险沟通的进行提供尽可能详尽的指导。该指南应当特别强调以下方面的内容。

第一，风险沟通前的准确定位。应当系统考虑最广泛的潜在影响范围，如利益相关方或潜在受影响方的价值观、利益和关注点。可以通过民意调查等手段，主动了解社会公众关于人体基因编辑的知识水平、文化价值观念以及利害关系等状况，甚至可以从社会公众中选择小部分人员进行小范围的风险沟通试验，以增强人体基因编辑风险沟通方案的针对性。

第二，风险沟通中的环节把控。在宣传层面，首先，应当将与决策相关的信息有效地传达至最广泛的潜在影响范围，不应当局限于易于接触的受众或者投入较高的群体；其次，应当对宣传的内容有所规划，围绕人体基因编辑风险沟通的目的，充分考虑不同受众的关切，考虑对社会公众说什么、如何说；最后，应当选择有效的媒体，拓展宣传渠道，确保目标受众均能够及时获得充足的信息。在反馈层面，一方面，应当最大限度地将利益相关方或潜在受影响方提供的决策建议反馈至风险沟通的发起者，确保建议的有效性；另一方面，对社会公众提出的相关问题均应予以回复，因为即使对风险规制部门而言微不足道的问题，对社会公众而言可能非常重要。[2] 在讨论层面，一方面，应当最大限度地在风险沟通主体之间分享有关决策的信息和有价值的参考因素，以提升双

---

[1] 沈岿. 风险交流的软法构建 [J]. 清华法学, 2015, 9 (6): 52.
[2] 刘金平. 理解·沟通·控制：公众的风险认知 [M]. 北京：科学出版社, 2011: 178-179.

方的认识和观念，特别是对风险以及不确定性的存在不应当刻意隐瞒；另一方面，应当就风险规制的重要问题及时组织各方进行讨论，避免沟通的延迟，同时还应防止资源充足或者组织良好的地区主导公共讨论而掩盖其他声音。①

第三，风险沟通后的效果评估。进行风险沟通之后，还应当调查包括社会公众对人体基因编辑风险信息的认知程度、关于人体基因编辑的知识水平等内容并与进行风险沟通前做对比，以评估风险沟通的实际效果，据此不断改进风险沟通的方法和技巧。

（四）风险沟通的司法保障机制构建

司法具有定分止争的功能，也是国家治理体系的有机组成部分。传统司法观强调通过中立的司法形式对纠纷进行化解，而现代国家治理则需要司法发挥更为积极和能动的角色，特别是在应对社会风险的问题上，司法应当分担行政机关的治理压力，以稳健的制度形态促进风险沟通机制的完善。在科技风险的应对上，司法的治理功能尚存在较大的改进空间。但从环境风险的司法应对机制上，可以探索司法应对基因科技风险的可行路径。

首先，无论是环境风险还是基因科技风险，都需要更为全面的社会风险防范机制来应对。司法对环境和科技风险的回应也是现代社会结构变迁的必然产物，"司法回应社会的能力在不断回应社会的过程中逐步得以积累，司法也正是在回应的过程中不断地对社会产生一定的适应能力和治理能力"②。司法参与风险沟通有助于优化风险沟通机制，促进行政决策者、专家系统和社会公众之间的有效沟通。

其次，司法对风险沟通的介入是司法的商谈属性的外在体现。风险行政决策具有主动性和单方面性，在一定程度上会压缩风险沟通的制度空间。司法则借助体现商谈精神的诉讼程序，将科技风险的多元维度、不同社会主体的利益诉求纳入一个具体而微的商谈平台之中，体现出"审议式民主的基本精神，即通过多元、平等主体的实质性参与形成风险议题上的共识"③。

最后，司法对风险沟通的介入，有助于更好地对风险治理中的权益损害进

---

① 美国国家科学院，美国国家医学院. 人类基因组编辑：科学伦理和监管［M］. 马慧，等译. 北京：科学出版社，2019：121.
② 侯明明. 转型时期中国社会的司法回应：原因、机理与控制［J］. 甘肃政法学院学报，2019，(2)：57.
③ 陈海嵩. 环境风险的司法治理：内在机理与规范进路［J］. 南京师大学报（社会科学版），2022，(2)：22.

行救济。在基因编辑技术的研发和应用中，决策失误、技术偏差和沟通不畅都可能会破坏风险沟通的正常开展并引发风险的过度扩张。在这种情况下，司法的介入实际上是对基因编辑技术风险的重新评估，借助利益主体的商谈性对抗、基于司法公共理性的事实和规范审查，可实现更好的个案救济。此外，在基因编辑技术的迅猛发展所带来的利益格局变动和风险规制张力之中，以司法所特有的中立和克制对技术风险进行理性评估，可使立体性的风险沟通机制实现风险治理的效益最大化。

第五节　结　　语

人类社会迎来了科技全面重构和塑造伦理判断、社会交往和法律规制的时代，生命科技是典型代表。回应生命科技的法律挑战，既需要部门法规制体系的调整，同时也需要更新风险治理的理念。随着基因科技的深入研究和人们对基因世界认识的加深，适用成熟的基因技术来改造人的身体状况会很快成为现实。风险治理是应对新兴科技的理论争议的一个社会实践过程，风险沟通虽然不能对技术发展的伦理判断给出定论，但能够在一定程度上缓解技术发展与社会公众担忧之间的张力，为法律制度的设计提供支持，提高人类社会应对风险的能力。

第六章

人体基因编辑技术的行政监管

基因既是人类生命发展和延续的密码,也是对许多重大人类疾病进行治疗的突破口,因此人体基因科技被视为 21 世纪最具发展潜力的科研领域之一。人体基因编辑是在人类基因组水平上对目的基因序列进行靶向性修改的技术。[①] 2013 年 CRISPR/Cas9 基因编辑系统的诞生,使基因的精准定位、修改成为现实。然而,这种编辑技术是否能够在人体身上适用,以及适用的边界是什么,这些问题仍然存在很多争议。2018 年 11 月,南方科技大学贺建奎研究团队为使婴儿出生后能够天然抵抗艾滋病毒,采用 CRISPR/Cas9 基因编辑技术对人类受精卵的 CCR5 基因进行编辑,并且使一对婴儿健康出生。该事件曝光之后,贺建奎所实施的手术遭到国内外科研界的强烈质疑和谴责,同时也反映出我国人体基因编辑在行政法律监管上的不足。对生命科技相关的法律规范进行梳理可以看出,我国尚没有充分的应对基因科技的发展动态的健全法律法规。虽然在既有法律框架下可以对贺建奎的法律责任进行初步认定[②],但面对生命科技日益快速和复杂的发展态势,在法律规制体系上进行完善是应对生命科技的伦理和法律挑战的必然选择。本书尝试对人体基因编辑的伦理挑战和我国当前的法律规制体系进行梳理,并在此基础上提出相应的监管方案的完善建议。

[①] 董妍,夏佳慧. 基因编辑技术的制度规制路径探析[J]. 沈阳工业大学学报(社会科学版),2019,12(2):97-102.

[②] 朱晓峰. 人体基因编辑研究自由的法律界限与责任[J]. 武汉大学学报(哲学社会科学版),2019,72(4):21-31.

第一节 人体基因编辑技术简介

一、人体基因编辑的界定

人体基因编辑属于生命科技的一个微观领域，生命科技是生命科学技术的简称，其中包括生命科学以及生物技术两层含义：生命科学是研究生命活动过程中的变化机理及规律的学科；生物技术则是在现代生命科学的基础上，结合先进的工程技术手段，利用生物体或其衍生物制造人类所需产品或者达到某种目的的技术。[①]

在现代社会，生命科技是一个非常广义且开放的概念，泛指所有与生命活动相关的科学技术。从研究对象上看，既包括与人类生命相关的科学技术，亦包括与人类之外的动植物或微生物生命相关的科学技术；从研究内容上看，既包括以生物体为整体的科学技术，亦包括分子水平或基因水平的科学技术。[②] 人体基因编辑便是与人类生命相关的基因水平的科学技术。

二、人体基因编辑的分类

依据研究阶段的不同，人体基因编辑分为基础研究和临床研究。人体基因编辑的基础研究是指在实验室对人类体细胞、干细胞系或者人类胚胎的基因编辑所进行的基础科学研究试验，通过研究可以从分子层面了解疾病的成因及其发展过程，探索预防或治疗疾病的方法。人体基因编辑的临床研究则是指在医疗服务机构以人类受试者为研究对象，采用基因编辑技术以达到治疗或预防疾病目的的科学研究活动。依据编辑对象的不同，人体基因编辑可以分为体细胞基因编辑以及生殖细胞基因编辑。体细胞基因编辑是指应用基因编辑技术对人类体细胞进行修饰改变，该方式仅对试验个体的基因及性状产生影响，不具有遗传属性。生殖细胞基因编辑是指直接对人类生殖细胞进行干预，使其产生变化且该变化具有遗传属性，亦被称为生殖系修饰。依据编辑目的的不同，人体

[①] 焦艳玲. 生命科技背景下的法学新领域：生命法的基本问题 [M]//倪正茂，李惠. 中国生命法学评论. 上海：上海社会科学院出版社，2015：25.

[②] 徐明. 生命科技问题的法律规制研究 [M]. 武汉：武汉大学出版社，2016：37.

基因编辑可以分为以预防或治疗疾病为目的的基因编辑，及以"增效"（增强人类某种性状或能力）为目的的基因编辑。[①]

近年来，我国人体基因编辑技术发展迅速，处于世界领先水平。2015年，中山大学黄军就研究团队成功利用CRISPR/Cas9基因编辑技术对人体胚胎中会导致地中海贫血的β珠蛋白基因突变进行修饰，并且在全球范围首次发表了有关利用CRISPR技术修改人类胚胎基因的研究成果。2018年，南方科技大学贺建奎研究团队采用CRISPR/Cas9基因编辑技术对人类受精卵的CCR5基因进行编辑，使一对能够天然抵抗艾滋病毒的婴儿健康出生。黄军就研究团队以及贺建奎研究团队所进行的研究试验均属于对人类生殖细胞基因的干预，这种干预具有可遗传性，但由于前者的试验对象是医院提供的问题胚胎，无法发育成婴儿，因此应当属于基础研究的范畴，而后者则明显属于临床研究的范畴。

第二节　人体基因编辑的伦理判断难题

由于基因编辑对人体基因序列所带来的改变，以及基因所承载的人类遗传信息和规律对于人的本性的重要意义，因此人体基因编辑在不同的研究阶段、类型以及目的上，会引发不同程度的伦理判断难题。

一、基础研究中的伦理问题

人体基因编辑的基础研究仅在实验室进行，不涉及人体试验，但难免会涉及动物试验或者人类细胞及组织试验。对于动物试验，主张动物权论的功利主义伦理学创始者边沁提出动物与人类是平等的，动物同样具有权利的观点，然而动物试验仍是人类进行生物医学基础研究必不可少的途径，如果放弃动物试验而直接进行人体试验很可能会导致人类受试者伤亡的严重后果。但是，这并不代表人类可以毫无顾忌地进行动物试验，而是应当遵循人道主义原则，尽量减少动物的使用数量以及试验动物的痛苦，或者尽量采用替代动物试验的方法

[①] 杨怀中，温帅凯. 基因编辑技术的伦理问题及其对策 [J]. 武汉理工大学学报（社会科学版），2018，31（3）：28-32.

进行。①人体基因编辑的基础研究还可能会涉及人类体细胞或者人类胚胎的试验，其中能否对人类胚胎进行试验目前仍然存在较大争议，由于胚胎具有发展成人的潜在可能性，因此大多数人认为胚胎应当具有比其他生物更高层级的道德地位。此外，如果体细胞或者胚胎来自可识别活体捐献者，那么还存在捐献者的知情、同意及隐私保护问题。

二、临床研究及应用中的伦理问题

随着基因研究的快速发展，采用人体基因编辑技术对人类体细胞进行编辑以治疗基因遗传疾病已经进入临床研究及应用阶段，基因疗法在过去的几十年里在治疗疾病的临床应用领域已经取得了巨大的进展。由于对体细胞的改变所产生的影响仅作用于治疗个体，并且不具有遗传属性，因此只要改变的是体细胞，基因疗法就很少会引发特别的道德或社会伦理问题。②尽管如此，当前人类对基因认识的局限性以及目前基因编辑技术本身可能存在的脱靶效应仍然会给治疗个体带来无法预料的风险。如果对人类的生殖细胞进行基因编辑，由于生殖细胞基因的改变具有可遗传属性，因此其影响的范围不仅限于试验个体，而是人类整体，因为我们每一个人的基因都是人类基因库的一部分。人类基因的多样性是人类经过漫长的进化过程所形成的，其对人类整体适应环境变化的能力起到决定作用，如果人为地利用基因编辑技术修饰人类生殖细胞并且通过人类的繁衍代代相传，则会逐渐导致人类基因多样性的降低。

此外，人体基因编辑技术除可以达到治疗或预防疾病的目的之外，还可以达到"增效"的目的。如果人类能够完全按照自己的意愿采用基因编辑技术修改体细胞基因以增强其某种性状或能力，那么人类将完全依赖技术工具进行自我提升，"努力""勤奋"等通过长期自身修炼而形成美好的品质将演变成一场技术的竞技，这将导致人类价值观的极大颠覆。如果以"增效"为目的通过基因编辑技术对人类的生殖细胞基因进行修饰，将会引发更多问题。父母通过基因编辑技术按照自己的喜好和价值判断来"设计"子女的特质，

---

① 马中良，袁晓君，孙强玲．当代生命伦理学：生命科技发展与伦理学的碰撞［M］．上海：上海大学出版社，2015：107-112．
② 蒙森．干预与反思：医学伦理学基本问题［M］．林侠，译．北京：首都师范大学出版社，2010：898-899．

很可能与子女的个体诉求发生冲突,由于基因编辑技术修饰的对象是生殖细胞或者胚胎,因此由其发育成人的个体对于自身的特质无法享有自主权。在某种程度上,人们对生殖细胞或者胚胎进行基因编辑时,将生殖细胞或者胚胎当成了一般的物来看待,但可能发育成人的生殖细胞或者胚胎显然不同于一般的物。

三、基因编辑技术应用的尊严挑战

尊严被视为人之为人的核心价值,在现代法律实践中具有基础地位。尊严也为科技发展设定了伦理标准,被视为科技发展的宪法界限。[1] 然而,尊严在概念上存在很多模糊之处,从当前关于基因编辑适用的学理研究来看,无论是支持对人体进行基因编辑的一方,还是反对基因编辑的一方,都可能援引尊严作为论辩依据。[2] 因此,以尊严作为理论依据来评估基因编辑技术仍然难以得出确定的答案。

在这种情况下,基因编辑技术之应用的法律监管只能采取一种与基因编辑技术的伦理判断动态适应的过程。首先,基因编辑技术的适用在伦理上的争议难以消除,但法律规制应该在相对确定的原则上开展,因此法律规制应该坚持保守性和谦抑性,但在规制实践中需要不断对基因编辑技术适用的伦理问题做出回应。其次,应对科技发展的规制原则本身也在经历变革。通常认为我们现在正处于风险社会,因此法律规制背后的政治道德原则是风险预防原则,但风险预防原则在当前迅猛发展的新兴科技态势面前,表现得力不从心,特别是人工智能的迅速发展所带来的诸多挑战,已经无法用传统的风险概念来理解,因此也非单薄的风险预防原则所能涵盖。[3] 根据生命科技的发展动态而提炼出动态性的规制原则,是当前应对新兴科技发展的理性选择,否则就会陷入僵化和迟滞的规制处境之中。贺建奎事件即反映出这种困境。

尽管在生物医学领域关于基因编辑技术是否能够适用于可发育为人的胚胎

---

[1] 韩大元. 当代科技发展的宪法界限 [J]. 法治现代化研究, 2018, 2 (5): 2-3.
[2] 朱振. 基因编辑必然违背人性尊严吗? [J]. 法制与社会发展, 2019, 25 (4): 167-184.
[3] 人工智能技术本身就内嵌着风险,因为人工智能的出现首先意味着对人格概念的冲击和重构。这种情况下,人工智能的风险是无处不在的,法律规制是控制这种风险,而非预防。参见:张成岗. 人工智能时代:技术发展、风险挑战与秩序重构 [J]. 南京社会科学, 2018 (5).

之上没有形成共识，但显然科学界在这个问题上整体采取"望而却步"的态度。根据广东省"基因编辑婴儿事件"调查组的调查结论，贺某团队在实施手术的过程中存在多处违规行为，包括伪造伦理审查书、违规招募志愿者等。主要体现在：一、未进行充分的风险评估，特别是面对脱靶的风险；二、伦理委员会审查违反程序；三、婴儿父母知情权未得到充分保障，特别关于手术实施的社会风险和必要性问题。从法律角度来看，按照《人类辅助生殖技术规范》的规定，贺建奎的相应行为违反了卫生部2001年制定的《人类辅助生殖技术管理办法》，因此应该承担行政责任。

然而，该部门规章效力层次过低，并且严重落后于基因科技发展步伐。我们也可以援引《中华人民共和国科学技术进步法》《中华人民共和国执业医师法》和《人类辅助生殖技术管理办法》中的相关规定，对贺建奎进行责任认定。但《科学技术进步法》第二十九条只是规定了"国家禁止危害国家安全、损害社会公共利益、危害人体健康、违反伦理道德的科学技术研究开发活动"。这是否意味着对胚胎实施基因编辑是"危害人体健康、违反伦理道德"的研究活动？如前所述，贺建奎团队的手术实施明显不当，但其错误在于程序上的不当以及违反职业伦理，而《科学技术进步法》中规定的"伦理道德"应属于涉及研究主题和对象的实质性伦理判断，也就是对在胚胎上实施基因编辑这一临床试验的伦理正当性问题。显然，在对基因编辑的伦理界限做出理论上的澄清之前，仅仅依据内涵不确定的法律规范做出扩张性解释，有违法治精神，且不利于促进科技发展。

基因编辑婴儿事件中的第二种法律责任涉及侵权和损害赔偿。贺建奎团队在两个婴儿身上所实施的基因编辑，是否侵犯了两个婴儿或者其父母的相关权利？虽然我们承认"CRISPR/Cas9"编辑技术存在脱靶危险和未来不可知风险，但贺建奎团队是否构成了对基因编辑婴儿之权利的侵犯，以及是否应该为未来不可知风险承担相应的法律责任，在目前的侵权法框架下无法做出回答。接受基因治疗或者基因编辑而面对的风险，应该属于可容忍的风险，还是需要由手术实施者承担责任的风险，这个问题的答案紧系于我们如何在一个相对可靠的伦理框架中认定这种风险的道德内涵。

第三节　国外人体基因编辑的行政监管

一、人体基因编辑的监管原则

由于世界各国在人体基因编辑的研究和应用过程中会面临相同或类似的问题及风险，因此人体基因编辑的监管原则在世界各国具有普遍适用性。美国人体基因编辑科学、医学和伦理委员会依据国际以及各国的相关规范确定的人体基因编辑的监管原则主要包括促进福祉原则、透明度原则、谨慎注意原则、科学诚信原则、尊重人格原则、公平原则以及跨国合作原则。促进人类福祉原则即生命伦理学中的有利和无害原则，要求人体基因编辑的应用能够促进个体的健康和福祉，确保风险与利益的合理平衡。透明度原则要求以容易获得及理解的方式向利益相关人披露相关信息，促进公众参与人体基因编辑的决策过程。谨慎注意原则要求谨慎地对待参与研究的患者，以认真的态度开展研究工作。科学诚信原则要求确保研究过程与国际和专业规范保持一致。尊重人格原则要求承认所有人均具有同等的道德价值，尊重个人决定及人格尊严。公平原则要求以相同的方式对待相同的病例，公平地进行风险和利益的分配。跨国合作原则要求在尊重不同国家文化及政策的前提下，以合作的方式进行人体基因编辑的研究和监管。[1]

二、美国人体基因编辑的行政监管

在美国，人体基因编辑依据研究阶段分为基础研究阶段和临床研究阶段，依据资金来源则分为联邦资助和非联邦资助，美国具有与研究阶段和资金来源相对应的独立法规，除国家层面的法规之外，美国各州可以针对特定事项制定法规。[2] 一般情况下，人体基因编辑的实验室研究（基础研究）在地方层面受到国家生物安全委员会的安全监督，但是依据具体情形以及《临床实验室改进

---

[1] 美国国家科学院，美国国家医学院. 人类基因组编辑：科学伦理和监管 [M]. 马慧，王海英，郝荣章，等译. 北京：科学出版社，2019：7-8.
[2] 吴高臣. 我国人类基因编辑监管模式研究 [J]. 山东科技大学学报（社会科学版），2019，21（3）：10-17.

修正案》的规定，可能同时受到联邦监督以保证质量。如果涉及使用可识别活体捐献者的细胞进行研究，则还应接受机构审查委员会的审查，以确保捐献者的知情、同意和隐私。1995年美国国会通过的《迪基-威克修正案》禁止联邦资金资助创造或破坏人类胚胎以及使人类胚胎面临损伤或破坏风险的研究，但该修正案并不禁止州政府或私人对人类胚胎相关研究的资助。因此，涉及人类胚胎的实验室研究应当遵守各州的相关法律法规，并且可由志愿监督机构（如机构胚胎干细胞研究监督委员会或胚胎研究监督委员会）进行监督。临床前动物研究则依据《动物保护法》受到机构动物护理和使用委员会的监督管理。①

人体基因编辑的临床研究则同时受到美国食品药品监督管理局、机构审查委员会、机构生物安全委员会以及美国国立卫生研究院重组DNA咨询委员会的共同监管。其中，美国食品药品监督管理局依据《公共卫生服务法》和《联邦食品、化妆品和药品法》在联邦层面对涉及基因编辑的产品（包括基因疗法）进行监管，在监管程序中采用的评价标准主要是行政命令及专业规则。除供再制造的基因产品及政府部门提出的计划外，任何商业基因治疗计划均须取得美国食品药品监督管理局核发的执照。② 国立卫生研究院重组DNA咨询委员会与美国食品药品监督管理局的监管侧重点有所不同，美国食品药品监督管理局在对产品的评估过程中，重点关注产品的安全性及有效性。而美国国立卫生研究院重组DNA咨询委员会则侧重于处理研究方案所引发的更广泛的科学、伦理及社会问题，为研究方案的深入审查与公开讨论提供平台。机构审查委员会侧重于对人体基因编辑临床研究风险与利益平衡以及人类受试者招募方式的监管，其有权批准或者拒绝研究方案、人类受试者招募计划以及知情同意文件。机构生物安全委员会则侧重于对研究工作生物安全问题的监管，对人类健康和环境面临的潜在风险进行评估。③

---

① 美国国家科学院，美国国家医学院. 人类基因组编辑：科学伦理和监管［M］. 马慧，王海英，郝荣章，等译. 北京：科学出版社，2019：23-28.
② 沈秀芹. 人体基因科技医学运用立法规制研究［M］. 济南：山东大学出版社，2015：82.
③ 美国国家科学院，美国国家医学院. 人类基因组编辑：科学伦理和监管［M］. 马慧，王海英，郝荣章，等译. 北京：科学出版社，2019：38.

三、欧洲国家人体基因编辑的行政监管

（一）英国人体基因编辑的行政监管

英国对人类体细胞编辑和生殖细胞编辑分别进行监管。人类体细胞编辑由药品和保健品监管署进行监管，在进行对人类体细胞编辑的临床试验前，须首先获得药品和保健品监管署的批准。人类生殖细胞编辑则由人类受精与胚胎学管理局进行监管，人类受精与胚胎学管理局主要通过向研究实验室或医疗机构发放许可，对其进行定期或不定期检查并发布质量报告，同时对运营事故进行披露来进行监管。依据英国的监管机制，可以追踪到每个用于人类生殖细胞编辑研究或治疗的胚胎。①

（二）德国人体基因编辑的行政监管

德国对人类胚胎研究领域的监管较为严格，1991年颁布的《胚胎保护法》明确禁止人工培育人类胚胎，将胚胎应用于辅助生育的前提条件和数量均受到严格限制。2002年，德国对生殖细胞的研究仍然秉持禁止的态度，但允许在一定条件下使用进口干细胞进行研究，并且颁布了《干细胞法》对干细胞研究进行规制。2009年颁布的《基因诊断法》规定可以对母体内胚胎进行部分遗传疾病的基因诊断，但是禁止对胚胎非遗传性疾病的基因诊断。2011年颁布的《胚胎植入前诊断法》允许在胚胎植入前进行基因诊断，并且允许终止培育不能发育成人或者有严重先天疾病的胚胎，但是对人类生殖细胞的基因编辑始终保持禁止态度。②

（三）法国人体基因编辑的行政监管

法国对人体基因编辑进行规制的主要法律规范是《生物伦理法案》，监管机构为生物医学办公室。目前法国虽然禁止以生殖为目的对人类生殖细胞进行编辑，但对干细胞研究持较为开放的态度，目前已经允许在胚胎植入前进行基因诊断，并且确立了告知后同意、匿名捐献等原则。③

---

① 吴高臣. 我国人类基因编辑监管模式研究 [J]. 山东科技大学学报（社会科学版），2019, 21 (3)：10-17.
② 杨杰. 基因编辑的社会风险规制 [J]. 科技与法律，2019, (3)：84-94.
③ 杨杰. 基因编辑的社会风险规制 [J]. 科技与法律，2019, (3)：84-94.

四、国外人体基因编辑行政监管的启示

从以上各个国家对人体基因编辑的监管模式可以看出,各国对人体基因编辑研究的态度大体上从保守逐渐走向相对开放,并且均体现出区分研究阶段及类型进行监管的思路,对于人体基因编辑的基础研究通常不予限制,但是对于人体基因编辑的临床研究则较为谨慎,特别是以生殖为目的对人类生殖细胞进行的基因编辑,各国对此大多予以严格监管或者明令禁止。这种区分研究阶段及类型的监管思路为我国对人体基因编辑的监管提供了参考,我国在对人体基因编辑的监管过程中,对于基础研究应当尽量减少限制,而对于临床研究则应当相对加强监管力度,但仍须区分临床研究中对人类体细胞以及生殖细胞的基因编辑,对于前者的监管不宜过于严格,而对于后者则应适当加强监管力度,这样可以促进人体基因编辑科学技术的发展与进步,逐步使较为安全、成熟的人体基因编辑技术投入临床应用造福于人类,同时也可以避免现阶段使用存在明显缺陷的人类生殖细胞基因编辑技术而造成不可逆的风险及损害后果。

第四节 我国人体基因编辑的行政监管

一、我国人体基因编辑的行政法律规定及监管部门职责

(一) 我国人体基因编辑的行政法律规定

我国有关人体基因编辑的法律渊源主要是部门规章以及规范性文件,包括1993年卫生部药政管理局制定的《人的体细胞治疗及基因治疗临床研究质控要点》、1993年国家科学技术委员会制定的《基因工程安全管理办法》、1998年科学技术部和卫生部共同制定的《人类遗传资源管理暂行办法》、2001年卫生部制定的《人类辅助生殖技术管理办法》及《实施人类辅助生殖技术的伦理原则》、2003年国家药品监督管理局制定的《人基因治疗研究和制剂质量控制技术指导原则》及《人体细胞治疗研究和制剂质量控制技术指导原则》、2003年卫生部制定的《人类辅助生殖技术和人类精子库伦理原则》及《人类辅助生殖技术规范》、2003年科学技术部和卫生部共同制定的《人胚胎干细胞研究伦理指导原则》、2009年卫生部制定的《医疗技术临床应用管理办法》、2015年国家卫生和计划生育委员会和国家食品药品监督管理总局共同制定的《干细胞临床研究管理办法（试行）》及《干细胞制剂质量控制及临床前研究指导原则（试行）》、2016 年国家卫生和计划生育委员会制定的《涉及人的生物医学研究伦理审查办法》、2017 年国家食品药品监督管理总局制定的《细胞治疗产品研究与评价技术指导原则（试行）》、2017 年科学技术部制定的《生物技术研究开发安全管理办法》、2018 年国家卫生健康委员会通过的《医疗技术临床应用管理办法》（修改稿）、2019 年 7 月 1 日国务院第 41 次常务会议通过的《人类遗传资源管理条例》等。

依据《人的体细胞治疗及基因治疗临床研究质控要点》的规定，我国允许以医疗或研究为目的进行体细胞的基础研究、临床前试验以及临床研究。依据《人胚胎干细胞研究伦理指导原则》的规定，我国允许以研究为目的在实验室对人类胚胎进行基因编辑和修饰，但在体外培养期限自受精或核转移开始不得超过 14 天。我国禁止培养人与其他生物的嵌合体胚胎，禁止克隆人，禁止买卖人类配子、受精卵、胚胎或胎儿组织，并且对用于研究的人类胚胎干细胞的获得方式进行严格限制。此外，依据《人类辅助生殖技术规范》第三条第九项的规定，我国禁止以生殖为目的对人类胚胎进行基因操作。由此可知，贺建奎研究团队以生殖为目的采用 CRISPR/Cas9 基因编辑技术对人类受精卵的 CCR5 基因进行修饰并且使婴儿出生的做法，明显违反了《人类辅助生殖技术规范》第三条第九项的规定。对于黄军就研究团队利用 CRISPR/Cas9 基因组编辑技术对人体胚胎中会导致地中海贫血的 β 珠蛋白基因突变进行修饰，有的学者认为其目的并非研究 CRISPR/Cas9 基因组编辑技术的有效性，而是利用该项技术达到编辑人类胚胎基因的目的，因此即使其使用的是废弃的人类胚胎，其从事的相关研究的合伦理性仍应受到质疑。[①] 但是，我国《人类辅助生殖技术规范》仅限制以生殖为目的的人类胚胎基因编辑，此处的以生殖为目的应当为客观标准，既然黄军就研究团队使用的是无法发育成婴儿的胚胎，那么其客观上就并非以生殖为目的，也就不违反我国现行的行政法律规定。

（二）我国人体基因编辑的监管部门职责

我国目前对人体基因编辑负有监管职责的部门包括科学技术部、国家卫生健康委员会和国家药品监督管理局。科学技术部吸收了原国家科学技术委员会

[①] 王洪奇. 利用 CRISPR/Cas9 介导基因编辑人类三核受精卵伦理问题探讨 [J]. 医学与哲学, 2016, 37 (7).

的监管职责，依据《基因工程安全管理办法》的规定主管全国基因工程的安全工作，负责基因工程安全监督和协调，并且依据《生物技术研究开发安全管理办法》的规定负责全国生物技术研究开发的安全指导，联合国务院有关部门共同开展对生物技术研究开发的安全管理工作。此外，依据《人类遗传资源管理条例》的规定对我国人类遗传资源的收集、保藏和研究利用进行监督管理。国家卫生健康委员会吸收了原卫生部以及原国家卫生和计划生育委员会的监管职责，依据《人类辅助生殖技术管理办法》负责全国人类辅助生殖技术应用的监管工作，依据《涉及人的生物医学研究伦理审查办法》负责全国涉及人的生物医学研究伦理审查工作的监督管理，依据《医疗技术临床应用管理办法》负责医疗技术临床应用的监督管理。国家药品监督管理局吸收了原国家食品药品监督管理总局的监管职责，依据《细胞治疗产品研究与评价技术指导原则（试行）》的规定，对细胞治疗产品研究进行监督管理。此外，国家卫生健康委员会与国家药品监督管理局共同依据《干细胞临床研究管理办法（试行）》的规定，负责干细胞临床研究相关政策和规范的制定，对干细胞临床研究工作进行监督管理。

二、我国人体基因编辑的立法进展及完善建议

（一）立法进展

2019年2月26日，国家卫生健康委员会公布了《生物医学新技术临床应用管理条例（征求意见稿）》。2019年3月11日，科学技术部公布了《生物技术研究开发安全管理条例（征求意见稿）》。2019年3月29日，国家卫生健康委员会经商国家药品监督管理局公布了《体细胞治疗临床研究和转化应用管理办法（试行）》（征求意见稿）。2019年5月28日，国务院前总理李克强签署了国务院令，公布于2019年7月1日起施行《中华人民共和国人类遗传资源管理条例》。这标志着我国对人体基因编辑的法律规制上升到了行政法规的立法层面。

从上述四部规范性法律文件的内容可以看出，我国人体基因编辑的行政监管部门职责与此前基本保持一致，但就以往交叉监管的部分进行了明确分工，例如，在《中华人民共和国人类遗传资源管理条例》颁布实施前，由科学技术部与国家卫生健康委员会共同依据《人类遗传资源管理暂行办法》对我国的人类遗传资源进行监督管理，目前则主要由科学技术部负责我国人类遗传资源的

收集、保藏和研究利用的管理工作。此外，目前国家卫生健康委员会与国家药品监督管理局共同依据《干细胞临床研究管理办法（试行）》的规定，对干细胞临床研究工作进行监督管理，而在未来《体细胞治疗临床研究和转化应用管理办法（试行）》正式颁布实施后，则主要由国家卫生健康委员会负责管理体细胞（含干细胞）的治疗临床研究和转化应用。因此，我国未来对人体基因编辑的监管格局为：科学技术部负责管理生物技术的基础研究以及人类遗传资源的管理；国家卫生健康委员会负责管理生物技术的临床研究和转化应用，包括体细胞（含干细胞）治疗的临床研究和转化应用；国家药品监督管理局负责管理细胞治疗产品研究、开发与评价。上述分工基本上解决了行政监管部门对人体基因编辑进行交叉监管的问题。

上述四部规范性法律文件体现出了行政监管部门对生物技术区分研究阶段及类型进行梯度管理的思路。其中，《生物技术研究开发安全管理条例（征求意见稿）》通过建立分级管理制度，对高风险、一般风险以及低风险生物技术的基础研究进行分类管理，并设置禁止类清单。由省级科学技术行政部门设立专门机构负责高风险生物技术研究开发活动的具体审批工作，一般风险及低风险的生物技术研究开发活动则由研发单位自行管理。《生物医学新技术临床应用管理条例（征求意见稿）》规定，医疗机构在开展生物医学新技术临床研究和转化应用前必须经过行政部门批准，并且严格限定了开展生物医学新技术临床研究医疗机构和项目主要负责人的条件。卫生行政部门通过学术审查和伦理审查对生物医学新技术的临床研究按照风险等级进行两级管理：省级卫生主管部门负责审批中低风险的研究项目；国务院卫生主管部门负责审批经省级卫生主管部门审核后的高风险研究项目及研究成果的转化应用。学术审查侧重于对研究方案、机构、人员配置及安全防控措施的审查，伦理审查侧重于对研究方案的合伦理性、风险收益及人类受试者权利保护的审查。这意味着我国将伦理审查由以往的医疗卫生机构自我监督、管理提升到了行政监管的高度，从而能够对生物医学新技术临床研究和转化应用过程中的伦理和道德风险及时进行严格把控，避免造成严重后果。如上文所述，由于对体细胞的改变所产生的影响仅作用于治疗个体且不具有遗传属性，较少引起道德或社会伦理问题，因此《体细胞治疗临床研究和转化应用管理办法（试行）》（征求意见稿）对体细胞治疗的临床研究及转化应用采取较为宽松的监管模式，主要通过飞行检查等方式对备案的医疗机构和项目进行抽查、专项检查或者有因检查，对于违反规定进行体细胞治疗临床研究或者转化应用的医疗机构一般先予暂停研究并责令整改，对于情节较为严重或者整改后仍不合格的责令停止研究，予以通报批评并按照相关法律规定处理。通过对生物技术进行梯度管理，既有利于促进生物技术的研究与发展，又同时能够对研究过程中的风险进行有针对性的把控，达到良好的监管效果。

  此外，上述四部规范性法律文件整体上加强了行政处罚力度。其中，《生物医学新技术临床应用管理条例（征求意见稿）》对医疗机构以及医务人员违反规定开展生物医学新技术临床研究或转化应用的行为除通报批评、警告等较轻的行政处罚外，还依据情节的严重程度规定了吊销执业证书并终身禁止从事生物医学新技术临床研究等较为严重的行政处罚，罚款数额的上限也从以往的3万元提升到了10万元，并且规定了1至5万元的罚款数额下限，对于存在违法收入的情形，则在没收违法所得的基础上增加了10倍以上20倍以下的罚款。依据《生物技术研究开发安全管理条例（征求意见稿）》的规定对开展禁止类生物技术研究开发活动的单位最高可处1000万元的罚款，如果违法所得在100万元以上，最高可处违法所得10倍的罚款，并且永久禁止开展生物技术研究开发活动。此外，对相关责任人员最高可处50万元的罚款，对于情节特别严重的还将吊销执业资格并永久禁止从事生物技术研究开发活动。《人类遗传资源管理条例》相对于此前的《人类遗传资源管理暂行办法》明确了具体的行政处罚措施，对违反规定从事人类遗传资源采集、保藏及研究利用的行为最高可处1000万元的罚款，如果违法所得在100万元以上，最高可处违法所得10倍的罚款。加大行政处罚力度可以通过提高责任主体的违规成本对其起到震慑作用，特别是对于可能造成不可逆的风险或者损害后果的人体基因编辑行为，防患于未然才是行政监管的最佳效果。

  （二）完善建议

  1. 将现有的规范性法律文件内容进行整合，上升到法律位阶进行专门立法。就我国目前关于人体基因编辑的立法整体情况而言，尚未形成全面、完整、系统的法律规范体系。虽然上述四部规范性法律文件将我国对人体基因编辑的法律规制提升到了行政法规的层面，但是在人体基因编辑领域尚无法律位阶的规范，因此，我国未来应将现有关于人体基因编辑技术的规范性法律文件内容进行整合，上升到法律位阶进行专门立法，从人体基因编辑技术管理、人类基因

116

资源管理以及人类基因权利保护等方面对人体基因编辑进行全面、系统的规制。①

2. 明确界定医疗行为的具体范畴。非法利用人体基因编辑技术进行法律明令禁止的研究或者治疗活动所产生的社会危害性足以构成刑事犯罪，但是由于我国刑法主要对严重违反法律的医疗行为进行归罪，并未明确将严重违反法律的以人类受试者为对象的临床试验行为入罪，但是对医疗行为的界定参考了《医疗机构管理条例实施细则》中"诊疗活动"的基本定义。如上文所述，随着现代医学的发展，医疗行为的范畴已不同于以往仅以治疗疾病为中心的诊疗活动，因此应当将医疗行为的范畴界定为包括以治疗和预防疾病为目的的临床试验型医疗行为以及临床应用型医疗行为，前者主要针对在临床研究阶段以人类受试者为对象进行的医疗试验活动，后者则是指将已通过临床研究验证的确认安全、有效的医疗技术成果广泛应用于日常医疗过程中的活动。这样不仅能将以人类受试者为对象的临床试验行为以医疗行为的标准纳入行政监管体系，亦可以为严重违反法律的临床试验行为入罪提供依据。

3. 引入公众参与制度，并进一步完善知情同意制度。为了提高风险治理的有效性，避免对人体基因编辑技术的盲目利用，应当在立法中强化程序性权利，防止因信息不对称或者个人偏好导致潜在风险的现实化。首先应当引入公众参与制度，即通过充分的信息公开并且设置多元、有效的渠道使社会公众能够广泛地参与到人体基因编辑的相关决策中来。公众参与能够使利益相关人对其观点和诉求予以充分表达，并且可能提出创新意见或建议，有利于提高决策的科学性及公正性。此外，由于公众参与可以提高决策过程的透明度，从而能够使决策结果更具说服力和可信度；其次应当完善知情同意制度，将知情同意制度贯穿信息收集、基因诊断、临床试验或者治疗的全过程，② 确保人类受试者在充分理解将要进行的研究或者治疗的内容及风险的基础上自愿做出选择。只有同步完善公众参与制度以及知情同意制度，才能既保障人体基因编辑的相关决策不损害有关群体的利益，亦能保证不对个体受试者造成其无法预料的风险或者损害后果。

人体基因编辑技术的迅猛发展为行政监管及法律规制带来了诸多问题与挑

---

① 王康. 人类基因编辑多维风险的法律规制 [J]. 求索, 2017, (11): 98-107.
② 刘旭霞, 刘桂小. 基因编辑技术应用风险的法律规制 [J]. 华中农业大学学报（社会科学版), 2016, (5).

战,但是不同研究阶段或者不同类型的人体基因编辑存在的安全及伦理风险具有一定差异,有关行政部门应当依据不同情况进行梯度管理,在对人体基因编辑进行有力监管的同时,避免对人体基因编辑技术的发展形成制度阻碍。此外,由于人体基因编辑对人类整体命运的影响,行政部门在监管过程中还应当加强国际交流,使人体基因编辑技术能够更好地服务于人类。

第五节 结 语

　　基因编辑婴儿事件使得 21 世纪最具科学前景和革命意义的基因科技成为公众关注的焦点。基因科技领域的每一次进步都会把人类对生命之复杂结构和运行原理的理解带到一个新的高度,并为解决人类生命延续和健康维护领域的顽固难题释放出新的可能。如果只是把这个手术作为一个纯粹科学事件,那么该事件能够传达出许多鼓舞人心的信号。它表明"CRISPR/Cas9"在临床上具备了实施的技术可行性,而且显然中国的科学研究者走在了前列。该手术虽然只是为了让婴儿能够对艾滋病病毒免疫的特定医疗目标而实施,但其为其他类型的手术的实施指明了方向,并且能够为其他疾病的诊断和治疗提供参照。如果"CRISPR/Cas9"技术足够可靠,也即脱靶率被控制,那么更广范围的临床适用指日可待。但在批评者看来,贺建奎团队无疑是打开了潘多拉魔盒,既违背了科学伦理,逾越了人体胚胎实验的红线,同时也应该为此承担相应的法律责任。目前我国已经制定了《人类遗传资源管理条例》,法律制度趋于完善,但究竟如何更好地对生命科技进行规制,仍然是一个迫切的课题。

第七章

新兴科技与体育增强：反兴奋剂
制度的法理反思

2020年初，孙杨违反《世界反兴奋剂条例》被禁赛事件在媒体曝光之后引发社会各个领域的广泛关注。体育明星的身份标签与复杂苛刻的反兴奋剂程序机制发生碰撞，使得反兴奋剂制度的诸多面向进入公众讨论和学理反思的视野之中。虽然孙杨案所涉及的主要是程序问题，即孙杨因在抽血过程中撕毁协议和打破血样瓶而构成阻挠执法，但程序正义必然与各种实体问题纠缠在一起。世界反兴奋剂机构（WADA）成立20年以来，在反兴奋剂斗争中做了大量努力，其主要规范文本《世界反兴奋剂条例》以实体严格和程序苛刻著称，执法程序也常常被诟病，特别是对运动员施加的负担过重。[1] 孙杨案将程序问题凸显和放大，反映出反兴奋剂机制在实践中必须面对的一些困境。尽管该案经国际体育仲裁院裁决后基本尘埃落定，其中所涉程序性争议也得到定性，但由此案而引发的法理问题才刚刚展开。

体育是众多社会基本善的一种，是构建生活多样性和促成共同体合作的重要力量。体育运动有几千年的发展历史，但现代意义上的体育以公平竞争、个人能动性、卓越和健康为价值追求，这些构成了现代体育精神的基本要义。伴随着法治观念的深入人心和制度化，体育领域的规范化和法治化也被视为现代体育精神的彰显。反兴奋剂制度既是体育规范化的象征，也是实现体育之善的制度动力。然而，兴奋剂为何应当禁止，反兴奋剂制度应当如何完善，一直以来引发大量的理论探讨。与世界反兴奋剂机构的努力相对应的是，运动员使用兴奋剂的比例并未实质降低，新型兴奋剂药物层出不穷。[2] 在理论上，呼吁放开兴奋剂禁令的声音越发强烈。2013年基因编辑技术的发明和人工智能、大数据

---

[1] 韩勇. 世界反兴奋剂机构诉孙杨案法律解读[J]. 体育与科学，2020，41（01）：1-12.
[2] 王聪，徐起麟，李媛，等. 兴奋剂违规事件屡禁不止现象的思考[J]. 体育科技，2019，40（06）：1-2.

技术的迅猛发展，使得新兴科技对体育事业的冲击越来越显著。早在21世纪初期就有很多学者提出基因兴奋剂的潜在可能，而基因编辑技术的成熟使得通过基因工程提高运动员体能的预测越来越接近现实。技术革命引发的一个根本性追问是：兴奋剂禁令在法理上是否仍然具有正当性？本书依据伦理学和法理学的相关理论，借助兴奋剂这个具体实践问题来观察新兴科技对人类实践形态的冲击，并构建从法理上进行回应的恰当框架。

第一节　体育之善与公平竞争

使用兴奋剂不只是违规行为，也是伦理不当行为，往往会受到制度惩罚和道德谴责的双重评价。然而，早在体育运动产生之初，运动员就通过草药和酒等来提高自身的竞技能力。现代意义上的兴奋剂已经完全不同于酒精这种低效的能力提升物品，而是会对人体肌肉和体能发挥产生实质促进的化学物品。理解兴奋剂的历史变迁及当代伦理处境，需要以体育之善和体育精神两个方面为起点。

一、体育之善

按照菲尼斯的主张，体育是一种值得追求的基本善，属于他所列举的八种共同善之一。[①] 然而菲尼斯并未明确分析如何实现体育之善，只是强调体育之善是不证自明的，与知识、实践理性、审美等基本善同等重要。虽然体育之善具有基础地位，人们对此也无分歧，但体育之善重要性和具体内涵却存在着不同的理论解读。在古代，体育竞技与宗教和战争紧密相关。而在现代，体育是促进健康、社会团结和国际合作的重要渠道，大多数国家将发展体育事业作为公共事务，通过举办国际奥林匹克运动、单项赛事等各种比赛来促进体育竞技的全球化。体育是超越语言和文化差异的共同语言，有着培育个人德性和加强国际交往的独特魅力，可以被视为人类命运共同体的重要塑造机制。

运动员在时间、精力和训练上的巨大投入是为了获得异于他人的成就，这种追求可以纳入体育之善的道德框架之中进行分析，但运动员不是道德推理的主体，道德理由也不是运动员在竞技中的首要理由。对运动员来说，参与竞技

---

① FINNIS J. Natural Law and Natural Rights [M]. Oxford: Oxford University Press, 2011: 87.

并不是道德生活的一部分,那我们如何将体育事务纳入社会道德事务之中?

禁止运动员服用兴奋剂似乎是不证自明的,然而,要求以竞技为核心目标的运动员满足特定道德要求这一点必须在伦理上获得辩护(justification)。人们可能会反对说,运动员不需要进行道德推理,只需要执行反兴奋剂禁令并在运动场上出色发挥便可。国际反兴奋剂机构、国内法律和社会公众对运动员提出了禁止兴奋剂的道德要求,这些要求必须在兴奋剂的本质、禁止兴奋剂的恰当理由和实施方案上符合体育之善的内在属性。然而,这个伦理辩护工作并不令人满意。

兴奋剂只是一类体能增强物质的统称,通常包含化学药品,但其范围并不确定。WADA 每隔一段时间都会对《世界反兴奋剂条例》进行修正,以应对层出不穷的新型兴奋剂。然而,WADA 作为一个执法机构,其确定兴奋剂范围的依据是什么?科学发挥着重要作用,以识别某种药物是否会产生增强效果。然而,科学判断无法最终确定一种药物是否应当被列入名单,最后的名单仍然由 WADA 裁断。运动员使用兴奋剂是为了增强体能,而反兴奋剂的依据之一是兴奋剂会对运动员身体造成伤害。然而,多数竞技项目对运动员身体健康都会造成损害,相比于此,兴奋剂造成的伤害不是最严重的。而且在 WADA 所列的兴奋剂名单之中,有一些药物对运动员并无损害,典型的有大麻酚(Cannabinoids)。[①] WADA 兴奋剂名单的武断性或许不是大问题,但反兴奋剂执法过程中出现的一系列实体和程序问题,包括孙杨案中所反映的程序瑕疵,都削弱了 WADA 的公信力,如对检测阳性结果的过度依赖,实施不利于运动员的严格责任等。WADA 对《世界反兴奋剂条例》不断修正,2021 年版加强了对运动员的权利保护。[②] 但该机构所采取的一贯立场是,运动员应该运用运动天赋和后天努力来获得胜利,通过药物获得不当的优势是对体育精神的违背,因此破坏了体育之善。这种精神,用 WADA 的理念来说,是"公平、干净和真实地竞争(play fair, play clean and play true)"。体育精神是体育之善的一种表达形式。那么需要回答的问题是,体育精神是什么,它发挥着何种作用。

---

① MCNAMEE M. The Spirit of Sport and the Medicalisation of Anti-Doping: Empirical and Normative Ethics [J]. Asian Bioethics Review, 2012, 4 (4): 375.
② 郭树理. 2021 年实施版《世界反兴奋剂条例》之修订 [J]. 体育科研, 2020, 41 (02): 19-29.

二、体育精神

体育精神是体育活动的气质，体育之善衍生出一系列美德要求，形成了体育精神的各种不同表达，综合起来如下：道德、公平竞争和诚实，健康，卓越的表现，性格和教育，乐趣和快乐，团队合作，奉献和承诺，尊重规则和法律，尊重自己和其他参与者，勇气，共同体和团结。然而，这些具体要求之间可能相互冲突，而且地位也不尽相同。体育精神的阐发者认为这些要求本质上都指向了公平竞争这一精神。罗兰德（Loland）将体育精神视为围绕公平竞争而建立起来的道德规范体系，是通过竞技来实现道德良善的一系列规范。[1] 公平竞争体现了运动员对体育之善的认可和珍视，而平等参与则是对运动员人格的尊重，通过公平和平等的价值保障运动员在竞技之中展现卓越的自然才能。

然而，罗兰德对体育精神的理解并未澄清体育的道德属性。罗兰德作为WADA的伦理顾问，似乎是从理论角度为WADA的组织理念进行辩护。这种对体育精神的界定是对体育竞技性的浪漫主义化，而其形塑历程反映的是新教主义的工作伦理，或者新教精神。默勒（Møller）认为，当代反兴奋剂制度最开始是韦伯所提出的新教伦理的一种体现。反兴奋剂制度从20世纪60年代被推动以来，体现了这种新教的气质，即通过运动员辛苦的训练和竞赛来体现体育运动的神圣性和超然性。[2] 在吉利特（Geeraets）看来，WADA所拥护的实质上是关于体育的意识形态（ideology），它所捍卫的是公正的外观，而非公正本身。[3]

我们可以从不同方面来理解公平理念在体育中的体现，但就反兴奋剂问题来说，两个问题较为关键：公平精神禁止运动员使用兴奋剂吗？体育运动中的公平是作为社会之基本结构的公平价值的具体体现吗？兴奋剂的反对者的主要理由是兴奋剂破坏了公平竞争，然而公平竞争论证非常脆弱。运动员使用兴奋剂对其他运动员不公平，这个判断的依据只是在于运动员破坏了竞争规则，是典型的以违规的错误性来论证规则的正当性。西蒙（Simon）援引德沃金对规则和原则的区分，指出在体育运动中有时违背规则可能结果上更为公平。[4] 所以，

---

[1] LOLAND S. Fair Play in Sport: A Moral Norm System [M]. London: Psychology Press, 2002: 147.
[2] MOLLER V. The Ethics of Doping and Anti-Doping [M]. London: Routledge, 2009: 105.
[3] GEERAETS V. Ideology, Doping and the Spirit of Sport [J]. Sport, Ethics and Philosophy, 2018, 12 (3): 264.
[4] SIMON R. The Ethics of Sport [M]. Oxford: Oxford University Press. 2016: 24.

公平竞争论证必须借助其他理由来增强其合理性。体育竞技的唯一精神是不惜一切代价追求卓越。这个论证过于极端，但的确指出了公平论证的模糊性。19世纪初奥林匹克运动恢复的时候，运动员在比赛中所追求的是如古希腊运动员那样的宗教敬虔，公平并不是首要追求。

罗尔斯将正义视为社会的基本美德，他认为正义的核心是公平，但这种公平首先指向的是，社会政治安排将充分的基本自由赋予独立自由的个体，即正义的第一原则。[①] 罗尔斯并未否认他的公平的正义理论能够适用于具体领域，如家庭，但需要对公平的理念进行适当调整。体育竞技领域需要大量的规则约束，这当然能够促进竞技中的公平，但还远远不够。训练资源投入、运动员选拔、教练训练方案和国内体育机制等都是影响竞技公平的实质性因素，兴奋剂问题可以说与这些因素都有复杂的关联。如果仅仅从抽象的公平价值和体育精神来断定兴奋剂的伦理正确与否，可能与正义的一般性要求相冲突。赛德维克（Sandvik）主张，所谓的体育公平问题在本质上是运动员忠于团队还是忠于体育事业的忠诚困境。[②] 体育竞技在社会实践的正义结构之中处于何种位置，以及如何让抽象的体育精神转化为具有指引意义的伦理规范并积极回应实践中的各种困境，目前仍然争议不断。

第二节　反兴奋剂：伦理正当性争议与实践困境

回应新兴科技对反兴奋剂制度的挑战，需要先厘清反兴奋剂的伦理基础。兴奋剂错在哪里？争论双方围绕兴奋剂的性质和后果进行了激烈论辩，但一个更为根本的问题是兴奋剂之争的理论性质：它是真正意义上的伦理争议吗？

一、兴奋剂的伦理正当性是真正的伦理争议吗？

反兴奋剂论证主要可以概括为三个立场，即公平论证、健康论证和道德不端论证。公平论证主张使用兴奋剂构成了不正当竞争，获得了额外的不正当优

---

① RAWLS J. Justice as Fairness: A Restatement [M]. Cambridge MA: Harvard University Press, 2001: 43.

② SANDVIK M. "Fair Play" as a Larger Loyalty: The Case of Anti-Doping [J]. Sport Ethics and Philosophy, 2020, 15 (2): 1-14.

势,因此破坏了公平这一价值。健康论证主张兴奋剂对运动员造成健康威胁,因此应当基于对运动员的保护而禁止兴奋剂。道德不端论证主张使用兴奋剂是作弊,违背了体育精神。在桑德尔看来,使用兴奋剂是一种人为的掌控,是对人的自然馈赠(giftedness)的破坏。① 体育史上的兴奋剂丑闻和作弊引发的道德反感强化了兴奋剂的负面形象,而 WADA 也因其执法严格和立场坚定而受到赞许。

但这些论证受到了不同形式的反驳。代表性的批判人物有生命伦理学家 Savulescu。Savulescu 提出了十项批判反兴奋剂制度的理由,包括:①使用兴奋剂并不构成作弊;②并未违背体育精神;③没有违背公平;④体育运动资金耗费巨大,兴奋剂可以减少财政支出;⑤兴奋剂不必然带来安全风险,而且体育竞技本身就具有危险性;⑥改革兴奋剂制度有利于保障孩子的利益;⑦兴奋剂禁令无助于改变作弊氛围;⑧反兴奋剂规定沦为空文;⑨严格责任对运动员不公平;⑩其他替代措施效果不佳等。② 在 Savulescu 看来,真正有益的出路是放开兴奋剂,将关注的重点放在运动员的健康上,而非服用的药物上。如果药物是安全的,对运动员的竞技性和创造性产生增进,那么就不存在禁止他们的正当理由。只有这种方案才能实现公平。其他支持兴奋剂合法化的学者基本上是对上述某一具体理由的扩充和强化,或者采取不同的论证方法。比如,Tamburrini 认为,兴奋剂与体育精神不是冲突的,而是相符的,体现的正是现代精英体育的精神。此外,WADA 要实现公平,就不能只是把兴奋剂标准化和一刀切,而是要设计出更为细致灵活的规定和实施方案。不仅如此,他认为兴奋剂禁令反而让我们失去了检测兴奋剂对人体到底造成多大伤害的机会。③

Savulescu 等人给出的理由是否成立?至少目前来看,健康论证和道德不端论证过于脆弱,它们只能依附于公平论证来获得力量。公平论证并非无法辩护,关键是何种意义上的公平。在批评者看来,Savulescu 过于激进和乐观地夸大了放开兴奋剂对于体育竞技的积极意义,即使反兴奋剂机制是不完善的,但放开之后并不意味着公平竞争能得到更好的保障,以及体育执法会更加有效。如 Breitsameter 所言,如果只是从后果上来看,放开兴奋剂对体育事业的促进不会

---

① 桑德尔. 反对完美 [M]. 黄慧慧, 译. 北京: 中信出版社, 2013: 84.
② SAVULESCU J, FODDY B, CLAYTON M. Why We Should Allow Performance Enhancing Drugs in Sport [J]. British Journal of Sports Medicine, 2004, 34 (8): 666-670.
③ TAMBURRINI C. What's Wrong with Doping? [M] // TAMBURRINI C. Values in Sport. London: Taylor & Francis, 2000: 209.

比兴奋剂禁令更能保障公平。① 而如果不考虑后果,那么运动员是否可以使用兴奋剂就取决于我们如何理解体育竞技之公平的道德意义。正如支持人类增强的博斯特罗姆（Bostrom）所指出的,如果体育竞技是竞技能力的展现和角逐,那么对这种能力的增强可能并不会展现体育的价值,因为如果每个人都可以获取增强的资源,那么兴奋剂增强对体育竞技的意义是不明显的。②

从已有争论来看,支持或反对论证首先都需要借助特定的伦理学理论来解释公平是什么,如道义论或者后果主义,但如何将这些学说运用到体育竞技的独特结构之上,目前仍然缺乏一个可靠的框架。其次,对兴奋剂进行伦理判断需要对体育竞技的本旨（point）进行界定。借用德沃金所提出的分析框架,虽然体育竞技是身体潜能的展现,但体育并非自然概念,而是包含着一个诠释空间的解释性概念。③ 解释性概念的内涵无法通过分析事物的自然结构而展现,所以我们无法从竞技活动的自然结构来判断对运动员进行增强是否符合其结构。根据德沃金的理论,增强的对与错在于竞技运动的意义空间是否能够更好地展现这项运动的目的,解释的依据则在于它是否符合美好生活的基本价值。德沃金指出了一个正确的方向:兴奋剂之正当性与否是一个真正的道德争议。体育精神的表达虽然抽象,但它指向的是体育竞技的道德内涵。支持或者反对兴奋剂的各方立场都至少接受体育竞技要受到道德约束。因此,兴奋剂的道德争议的核心就在于,体育竞技中的公平究竟有着何种内涵。

二、体育竞技中的公平

为什么体育竞技要追求公平？公平是体育精神的内涵,但公平如何体现在运动员通过实力对决而追求世界排名的过程之中？国际体育组织或 WADA 对公平的界定常常是循环论证的,即体育竞技的公平性来自体育精神,而体育精神之所以包含公平,因为这是体育竞技。这种解释对于理解体育竞技的本质并无益处,也无法说明反兴奋剂的正当性。一种观点将体育竞技的意义归结为人性（humanness）的彰显。尽管人性概念也比较空洞,但通过竞技展现以探索人的

---

① BREITSAMETER C. How to Justify a Ban on Doping? [J]. Journal of Medical Ethics, 2017, 43（5）: 290.
② BOSTROM N, ROACHE R. Ethical Issues in Human Enhancement [J]. New Waves in Applied Ethics, 2008: 131-132.
③ 德沃金. 身披法袍的正义 [M]. 周林刚, 翟志勇, 译. 北京: 北京大学出版社, 2010: 13.

潜能，的确使得人性更为具体。不过从对人性的理解之中仍然无法确定公平是内在于体育竞技之中的，因为人性包含着不惜一切代价追求至高目标的成分。

体育竞技不是资源分配，不需要对竞技结果所产生的社会资源流动负责，虽然现代体育事业与商业、资本和娱乐等各个领域纠缠在一起。体育竞技也并非选拔机制，像职业考试那样通过选拔竞赛为相关领域输送合格人才。体育就是为了体育之善，其他相关价值依附于这种基本善而产生。体育之善是构成人类生活的独特性和多元性的基本内容，体育竞技和普通个体对体育活动的参与共同塑造了共同体生活的想象空间和理想诉求。但问题是，一项不追求资源合理分配的社会后果，只限于为自身目的训练专业人才的事业为什么要符合公正这一项基本政治价值和理想，以至于需要通过极为严格的规范设计来避免任何可能的个体作弊行为？

对此，我们只能采取一种多元和包容的公平竞争观念，尽力展现体育竞技之价值光谱的复杂面向。相比其他社会实践，体育是单维的，它的实践形态非常单一，只是通过运动员的竞技来展现人的卓越潜能。然而，它的价值形态却比较复杂。体育中的公平竞争值得追求，但公平的内涵与体育活动的结构是互动的。兴奋剂不是新鲜事物，但现代兴奋剂是基于生物医学的现代产物。体育活动致力于展现人的生物机能的结构没有变化，但体育内嵌于整体社会实践的方式发生了变化。在这种情况下，坚持一种机械且内容含混的公平价值不利于解决体育竞技中的困境，特别是反兴奋剂制度在实践中所出现的各种困境。

三、反兴奋剂制度的执法困境

国际反兴奋剂制度具有自发性、自治性和国际性，可以视之为技术善治的先驱和样本。众所周知，WADA在实践中常常受到两个指控，一是运动员使用兴奋剂的比例不升反降，严厉的反兴奋剂执法并未抑制运动员冒险的动机，WADA的一项匿名调查显示，"超过1/3的运动使用兴奋剂，但被检测出来的比例不到2%，使用基因兴奋剂被检测出来的概率更低"[①]。二是反兴奋剂机制存在各种实体和程序上的瑕疵。WADA可以勉强为自身辩护，因为如果没有反兴奋剂执法，兴奋剂使用可能会像20世纪上半叶那样失控。反兴奋剂机制不断在修正，WADA至少是在勤勉地执行它的职责。

---

① 张田勘. 基因兴奋剂逼近东京奥运会，何以求解［N/OL］. 光明网，2019-11-15［2022-05-05］. http：//news. gmw. cn/2019-11/15/content_ 33323810. htm.

反兴奋剂机制的真正实践难题在于，反兴奋剂是一种制度化的道德实践，但既然WADA无法进行充分的道德论辩，也不是一个功能完备的执法主体，因此无论是让体育成为一项道德事业，还是在全球范围之内实现体育法治，WADA都无法胜任。

首先，反兴奋剂禁令和具体措施当然一直存在道德和法律争议，但体育之善的凝聚力、体育精神的理想化、竞技体育实现基本善的特殊形式以及反兴奋剂执法从公众认同之中所获得的道义支持结合起来支撑了反兴奋剂制度的正当性。WADA是道德争议的执行者，而非裁断者，它没有能力做出可辩护的伦理判断，只能以权威方式执行反兴奋剂禁令。导致的结果是，它并没有应对新兴科技挑战的有效反馈机制。由于反兴奋剂执法的严厉和WADA本身的理想化，反兴奋剂制度在实施上达到了一种微弱的平衡，虽然其严厉规定不能保证令行禁止，但WADA自身也在完善。然而，这种微弱的平衡也是脆弱的，反兴奋剂制度是应对科技挑战的道德化的行动机制，其本身也被科技所重塑，甚至过度和机械地依赖科学判断和检测[1]，特别是在新兴科技的冲击之下，WADA基本丧失做出道德回应的能力。尽管《反兴奋剂条例》2021年版仍然抽象地对基因兴奋剂进行禁止，但WADA显然没有能力面对和承受基因科技所带来的巨大挑战。

其次，反兴奋剂执法机制不同于一般执法的地方在于，这是一个欠缺理由和互惠性责任关系的机制，因此它并不符合法治的典范模式。法治要求给出理由，而且是充分的，法治也构建了一个互惠性的责任关系，双方是互惠的。但兴奋剂执法并没有预设这两点，所以兴奋剂机制欠缺灵活性和前瞻性，导致的结果必然是责任不对称和应变能力欠缺。虽然全球体育自治是一种跨越国界的值得推崇的国际合作机制，但它的制定过程民主化程度不高，缺乏世界统一的行动纲领和标准，并且受制于当前的国际政治体系。[2] 反兴奋剂制度的批判者认为兴奋剂执法并不能抑制运动员的违规动机。这意味着反兴奋剂机制只是一个脆弱的威慑机制，在现实实践中极易失灵。但支持者认为普遍违法并不意味着这套机制是不合理的，正如犯罪高发不意味着应当废除刑法。但这种观点是对

---

[1] 熊英灼，宋彬龄. 从信赖到怀疑：世界反兴奋剂体系对科学的法律控制 [J]. 武汉体育学院学报，2016，50（10）：30-31.

[2] 周青山. 法治视野下全球体育自治规则的合理性建构 [J]. 天津体育学院学报，2019，34（01）：11.

兴奋剂机制与法律权威机制的错误类比。法治在法律所追求的目标和法律的权威实践结构之间建立了一个沟通机制，通过权威主体与共同体成员之间的相互责任（communal accountability）来夯实法治的理想意义。科恩将法治的这一品性称为给出理由的德行。[①] 但反兴奋剂机制欠缺这种责任机制，产生的结果便是，WADA只能固守反兴奋剂制度的严苛，既无力改革这套制度中的各种缺陷，也难以应对新兴科技的冲击。

第三节　新兴科技形态下的体育增强

　　生命科技和人工智能对体育所造成的冲击并不是提供了新型的增强手段，而是改变了增强的技术本质和伦理意义。生命科学对遗传规律的探究揭示了人的体能生成、塑造和增进的规律，"一些筛选试验证实人类的运动能力很大程度上受遗传因素的影响，并将不同个体运动能力的差异性归因于基因多态性上"[②]。基因科技的迅猛发展创造出人对自身生物属性进行改造的可能空间，基因兴奋剂问题应运而生。人工智能对体育事业的影响更为多元，应用场景覆盖运动员训练、比赛数据分析和战术设计等训练辅助手段和体育传播、广播和广告等商业领域。毫无疑问，生命科技和人工智能都是对运动员竞技能力的增强和促进，但它们与兴奋剂一样，应当被禁止吗？

一、生命科技与基因增强

　　基因是人体遗传的密码，也在很大程度上决定人体机能和健康状况，绝大多数遗传病都与人体基因相关。科学家对人体基因世界的探索尚处于起步阶段，世界科学家群体于2003年合作完成人体2.5万个基因的测序工作，实现基因研究的实质跨越。但短短十几年，基因科技研究突飞猛进，2013年具有划时代意义的CRISPR/Cas9基因编辑技术被发明出来，人类进入真正意义上的基因科技时代。科学家可以运用基因编辑技术便捷和安全地对人体基因序列进行裁切和重组，这意味着只要锁定人体遗传病的基因源头，那么就可以对该基因进行编辑以切断遗传病。2018年年末引发轩然大波的"基因编辑婴儿事件"，即是科

---

① 柯恩，杨贝. 作为理由之治的法治［J］. 中外法学，2010，22（03）：355.
② 张缨. 基因与体育［J］. 北京体育大学学报，2012，35（09）：7.

学家贺建奎通过对一对胚胎实施基因编辑手术以帮助他们形成对艾滋病毒的终身免疫。

基因科技引发了大量伦理争议和法律难题，包括基因科技的适用边界和法律责任认定。① 最激烈的争议涉及是否可以通过基因技术对人体进行增强，既包括生物意义上的增强，如提高身高和智力，也包括道德意义上的增强。虽然修改基因来提高智商在临床上尚未实施，但科学家认为这在理论上是可行的。基因增强的反对者认为该技术反映了人对自身的人为掌控，"除了它会破坏人的自然性和冒犯人之尊严之外，一个更重要的原因在于它剥夺了潜在者主宰自己命运和生活的机会"②。也有学者主张基因增强构成作弊，违背实质公平，在伦理上无法辩护。③ 而支持基因增强的学者认为基因技术的适用并不会带来价值危机，反而会促进某些基本价值的实现，如人的尊严。④ Buchanan 认为人类一直在改变自身的生物属性，基因技术的特殊性在于它是在科学知识的基础上，基于特定价值而对人的生物属性所做的改变。⑤

在科学家的努力下，科学研究对基因世界的探究更为深入，基因编辑技术会更为成熟和安全。真正的难题是，对人体实施基因手术在伦理上是否正当。

基因科技的伦理讨论直接地影响着基因技术应用于体育竞技的可行性问题，即运动员是否能接受基因手术。在 21 世纪初，有大量学者对基因兴奋剂表示担忧。WADA 于 2002 年在班伯里（Banbury）专门就此问题进行讨论，随后将基因兴奋剂纳入兴奋剂禁止名单之中。彼时科学家和国际奥委会所关注的还是通过药物、注射或者对胰岛素生长因子（IGF-1）进行修饰来增强人体肌肉生长能力。然而，在 CRISPR 基因编辑技术发明之后，对红细胞生长素（EPO）基因进行编辑和修饰以提高血氧量的目标可以轻易实现。

目前唯一可行的路径看起来是全面禁止人体基因编辑手术，这也是绝大多数国家所采取的谨慎立场。美国国家科学院对此做出的判断是，"出于增效目的的生殖细胞基因组编辑目前尚不可能符合启动临床试验所需的潜在利益和风险

---

① 郑玉双. 生命科技与人类命运：基因编辑的法理反思 [J]. 法制与社会发展，2019，25（04）：185-201.
② 孙海波. 基因编辑的法哲学辨思 [J]. 比较法研究，2019（06）：118.
③ 陈景辉. 有理由支持基因改进吗？[J]. 华东政法大学学报，2019，22（05）：6-18.
④ 朱振. 基因编辑必然违背人性尊严吗？[J]. 法制与社会发展，2019，25（04）：183.
⑤ BUCHANAN A. Beyond Humanity? The Ethics of Biomedical Enhancement [M]. Oxford: Oxford University Press, 2011：41.

承受标准"①。然而，这种方法并不是最好的解决方案。首先，关于基因增强的伦理争议必然会受到基因科技的发展动态所塑造，这场争论是开放的，并不排除有些国家会适度放开基因编辑的适用空间。兴奋剂的本质是赋予运动员以额外的优势，而基因技术将从根本上改变身体的存在意义和体育竞技的价值结构。正如 Miah 所指出的，基因兴奋剂与兴奋剂功能类似，但基因兴奋剂所涉及的遗传学的社会语境、人类增强的动机、基因信息的知识和代际基因正义等问题使得它与普通兴奋剂存在较大差异。②

其次，生物科学研究进入爆炸式发展阶段，基因科技不断取得重大突破，随着社会观念的改进和技术的成熟，运动员的获胜心态和逐利动机会驱使他们冒险去尝试接受基因改造，这无疑增加了兴奋剂检测的难度和负担。在目前，基因兴奋剂检测可以开展，但检测效果低下、成本高昂和程序烦琐等问题比较突出。直接检测方法，如检测外源基因表达的蛋白质外源导入基因序列，可以在血液中检测出蛋白质被修饰的痕迹，但并不能有效检测以 CRISPR/Cas9 技术进行编辑的体细胞。间接检测方法通过对宿主的免疫反应进行检测，但正如研究者所指出，"通过长期监测运动员的表达图谱、蛋白质图谱或代谢图谱也有助于得到有关基因表达发生变化的相关信息，然而这一方案则需要建立庞大的相关信息数据库，同时也存在着假阳性的可能"③。

最后，基因科技和生物医学的最新进展与体育竞技的逐利性和冒险性具有天然亲缘性，会使得药物兴奋剂更加多元、隐蔽和难以检测，兴奋剂执法的微弱平衡即将被打破。基因改造的效果不同于药物，它伴随着运动员一生。是否允许幼年时接受过基因编辑的运动员进入竞技、运动员在职业生涯中进行基因增强后是否应该终身禁赛等问题，考验着 WADA 解决伦理争端和化解政策难题的能力。

二、人工智能与体育增强

相比于基因科技，人工智能在体育竞技中所发挥的作用更为正面，但同时

---

① 美国国家科学院，美国国家医学院. 人类基因组编辑：科学、伦理和监管 [M]. 马慧，等译. 北京：科学出版社，2019：116.
② MIAH A. Genetically Modified Athletes：Biomedical Ethics, Gene Doping and Sport [M]. London：Routledge, 2004：147.
③ 王嘉禹，赵美萍. 基因兴奋剂检测方法研究进展 [J]. 分析科学学报，2019，35（06）：763.

却忽视了人工智能对于体育竞技之公平性的真正冲击。在电影《点球成金》中，处于劣势的奥克兰运动家队运用数学建模的方式改变了自身球队的劣势而赢得棒球比赛，这是算法在体育竞技中应用的雏形。而随着大数据技术和算法应用的纵深化，体育竞技的数据化和算法化已经成为现实。人工智能的基本工作方式有自动化智能、辅助智能、增强智能、自主智能等，本质上说，人工智能技术能够模仿人类的感知、思考和行动能力。球队或者教练运用数据和算法来训练和增强运动员，是合理的技术应用，还是作弊？

人工智能技术的应用是否构成作弊，取决于运动员或者教练运用该技术是否给运动员带来了额外的竞技优势。目前人工智能在体育比赛中的应用场景有很多，一种情况是工具型优化应用，如通过互联网和数字化改变体育赛事的传播方式，促进体育消费升级和完善体育裁判制度等。另外一种情况则涉及对运动员的竞技提升，主要类型如下：

1. 运动员的训练效果分析。人工智能在建立定量、可测量的变量（如跑步、目标、时间）和定性的因素（如注意力、战略能力、团队合作）之间的相关性方面正快速发展，这能帮助组建出队员最互补的队伍。[①]

2. 通过机器学习分析运动员数据。传统计算机分析方法使用信号处理来发现输入读数中的事件。然而，该方法对于体育数据很难进行预测，因为很少会出现完全相同的运动模式和动作，有许多因素会变化，但机器学习使得软件能够从输入的读数中学习，并识别影响测量的因素，即使当前没有海量的训练数据可供机器学习，人工智能也不可能百分百准确，但可以从少量的数据开始，逐渐用更多的数据训练机器学习模型以提高准确性。

3. 训练效果的数据化。有研究者以举重训练为例，提出一种结合人工智能方法的新评估方法，用于举重训练的机器辅助评估。这种方法使用附在训练设备上的现代传感器技术，以便有效地获取和收集特定运动的具体数据，用来对所实施的训练进行自动分析。数据建模基于集成神经网络的监督学习过程，预处理后的传感器输入被用于分类和执行的自主评估。该技术取得了良好的效果，为其在集成反馈系统中的实际应用带来了希望。[②]

---

① BATAVIA M. 10 ways AI is changing the world of sports [A/OL]. (2019-10-21) [2020-05-05]. http://almostism.com/ai-changing-the-world-of-sports/.
② NAVATCHKOV H, BACA A. Artificial Intelligence of Things in Sports Science: Weight Training as an Example [J]. Journal of Sports Science and Medicine, 2013 (12): 27-37.

4. 教练功能的智能化。关西大学的 Isao Hayashi 通过使用 TAM（Topographic Attentive Mapping）网络、可能性数据插值引导聚集算法/提升方法聚类成机器学习以及基于神经模糊逻辑的视觉人工智能，对乒乓球运动员的技能水平进行分类，以改善运动员的表现和提高教练技能。TAM 网络能够提取输入属性和技术规则，以便根据传感器数据对运动员的技能水平进行分类。引导聚集算法/提升方法作为机器学习是一种多层聚类方法，通过将虚拟生成的数据添加到学习数据中来提高判别技能水平的准确性。

5. 优化团队合作。人工神经网络（artificial neural networks）、决策树分类器（decision tree classifier）、支持向量机（support vector machine）和马尔可夫过程（markov process）等人工智能技术或方法，逐渐被开发用于预测团队运动中运动员的受伤风险和运动表现。这些方法的主要运用领域是足球、篮球、手球和排球等。目前的发展状况表明，人工智能在团队运动中的应用前景广阔。①

人工智能和算法在体育竞技中的应用领域会随着技术发展而不断拓展，势必会引发体育公平的判断难题。支持者可能主张人工智能技术可以通过技术辅助更好地实现公平竞争，是一种积极的辅助（supplement），而非增强。辅助与增强的简单区分在于，辅助是为运动员提供能力发挥的条件，而增强是通过外在干预突破运动员的背景限制。② 然而，人工智能对体育竞技的挑战是深层次的，至少会产生以下根本性问题：第一，体育竞技在很大程度上会成为技术的比拼，竞技实力雄厚的体育团队或国家会花费巨大投入以提高人工智能的应用程度，这是否会加剧体育事业无法摆脱的贫富差距和不平等？第二，人工智能带来了一种全新意义的"体育增强"，借助现代医药而产生的兴奋剂带来的是通过药物扩张运动员的身体潜力，而把运动员的竞技表现和训练过程加以数字化和算法化并借助数据分析来最优化运动员的竞技表现，与药物增强有本质不同吗？第三，体育之善的独特性在于运动员的"获胜时刻"凝结了人类对自身的卓越、潜力和神秘性的有形赞叹，而体育训练和比赛的全过程被智能技术所计算和理性化之后，体育之善是否仍然能够保持它原有的价值姿态？

---

① CLAUDINO J G, CAPANEMA D O, SOUZA T V, et al. Current Approaches to the Use of Artificial Intelligence for Injury Risk Assessment and Performance Prediction in Team Sports: a Systematic Review [J]. Sports Medicine-Open, 2019, 5 (28): 1–12.

② SHAPIRO M H. The Technology of Perfection: Performance Enhancement and the Control of Attributes [J]. Southern California Law Review, 1991, 65 (1): 72.

三、新兴科技对反兴奋剂制度的冲击：奇点来临？

科技发展对体育运动的冲击是不可避免的，伴随着新兴科技的迅猛发展，社会结构和交往方式发生革命性变化。人工智能和生命科技代表了新兴科技的最新发展形态，也为体育之善提供了价值分析的技术结构，展现了体育价值受挑战以及做出应对的不确定前景。库兹韦尔认为新兴技术发展导向的是技术的快速升级和极端进化，最终超出人的存在方式与技术融合，"人类超越自身的生物局限性，在人类与机器、现实与虚拟之间，不存在差异和后奇点"[1]。

这个论断有些危言耸听，但新兴科技的确在改变社会结构和存在方式，Oliveira 认为科学已经对人性进行重新定义，主要体现在借助人工智能和生物信息学而可能出现的数字心灵（digital mind），将会对社会和政治系统带来深层改变。[2] Frischmann 等人表达了类似的担忧，认为我们已经进入新兴科技所带来的智能技术-社会环境（smart techno-social environment），人性已经被技术重新设计（re-engineering），人的心智能力与机器理性之间的界限越来越模糊，人的情感和自由意志也会被技术设计和测试，甚至被机器所决定。[3] 这些来自专业科学家而非外行判断的观点正在被现实所印证，特别是技术所引发的负面后果，如信息技术带来的严重信息泄露、人工智能产生的人的身份认同危机等。[4]

在体育领域，虽然观众仍然能够因球类运动员和田径选手在赛场上展现的完美球技和惊人爆发力而赞叹，但科技正在实质性地改变体育的结构和内涵。运动的科学本质是展现人的生物潜能，虽然人的理性能力（如自治、节制和耐性等）和合作精神发挥重要作用，但人的生物性能是体育这一创造性竞技活动的支撑。然而，在奇点来临的远景下，人的生物性能不再是完全自然意义的，新兴科技创造了更为多元和复杂的增强人的生物潜力的方式，使得反兴奋剂问题更为棘手。药物增强是生物意义上的增强，而人工智能和技术设计（如高科技跑鞋和泳衣、训练设备）可能带来比药物增强更为明显的效果。虽然《世界

---

[1] 库兹韦尔. 奇点临近 [M]. 董振华, 李庆成, 译. 北京：机械工业出版社, 2011：4.
[2] OLIVEIRA A. The Digital Mind: How Science Is Redefining Humanity [M]. Massachusetts: MIT Press, 2017：8.
[3] FRISCHMANN B. Re-Engineering Humanity [M]. Cambridge: Cambridge University Press, 2019：209.
[4] 陈景辉. 人工智能的法律挑战：应该从哪里开始？ [J]. 比较法研究, 2018 (05)：147-148.

反兴奋剂条例》将基因兴奋剂纳入禁令，但 WADA 既无法区分兴奋剂药物与基因兴奋剂之间的本质区别，也未给出禁止基因兴奋剂的有力理由，而且滞后于基因科技的最新发展。科技既解构了体育的神秘性，也重构了体育产生的社会意义，在一个即将被机器和算法所塑造和支配的社会形态下，反兴奋剂制度的法理基础显然需要全新的理论分析。

第四节 反兴奋剂制度的法理重构

一、体育元道德的构建

体育规则和反兴奋剂制度建立在体育精神的基础之上，但由于公平竞争的伦理内涵模糊，因此需要构建一种体育元道德，解决公平竞争的概念内涵问题，为体育竞技规则的设计提供指引。对于如何通过反兴奋剂制度设计来保障公平竞争，存在两种法理方案。第一种方案是一元论模式，该模式可以基于德沃金所捍卫的价值一元论立场进行说明。[①] 该模式主张公平价值与各方诉求融贯地结合在一起，形成了一张和谐的价值网络，反兴奋剂阻止了不公平的优势，也表达了对运动员的尊重。WADA 对体育精神的捍卫体现的正是这一立场。然而，一元论无法解释一系列难题，如运动员的逐利动机和集体行动难题：运动员难以对体育精神形成强烈认同，而是通过各种方式规避兴奋剂检测或尝试新型兴奋剂，使用兴奋剂可能是一个理性选择。[②]

第二种方案是反思平衡模式，借鉴了罗尔斯的理论框架。[③] 尽管反兴奋剂制度存在理论争议和现实困境，但通过对竞技运动的本质、公平的普遍价值内涵和制度实施的基本框架进行综合平衡，可以形成反兴奋剂的一般价值原则。Loland 和 McNamee 提出了理解公平竞争的反思平衡模式：体育竞技是在运动员

[①] 德沃金. 刺猬的正义 [M]. 周望，徐宗立，译. 北京：中国政法大学出版社，2016：135.

[②] RUSSELL J S, BROWNE A. Performance-enhancing Drugs as a Collective Action Problem [J]. Journal of the Philosophy of Sport, 2018, 45 (2): 115.

[③] RAWLS J. Justice as Fairness: A Restatement [M]. Cambridge MA: Harvard University Press, 2001: 29.

的影响和责任范围内，基于他们的能力和技巧而对他们进行评估、比较和排名。① 然而，反思平衡模式面临两个困境，一是未能有效区分体育竞技中公平的特殊内涵，二是为了维持反思平衡的状态，对新兴科技的冲击不能及时回应。

不同于社会道德需要全体共同体成员的道德行动和推理，体育竞技的道德分量落在少数人和与之相关的特定体制之上。这表明竞技群体和普通民众之间存在着一个相互的道德框架。在这个框架之中，双方存在着特定的互惠关系和责任关系。互惠体现在运动员通过体育竞技对基本善的追求促进社会公众对这种善的理解和追求，从而在整体上提升社会福祉。责任关系体现在运动员参与构建了社会结构的形塑和多元化，并且也部分地贡献于社会资源的分配之中。然而，体育事业的道德属性在两个关键方面不同于一般社会道德的基本原理，而这两方面反过来增加了理解体育运动内嵌之价值的难度。

第一，体育运动的价值聚焦和实现于运动员的竞技表现和相关制度保障，如果没有公众的参与，运动员依然需要全心投入竞技之中，而如果没有运动员的全力参与，那么体育的价值就会大打折扣。所以，体育事业与社会团结之间的互惠关系是弱相关的。这不同于在一般意义上共同体成员所担负的道德使命，按照契约主义伦理观，共同体成员在道德意义上互嵌于彼此，每个个体都是社会道德的构建者，也担负着相应的道德责任。而在体育事业中，运动员、教练和体育组织是运动伦理的构建者，其他社会主体从中受益，但并非完全意义上的建构者。因此，这是一种弱意义上的互惠关系，它所印证的是体育事业的宗旨和目标一直在变动。

第二，体育竞技是较为特殊和专业性的实践形态，其与音乐、艺术创作和娱乐等同样追求专业性的社会实践的一个重要区别在于，体育与政治实践共享着同一套道德话语，即公平、平等和权利等。在艺术创作领域追求公平是古怪的，因为创作需要的是打破常规和探索未知。体育竞技的这一特征使得人们倾向于体育伦理与社会伦理是相通的，特别是在遵守规则这一点上，违规构成了对体育竞技的严重伤害。然而，这里容易出现一个混淆。对竞技规则的遵守是参与竞技的必要条件，否则无论是球赛还是游泳比赛都无法进行。这种规则是内在于体育之中的构成性规则。但反兴奋剂的规则并非竞技规则，而是体现公

---

① LOLAND S, MCNAMEE M. The "Spirit of Sport", WADAs Code Review, and the Search for an Overlapping Consensus [J]. International Journal of Sport Policy and Politics, 2019, 11 (2): 334.

共性和公平性的外在社会约束，因此很多国家进行反兴奋剂立法，将反兴奋剂制度纳入法律制度之中。然而，在对反兴奋剂制度的讨论之中，常见的混淆是将违背反兴奋剂规则视为对体育运动专业性的损害，以及将公平视为竞技活动的要旨。竞技运动的要核是通过专业性的表现获得最佳认可，而公平是一种对竞技的束缚。竞技的专业性规则与基于公平而施加的反兴奋剂规则是在不同的层面之上。我们可以从道德上谴责使用兴奋剂的行为并通过惩罚以回应，但归责本身应该建立在可辩护的依据之上。

二、反兴奋剂制度的重构模式

本文倡导一种理解反兴奋剂制度的伦理基础的重构模式，试图克服一元论模式和反思平衡模式的弊端，厘清反兴奋剂制度与公平的法理关联。体育之善是社会共同善的一种，通过竞技这种特殊形式展现社会的特定面向，因此体育之善以特定方式与社会的正义结构和其他基本善产生互动。具体可以分为以下三方面。

1. 竞技体育的正义环境：竞技体育中的公平要求是正义的体现，但其内涵不同于社会正义原则。罗尔斯的正义理论预设了休谟所提出来的正义环境这个观念。[1] 虽然很多批评者认为罗尔斯错误地依赖于正义环境，但从一般意义上，对社会结构的正义属性的分析的确需要考察其背景环境，对政治实践的分析也需要结合实践动机和目的背后的环境要素。同样，对体育竞技的伦理分析也需要考察其正义环境，这个环境与社会正义环境不同，但存在紧密关联。反兴奋剂的支持者所诉诸的公平观念常常显得薄弱，在很大程度上是因为未能意识到竞技体育的正义环境不同于社会正义环境，而且从模糊的体育精神中也无法提炼出确定的伦理指引。对竞技正义环境的关注促使我们关注竞技运动的特殊结构如何与一种敏感于这个环境的公平观相融通，并建构一种关于体育公正的合理学说。

2. 竞技体育运动的实践结构：通过参与竞技体育而实现体育之善的实践形式显然不同于其他基本善的实现形式，如对知识的获取、对美的追求等。对体育竞技的伦理判断需要紧扣竞技实践本身。然而，作为一种社会实践，竞技活动也包含着一个诠释空间。通过身体技能的展现以获取竞争优势，在实现体育之善这种内在价值时，必须恪守自然才能的限制吗？技术发展和社会文化发展

---

[1] 叶金州．罗尔斯式的正义观念与休谟式正义的环境［J］．现代哲学，2019（05）：100．

都会发挥作用,体育制度的构建应当考虑这些因素。

3. 竞技体育与外在正义环境的互动:竞技体育由少数精英运动员参与,但体育事业属于人类社会的共同事务。运动员竞技与外在正义环境的互动是多维的,运动员体质与选拔、国家在体育事务上的投入、社会对体育运动的反馈等都是互动机制,而国际奥委会和 WADA 等机构则是这种机制的制度化,通过制定和执行体育规则来保障体育与社会的互动。WADA 不是完美的执法机构,但在贯彻反兴奋剂禁令方面发挥着关键作用。在竞技体育与外在正义环境的互动机制之中,WADA 是一个符合正义理念的制度实施机构。然而,正是因为竞技体育的内涵存在着一个有争议的解释空间,所以反兴奋剂是否最佳地体现这种互动的真正意义,才是存疑的。

兴奋剂作为一种体育增强方法,究竟在伦理上正当与否,需要在上述三方面所型构的伦理框架之下展开。反兴奋剂制度的设计应当遵循法律与科技的重构模式,特别是在面对新兴科技带来的体育增强模式冲击时,应当坚持一种多元互动的公平竞争观。[1]

第一,体育价值和精神与科技是共生的,互相塑造和构建。体育的价值处境不是凭空产生的,我们对体育精神的理解也是现代性的产物。但一提到现代性,关于体育的悖论就呈现出来。现代性要求我们尊重人的自主性和人性,在体育运动中充分发挥人的能动性和创造性,但现代性同时也是科技支配的,要求我们以符合理性的方式生存和生活。技术改变了体育竞技,那么科技是否会对体育精神产生影响?运动员从事某一项体育竞技,其主导动机是赢得比赛。对竞技能力的考验当然主要是运动员的身体潜能,但竞技并不排斥科技。首先,很多竞技运动是现代科技的产物,典型的如自行车比赛和赛车。自行车比赛考验人的耐力,但自行车在技术上的更新换代也不断拓宽人的耐力空间。其次,运动竞技的设计本身就体现了现代意义的科技精神。当游泳运动员在水中以专业技能来充分运用体能、减轻阻力从而获得瞬时性竞赛优势时,实际上是把游泳的艺术性彻底技术化和理性化。最后,运动员训练和身体维护需要借助现代医疗科技。运动员的健康维护、伤病治疗和训练过程都是受科学支配的。

第二,如果现代性和世俗性是体育精神的底色,那么体育竞技领域没有排斥新兴科技的理由。问题就在于二者结合的限度是什么。反兴奋剂制度在某种

---

[1] 郑玉双. 破解技术中立难题:法律与科技之关系的法理学再思[J]. 华东政法大学学报,2018,21(01):94.

意义上承载了体育之现代性的二律背反，一方面强化体育背后的人文主义和科学精神，另一方面拒斥现代生物科技对体育之自然性的侵蚀。然而，在制度实践中，这种追求却处处受阻。WADA捍卫运动员在竞技训练和比赛中的自然力量，Loland主张竞技体育是一种道德测验，其道德性体现在运动员把自然天分或生理真实（physiological authenticity）展现为卓越的过程。① 然而现代体育发展中对训练技术、营养学和理疗学等各个领域的综合运用，已经彻底更新了运动的自然意义。其次，新兴科技正在以极为剧烈的方式向前推进，体育竞技不必然拥抱这种技术形态，比如，以机器人替代运动员来参加比赛可能没有实际价值，但竞技必须面对新兴科技所带来的各种机遇和契机，因为现代体育运动本身就是以科技为驱动的。

在这样的背景之下，分析生命科技和人工智能技术对体育竞技所产生的冲击，就可以形成一个可靠的框架。现代生命科技致力于改变人的存在方式和生物机能，基因科技的目标是提升人们对抗疾病和维持健康的能力，而人工智能通过机器的深度学习来部分取代人类的思维模式从而解决社会实践中的一些难题。生命科技的主要应用场景是疾病治疗，随着基因编辑技术的成熟，通过基因编辑来增强人的认知和体能在理论上是可行的。人工智能的应用场景更为广泛，与生命科技相结合，可以更为精准地揭示人体的遗传规律。科技进步帮助我们形成更为合理的体育增强观，至少不会将体育增强"妖魔化"。波斯纳认为，除了兴奋剂，不只是技术进步带来了运动员竞技能力的提升，他借用经济学家Bradbury的观点指出，经济进步和种族融合同样提高了棒球运动员的潜能。②

第三，反兴奋剂制度是公平竞争的体现，但其限度应该动态调整。反兴奋剂禁令和具体措施仍然是有道德和法律争议的，但体育之善的凝聚力、体育精神的理想化、竞技体育实现基本善的特殊形式以及反兴奋剂执法从公众认同之中所获得的道义支持结合起来支撑了反兴奋剂制度的正当性，由于反兴奋剂执法的严厉和WADA本身的理想化，反兴奋剂制度在实施上达到了一种微弱的平衡，虽然其严厉规定不能保证令行禁止，但WADA自身也在完善。然而，这种

---

① LOLAND S. Performance – Enhancing Drugs, Sport, and the Ideal of Natural Athletic Performance [J]. The American Journal of Bioethics, 2018, 18 (6): 12.
② POSNER R A. In Defense of Prometheus: Some Ethical, Economic, and Regulatory Issues of Sports Doping [J]. Duke Law Journal, 2008, 57 (6): 1732.

微弱平衡也是脆弱的，反兴奋剂制度是应对科技挑战的道德化的行动机制，其本身也被科技所重塑。

三、基于重构模式的反兴奋剂制度设计

WADA应当以重构模式为基础进行反兴奋剂制度的改革，这是一项宏大工程，本书只能提出几项具体原则。重构模式下的公平竞争是什么？公平是运动员在参与上的平等，也是竞技条件的合理保障。公平是一种共同体责任，体现了体育作为基本善的属性。公平要求不同国家的运动员平等地参与，各个国家也要通过公正的制度设计来培养和支持体育事业与运动人才。因此，公平具有制度属性。然而，公平并不意味着排斥现代科技对体育竞技的参与。首先，公平竞争并不排斥增强技术对运动员所发挥的作用。其次，在反兴奋剂制度的设计上，对公平的尊重和有活力的制度应当能够达成稳定的平衡，关于公平的价值内涵应当与技术发展形态保持动态的一致。

首先，WADA捍卫体育法治的重要性，但应当将体育元道德纳入体育法治的框架之中，反兴奋剂制度的核心并不是兴奋剂禁令的严苛实施，而是通过反兴奋剂禁令与公平价值的伦理论辩确立更为多元的反兴奋剂实体规则和程序规则。WADA是一个执法机构，不是伦理机构，因此应该开放其伦理论辩空间，特别是关于有争议的兴奋剂类型是否应当在名单中保留的问题。举例来说，如果WADA并不禁止高原氧舱，那么有一些"无辜"的兴奋剂就不应该出现在名单之上。

其次，WADA应当与科学界、伦理学界合作，形成关于基因兴奋剂和人工智能的伦理指南。基因科技和人工智能所引发的伦理问题与体育伦理存在重叠，技术应用不能以单方的伦理原则作为依据，而应在体育伦理与技术伦理两种原则的碰撞之中构建一种彰显人之能动性的开放原则。该原则尊重反兴奋剂制度的基本价值预设，但以运动员健康为首要考虑。反兴奋剂制度的基本框架应当保持，但也应动态调整。开放兴奋剂并不会减轻制度成本，但伴随着基因科技与人工智能对人类增强的不断重塑，WADA对增强物质的界定也应当不断更新。如布朗所建议的，"禁止不再是一种可行的选择，可由WADA认证的医生将基因修改控制在医学安全水平之内"[1]。

---

[1] 布朗，孙宏达．基因兴奋剂：WADA该如何应对未来体育中的"作弊行为"？[J]．苏州大学学报（法学版），2019，6（03）：51．

最后，基因兴奋剂并非近在咫尺，但也非遥不可及，体育领域是基因科技的试验田，因为运动员更易于铤而走险。重构模式要求反兴奋剂制度对基因兴奋剂保持警惕，但应当综合考虑三个因素：伦理学对基因科技的宽容度、基因科技的研究进展以及 WADA 应对基因兴奋剂的执行能力。全面禁止和全面放开都不是最佳方案，因为全面禁止并不能阻止基因科技在人体上适用的前景，反而会使得体育科技的步伐更为落后，而全面放开则会破坏基因科技研究应有的审慎和警觉。面对新兴科技的剧烈冲击，我们难以形成一劳永逸的伦理准则。但在具体制度设计中，可以通过审慎、开放和合作的动态灵活机制来检验制度实施的效果。对于人工智能来说，其对体育的重塑正在酝酿之中。算法的全面应用和竞技活动的数据化在何种意义上会改变体育的本质，我们只能拭目以待，但有一些伦理担忧已经出现，如通过数据对运动员职业生涯进行决策的公平性问题。[①] 如果体育竞技成为技术化和智能化的力量角逐，公平竞争原则的内涵势必要重写。基于重构模式，国际奥委会或 WADA 应当成为技术治理的先行者和创新者。

第五节 结 语

体育竞技所承载的现代性悖论在新兴科技面前显得更为突出，但新兴科技恰恰可能是解决这种悖论的契机。很多理论家表达对新兴科技的担忧，特别是对改造自身身体结构的生命科技的恐慌，因为这种技术应用会改变人的自然存在方式，甚至说改变人的本质。然而，基于新兴技术之不确定的担忧在人类发展过程中并不是新鲜事，而且大部分担忧都已经被克服。并非说我们不应该对新兴技术表达警惕，特别是在新兴技术形态越来越复杂、技术风险越来越不可测的情况下，而是人类解决技术风险的能力也在提升。

追求基本善的过程充满利益冲突和价值失衡，因此社会实践需要一整套权威机制来解决实践分歧。法律是解决分歧的最重要的权威性机制。在体育竞技实践中，为了保障比赛的公正进行，国际社会努力地打造一种实现公正的反兴奋剂机制。虽然体育制度与人们所处的社会制度在价值追求和实践方

---

① GREENBAUM D. Wuz You Robbed? Concerns with Using Big Data Analytics in Sports [J]. The American Journal of Bioethics, 2018, 18 (6): 32-33.

式上存在很大差异，但我们仍然可以将体育制度视为人类探索社会合作和技术善治的尝试，这种尝试反过来也为其他领域的技术治理提供范本。如果重构模式能够在捍卫体育公平之要义的情况下拓展体育、科技与人文的良性互动，那么国际反兴奋剂机制就应当依循这一路径进行改革，从而实现技术驱动下的体育善治。

第三篇 03

信息科技

第八章

计算正义：算法与法律的关系的法理建构

人工智能带来社会生活的智能化，算法从幕后走到台前，成为法学研究的热点。随着算法研发的发展和成熟，生产、社会生活、商业经营和公共决策等领域越来越多地利用算法来实现特定目标。在美剧《西部世界》中，机器人反抗人类的主要武器在于内置算法的超强学习能力。但在现实生活中，算法的巨大优势并非体现在科幻意义上的人机对决，而是人机协作：银行通过算法处理海量用户的贷款审批工作；个性化推荐算法既可以帮助社交平台用户更快地找到自己的兴趣所好，也能帮助服务商精准投放广告；婚恋网站可以借助算法更快地进行匹配；政府可以利用算法快速地进行审批。尽管距离社会生活的全面计算化还有时日，将我们所处的时代定义为智能时代或计算时代却毫不夸张。

目前，学界研究大多基于回应型规制模式探讨如何对算法应用进行规制，但对于算法与法律之间的规范关联关注不多。本书尝试从法理学视角来理解算法与法律的关系并构建应对算法挑战的恰当路径。首先，算法的真正社会挑战在于社会生活和实践的计算化，其本质是计算正义问题，即如何从正义原则来引导新兴科技对社会和法律的重塑。其次，法律是权威性的社会规范，算法是执行指令的计算程序，二者在功能和社会价值上存在很大差异，但随着社会生活的计算化进程加速，在计算正义原则的价值指引之下，法律与算法产生共生关系。算法无法替代法律，但算法充实了法律的正义空间，且能够发挥制度性辅助角色。最后，算法应用的确带来了全新的法律挑战，包括隐私保护乏力、算法黑箱难以破解、自动化决策与程序正义的张力等。解决这些挑战的恰当路径是采取算法与法律的重构模式，通过将算法创造的价值空间与法律实现深层互动，从而提炼算法应用的伦理准则，为我国法律实践中的算法规制提供指引，以实现算法善治，为数字时代保驾护航。

第一节　理解法律与算法的关系的道德框架

一、算法：通过计算实现基本善

尽管人们常常把人工智能与算法并列，但二者略有不同。人工智能强调的是运用机器学习原理承担一定智能分析任务的系统，而算法是贯彻在人工智能系统中执行特定指令的程序。人工智能在语音和图像识别、地图导航等场景中发挥着越来越重要的作用，从社会功能角度，是人工智能系统在承担这些重任。从技术原理来看，人工智能系统背后是计算机专家所开发的各种算法处理和分析海量数据并在特定场景中应用的过程。在实践中人工智能应用与算法并不严格区分，但算法规制的研究者所强调的是在数据分析和转化利用中发挥作用的算法，所以其法律问题不同于人工智能的设计开发者是否应当为人工智能所造成的侵权承担责任等。

算法的内涵有技术和社会两重意义。算法的技术意义并无太大争议，算法是一种计算方法，通过计算公式得出确定的结果。算法的社会意义受制于科技发展水平和社会语境。计算机的发明和网络传输技术的提升使得大数据收集成为可能，在此基础上，算法通过对海量数据的深度学习可以实现自我更新和升级，最后形成更为成熟的算法。网络服务主体开发利用特定算法（如决策树、贝叶斯算法等）并服务于社会公众，如信贷机构、网约车、社交和外卖平台等。政府也发挥自动决策的优势，运用算法决定行政审批，包括公共资源审核、假释评估等。

算法的社会应用类型广泛、目的多元，追求效率、便捷和产能提升等，但算法在根本上服务于基本善，所以可以说算法是实现基本善的工具之善，其目的是实现个体美好生活和社会福祉。信息伦理学的开创者维纳认为，人们"为了蓬勃发展，需要基本的推理、思考和学习，以最佳的状态产生灵活的、创造性的适应环境的内部信息处理活动和人类选择和行动的许多供选方案"[1]。基本善的形式也是多样的，它们是道德和法律推理的价值基础，有菲尼斯所提出的

---

[1] 霍文，维克特. 信息技术与道德哲学 [M]. 赵迎欢，宋吉鑫，张勤，译. 北京：科学出版社，2014：14.

生命、知识、社交、游戏和实践理性等,也有纳斯鲍姆所提出的健康、情感、依存等核心能力。① 算法首先是人类科学知识的结晶,体现了知识之善和人类充分运用实践理性的能力。算法应用促进了人们追求基本善的能力,改善了人们追求基本善的实践模式。例如,微信作为社交媒体促进了社会交往和互动,视频平台强化了游戏和审美之善。人们对善的追求形成了政治、经济和社会文化模式,人工智能和算法也嵌入社会生产和生活形态之中,改变了产业模式和经济格局。②

按照菲尼斯的主张,共同善有三重维度。第一,共同善是构成个人福祉和尊严的基本善好,是人们所追求的其他善好的依据。第二,共同善指引实践推理,为人们的行动选择进行辩护。第三,人们追求共同善的过程之中会存在冲突,道德原则和法律制度为人们提供道德指引和制度保障。

共同善为技术发展和应用提供了价值依据,无论算法应用于医疗、公共卫生、社会服务、商业经济还是公共决策,其最终的指向是算法实践过程中社会成员的共同善得以促进和提升,共同善展现了算法嵌入社会生活的技术维度背后的价值域。其次,技术发展和应用是一个复杂的社会协作和博弈的过程,技术开发者、用户和政府之间既共享价值追求和利益结构,也因立场、利益取向和社会角色不同而产生冲突,如互联网平台倾向于最大限度获取用户的信息以实现商业利益,而个体权利极易受到平台的侵害。冲突的存在并不意味着共同善失去了意义。利益冲突、权利侵害和政府规制困境的解决依然需要放置在以共同善为核心的价值域中。法律制度的设计和各方主体的行为边界的划定在共同善所支配的价值空间之中进行,既充实了共同善的价值内涵,也形成了关于社会合作和治理的一系列具体价值原则,如正义、权利和平等。

尽管我们可以从共同善视角对算法应用进行评估,但由于算法对社会交往和价值实践方式的革命性冲击及其潜在风险,如何让算法增益而非损害共同善,是当前需要回应的迫切议题。首先,算法改变了人们追求共同善的方式,因此也就带来一些特定价值的内涵转变。比如,传统上人们通过阅读新闻报道来获取知识和更好地参与社会,但个性化推荐算法的广泛应用却产生了"信息茧

---

① FINNIS J. Natural Law and Natural Rights [M]. Oxford: Oxford University Press, 2011: 85-89; 纳斯鲍姆. 正义的前沿 [M]. 朱慧玲, 等译. 北京: 中国人民大学出版社, 2016: 53-54.
② 沈向洋, 施博德. 计算未来: 人工智能及其社会角色 [M]. 北京: 北京大学出版社, 2018: 18-19.

房"，其导致的结果是，个人虽然获取了大量信息，但并未转化为有效知识，而且反而会被这种信息获取机制反向支配，个人自治受到侵蚀。① 其次，共同善为法律制度设计提供了价值支持，当人们以法律为框架参与社会实践时，法律所追求的平等、权利和正义等价值将人们的选择和行动导向共同善。算法的出现不仅对法律框架和其背后的价值造成冲击，也撼动了法律在社会生活中的规范地位。由于法律在社会生活中有着独特的制度意义和实现社会价值的特殊方式，仅仅从功能上理解算法和法律的关系并不足够。算法实践中的乱象引发对算法进行监管或者对算法规制本身进行法律规制的迫切需求，但我们不能预设法律在这些目标的实现上一定是灵敏和高效的。规制理论并不包含被算法重塑的价值世界和法律所内含的价值世界如何调适的整全理论。

二、算法不是法律

算法和法律是两个不同的范畴，尽管社会理论家倾向于强化算法对法律的替代功能，如莱斯格关于"代码即法律"的夸张表达。② 二者在概念结构和社会基础上仍然是两个完全不同的概念。法律是权威机构制定的行为规范，算法是基于数学原理而设计出来的计算程式。计算机是按照指令执行特定任务的机器，互联网是通过数字技术传输分享信息的虚拟空间，算法的应用是在计算机所提供的操作平台和网络空间中的数据传输的场景建构之下，执行特定的指令和任务。法律的出现是为了解决合作难题，确立人们追求共同善和基本福祉的秩序。算法的社会应用在数据技术的支撑之下全面展开，促进了人类行为的数字化和社会生活的计算化。

算法与法律共同作用于人的实践结构，而且在影响社会决策的问题上日益融合，从而引发算法治理或规制的一系列难题。算法是一种特殊的解决问题的计算程序，算法依靠数据结构，通过特定的计算过程把输入转化为输出。人们需要参与到社会实践活动中，包括改造世界、交易活动和文化创造，计算是对实践活动的理性化和信息化的展现。举例来说，金融活动是基于信用的资本流通，计算是将海量金融活动的信息化和数据化，通过对每笔交易的客户、地点

---

① 巴尔金，敖海静. 表达自由在数字时代的未来 [J]. 苏州大学学报（法学版），2021，8 (01)：135-145.

② 莱斯格. 代码2.0：网络空间中的法律 [M]. 李旭，沈伟伟，译. 北京：清华大学出版社，2009：6.

和数额等进行分析，展现某个银行或地区的金融活动状态。金融活动古已有之，但金融活动的计算化和数据化是新兴事物。接下来的发展趋势是，社会实践活动的计算化，通过对实践活动过程——大多数的实践形式，购物、出行、社会交往和政治活动等——进行数据化。

社会生活的计算化和算法与法律的融合产生了三方面的难题，在很多研究者看来，算法的广泛应用会带来一定程度的社会危机和治理困境。

第一类是监管难题。社会生活的计算化改变了传统概念的内涵和社会理解，算法对社会生活的"入侵"使得隐私、自主和平等等概念变得模糊不定。运营商对个人数据的收集借助算法而变得易如反掌，通过算法监测用户的举动也成为技术常态。社交平台收集用户信息并进行画像，定向推送广告，网络服务提供者运用数据进行特定的数据分析或者实验。

第二类是价值难题。从效用上看，算法具有巨大的社会利益。在商业领域，算法可以快速精准地判断市场商业需求。在公共领域，算法也潜力无限，"而算法决策对于建构性规则在作为证据和价值指引层面的作用得以增强，从而有助于规则的统一，并可以为立法提供依据"[1]。但从价值角度来看，算法引发一定程度的价值危机。算法一方面改变人的主体性理解，赋予人的自由、自主选择和决策以新的内涵，同时也在实践中引发固化歧视、侵犯隐私的担忧，构成对人的尊严的威胁。[2] 再以算法黑箱问题为例。算法黑箱的难点在于算法决策过程完全由机器根据特定函数进行运转，人力无法干预，更无法解释算法运转的内在原理，[3] 但我们需要对算法的价值难题保持清醒的认识，算法本身是技术应用程式，其价值问题本质上是算法设计者和使用者利用算法损害某些价值。

第三类是归责难题。算法应用必然伴随着法律责任配置，以防范风险和实施救济，"对算法应用所引致的风险设置一定的责任结构，是算法规制必不可少的制度设计"[4]。随着人工智能的广泛应用，其侵权问题也成为一个理论难点。人工智能的风险之一是算法侵权的救济途径难以确定。一个典型的例子是自动驾驶汽车致损的责任认定问题，汽车生产厂家、算法设计者和车主

---

[1] 陈姿含. 公共领域算法决策的几个问题探讨 [J]. 理论探索, 2020 (03): 114.
[2] 洪丹娜. 算法歧视的宪法价值调适：基于人的尊严 [J]. 政治与法律, 2020 (08): 27-37.
[3] 丁晓东. 论算法的法律规制 [J]. 中国社会科学, 2020 (12): 142-145.
[4] 苏宇. 算法规制的谱系 [J]. 中国法学, 2020 (03): 174.

应该如何划分责任,是自动驾驶汽车进入市场之前应该解决的问题。此外,算法歧视的救济也是一个复杂问题,特别是在公共决策之中,如果一个人因为性别或学历而受到自动化行政决策的不同待遇,他是否能够向政府主张救济?

这些难题的确引发人们对算法应用和算法权力的担忧,所以理论和实践之中都迫切要求对算法进行制度和伦理约束,算法透明是对算法进行监管的主要实施标准,而很多学者主张对算法进行解释则是实现透明和打破黑箱社会的重要途径。然而,如果关于算法与法律的两个前置性问题没有解决,算法监管或权力制约可能会错失重点。第一,算法权力概念需要放置在社会正义框架之中进行分析,如果算法具备了一定的公共权力形态,那么需要借助社会正义原则对算法权力的边界及异化可能进行价值评判和划界,算法引发的正义问题建构则需要剖析算法在何种意义上重塑了社会互动方式。第二,算法监管和归责等问题需要在法律框架之中进行,但算法监管实践中出现了大量棘手问题,如"大数据杀熟"是否构成价格歧视,算法决策是否会危及人的自治价值,或者算法能否得到充分的解释。

第二节 计算正义的内涵与法理层次

一、计算正义的提出

在理解法律与算法的关系及如何通过法律来回应算法的问题上,共同善是价值基础和规范背景,计算正义则是从共同善导出的制度美德和法律规制依据。计算正义是正义原则在算法实践中的体现,是人的社会合作和创造活动被计算化过程中所应遵循的价值准则。学界探讨过数字正义、数据正义和算法正义,计算正义则具有更为丰富的内涵。数字正义或数据正义更多地强调数字化技术所构建的数字世界如何解决纠纷,特别是借助信息技术和数据处理能力而提高司法的效率和公平性。[1] 算法正义则针对算法这一新兴事物在现代世界中的角色

---

[1] 凯什,艾尼. 数字正义:当纠纷解决遇见互联网科技 [M]. 赵蕾,等译. 北京:法律出版社,2019:244;单勇. 犯罪之技术治理的价值权衡:以数据正义为视角 [J]. 法制与社会发展,2020,26(05):185-205.

而确立合宜的制度功能，以充分发挥算法的社会功效，典型的争论是将算法作为商业秘密，还是作为新兴知识产权形态而赋予其专利。① 计算正义不仅关乎如何对算法进行法律定位，更针对社会生活借助算法而实现的计算化和数据化而产生的正义空间。

计算正义包含着两个维度，第一个维度是价值意义上的。算法冲击了传统的价值世界，政治决策、商业决策和个人生活因算法的参与而更新了价值实践方式，如自动化决策压缩了执法权滥用的可能性，但同时也消除了执法主体与相对人的商谈空间。个性化推荐给个人生活带来便利，但会产生隐性歧视。算法冲击了价值世界，同时也产生新的价值形态，如人的存在形态从生物体转向智能体，人的瞬时记忆、决定和行动轨迹都可以以数字化的形式永存，这在前算法时代是难以想象的。计算正义包含着如何理解这些价值的新兴实践形态及解决价值冲突的一般准则。但算法作为一种技术，其本身并不包含正义的元素，计算正义的提炼需要从算法实践与价值世界的互动之中开展，特别是在算法对传统价值产生冲击而需要对算法进行价值定位时，我们不能因为算法对某种价值构成威胁而否定算法，而应在算法所创造的新型技术空间和价值世界自身的动态诠释空间之间进行对应，建立一种促进共同善更好实现的公允方案，这正是计算正义的题中之义。

计算正义作为理念，既需要落实到具体制度实践之中，也需要法律实践充实其内容，因此其第二个维度是制度意义上的。正义体现在社会生活的方方面面，但只有通过法律的规范性实践才能阐发计算正义的具体内涵，并展现其统合法律价值世界的能力。正义是法律的基本价值追求，既在法律自身得以体现，如司法正义，也是法律在社会实践中的目标，如环境正义、税收正义等。由于算法和法律的深度互动，计算正义既在算法的公共功能中得以体现，也在算法实现社会功能所受到的法律约束中发挥实质意义。

根据前述讨论，我们可以对计算正义的内涵做出初步界定。算法服务于人们追求和实现共同善的目标，但由于算法实践的多元和不同主体之间的利益冲突，需要以共同善为基础确立计算正义在算法实践中的价值统摄地位。计算正义对算法实践和价值世界之间碰撞进行整合，并引导算法以融贯和公允的方式追求共同善，而非满足某一方群体的利益。由于算法与法律在功能和价值上不

---

① 李晓辉. 算法商业秘密与算法正义 [J]. 比较法研究，2021（03）：105-121；张吉豫. 智能时代算法专利适格性的理论证成 [J]. 当代法学，2021，35（03）：89-100.

断整合,因此计算正义不仅需要在制度上落实,也需要从法律实践之中加以提炼。

二、算法的正义空间

计算正义的概念建构需要从两个问题展开,一是从算法实践中如何提炼出计算正义原则,二是法律如何基于计算正义原则进行自身的调整。本节首先关注第一个问题,即算法实践如何与正义相关,以及其正义属性在算法引发的各种社会和政治争论中的意义。计算正义只有在智能时代才具有意义,智能时代与传统技术时代的差别在于,数字技术的应用不断重构社会实践模式、交往方式和正义空间,而传统技术,如电力、计算机技术只是改善人们参与社会实践的能力。能源开发与利用不会引发人们对自主性受限的担忧,但算法进入公共空间就意味着对自主的促进或制约。法律指引人们的行为,算法塑造人们的观点,计算正义是在算法应用所产生的意义空间与法律公共实践的价值空间的相互碰撞下,为了维护和促进共同善而建构的一系列价值原则。正义空间的构建和计算正义原则的提出是全面理解算法挑战的理论前提。

罗尔斯在虚拟的无知之幕下,将社会合作和政治生活的公平构建为正义价值的核心。① 对正义的理解包含着正义环境和正义价值的要核。计算正义同样也包含正义空间和计算正义的核心价值两方面。正义空间不同于正义环境。正义环境是确立正义以实现合作的充满不确定性的原初状态,正义空间是在既有正义环境之中形成的需要重构正义内容的不确定性社会状态。算法产生了新的正义空间,虽然既有的公平等正义原则可以对算法应用做出评价,但并不足够。搜索引擎的出现带来了人们享受知识之善的巨大突破,这满足了正义的要求。然而,搜索引擎在带来知识革命的同时,也通过不透明的算法机制重塑人们的观念和行动,甚至在影响政治决策时,算法产生了一个新的正义空间,正如帕斯奎尔所讲的,"搜索引擎的秘密运作机制深深地影响着我们的世界观"②。

理解算法的正义空间需要从两方面进行。一是展现以算法为代表的新兴科技的社会意义,二是确立对算法进行价值分析的方式。计算正义的提出是对新

---

① 罗尔斯. 正义论 [M]. 何怀宏,译. 北京:中国社会科学出版社,1988:12.
② 帕斯奎尔. 黑箱社会:控制金钱和信息的数据法则 [M]. 赵亚男,译. 北京:中信出版集团,2015:112.

兴科技的法律挑战的回应，解决算法各种规制问题的努力也是为了让社会进步与新兴科技发展良性互动，避免科技风险的扩张和人文危机的深化。

第一，以人工智能为主导的新兴数字科技在发展形态和技术逻辑上与传统科技存在很大差异，但既然都是科技，那么都会共享技术的哲学本质，在价值意义上也会分享一些基础性的价值原则。正如布莱恩·阿瑟所阐述的，技术是一种函数，是改造世界的进化性力量。① 数字技术渗入社会生活的能力不断迭代，新兴科技与社会形成黏合，很难分辨算法的技术意义与社会意义。算法的多重属性是算法实践引发分歧的重要原因，基于正义原则，算法与社会的互动需要采取一种诠释性方法进行算法的社会意义评估。互联网巨头借助算法创造出几十亿人深度参与的信息工具和社会互动平台，一个小小的算法更新都可能会影响几亿人的生活，而互联网巨头可以轻而易举地使用平台来达到他们的目的，甚至形成霸权，深刻影响社会格局。②

算法权力与传统权力的最大不同在于算法秉持技术理性，而政治权力则追求道德理性和正当性。当政府借助算法进行规制的时候，算法的技术理性与道德理性会发生碰撞，产生不对称和失衡。③ 在这个正义空间中，技术推理与道德推理同时进行才能确定算法参与的正义属性。权力实践包含着权威裁断与答责（accountability）两方面，作为权力实施者的人在权力实践中依照政治目标和利益判断改变权力对象的行动理由，权力实践者在正当权威结构中对其决策承担责任。④ 算法权力的独特性在于通过技术理性主导决策过程，既不同于传统的权威关系，也没有一个清晰的答责架构。算法权力产生了失衡的治理关系，算法使得社会朝向技术理性支配、商谈理性空间限缩的计算化和非可逆的发展形态。⑤ 纯粹技术或者社会的视角都不足以揭示这一失衡的本质。如果按照权力行使的一般原理，显然算法权力的行使是一种异化，但是在计算正义的框架之下，不能以静态眼光看待算法权力，而是应该面向数字科技本身以及信息社会未来的发展可能性。

第二，价值分析是理解算法的正义空间的主体内容，人机协作带来了新的价值问题，人工智能的价值评判是当前困扰学界的一个难题。一方面，人工智

---

① 阿瑟. 技术的本质 [M]. 曹东溟, 王健, 译. 杭州: 浙江人民出版社, 2014: 54.
② 陈鹏. 算法的权力: 应用与规制 [J]. 浙江社会科学, 2019 (04): 55.
③ 周辉. 算法权力及其规制 [J]. 法制与社会发展, 2019, 25 (06): 118.
④ 吴玉章. 法律权力的含义和属性 [J]. 中国法学, 2020 (06): 282-298.
⑤ 郭哲. 反思算法权力 [J]. 法学评论, 2020, 38 (06): 33-41.

能带来巨大收益,将大大促进人类福祉。另一方面,社会和政府都对人工智能保持警惕,担忧其未知风险。在传统意义上,科技对法律的冲击体现为规范层面的冲击,如互联网创造了一个虚拟空间,互联网上的行为逻辑不同于现实世界,所以需要在规范上重新定义网络行为和表达的法律意义,如将互联网言论视为言论自由的体现。

三、计算正义原则的提炼

计算正义既是社会计算化的价值统摄和人机协作的伦理约束,也是对算法应用进行法律规制的正当性基础。本节采取一种分解策略,首先主张算法实践分为不同类型,所涉及的基本善也存在差异,因此在理论上应当进行不同的讨论。同时,不同算法场景所引发的问题最终都可纳入计算正义框架之中进行整合,因为计算正义的基本原则能够为算法的价值论辩提供可靠的溯源。从方法论上来看,对算法实践的分解与整合是提炼计算正义原则的互惠性过程,算法实践蕴含着计算正义的质料,计算正义是对算法实践的规范建构和价值提升。

从算法应用的场景来看,算法在商业领域中应用广泛,在公共领域越来越受青睐。网络购物、社交娱乐平台、网约车和信贷领域的算法已经非常成熟,社会信用体系建设中政府部门使用算法对个体信用进行评估是算法的公共决策的典型情形。但相比之下,算法在公共领域的应用仍然受限,主要体现在基于公共职能的民主和合法性维度无法被算法所掌握。公私领域在算法规制上存在差异,商业领域的算法规制偏重对用户私权的保护,公共领域的算法规制则强调受算法影响之个体平等与权利等价值的保障。

算法应用过程中暴露出来的主要问题是算法偏见和歧视、算法黑箱和算法公共决策的不透明等。计算正义也围绕这些问题展开,但仍然需要强调计算正义的两个层次。其一,算法应用的技术意义与社会意义纠缠,所以算法产生的实践困境往往是社会走向技术支配的复杂过程的代价,走出这种困境也需要直面新兴科技与法律的关系。其二,算法的实践难题应当从价值角度切入,并纳入计算正义的价值网络之中。不可否认,未来的算法立法将围绕算法的合法应用范围、算法侵权的救济以及算法监管(比如,反不正当竞争)等领域来展开,立法者的重任是为算法应用者确立行为规范,划定行为边界。但算法立法本身是一个将计算正义支配下的立法原则转化为具体行为规范的审议和制度化过程,"立法伦理为算法主体的技术行为提供了内在的制度准则和规范指引"①。如果没有计算正义原则的支配,算法领域的执法和司法将陷入价值争议的泥潭之中。

从这两方面出发,可以将算法实践中的社会担忧提炼为两类正义实践问题。一类是算法在社会正义空间中所引发的价值冲击,另一类是算法参与决策的正当边界。

算法的价值冲击首先体现为对人的主体地位的影响和对传统价值的冲击。很多批评者认为,人的主体性是现代性的彰显,算法在一定程度上提到了人的决策,所以影响了人的主体性地位。算法还有一种令人担忧的社会重塑能力,即算法不仅指引人的行为,还塑造人的行为。弗洛里迪认为,"信息与通信技术,特别是互动社交媒体对我们的个人身份认同产生了重大影响"②。算法机制不是在评价现实,而是在改变现实,增加或减少人们获得的机会。算法所引发的社会结构的改变也挑战了人的主体地位。在算法的广泛应用下,黑箱社会是不可避免的,甚至是大势所趋,是人类迎接算法时代的代价。人们担心计算时代会带来人文性的丧失或者人工智能支配人类。

算法参与决策的正当边界关注的是算法决策在何种程度上可以引导人们的行为选择。事实上,我们所处的社会生活已经离不开算法的引导,但算法决策仍然存在正当性问题,主要体现在算法黑箱问题上。在商业领域,消费平台会基于人们的购买记录和消费习惯而差别定价,这种操作的依据并不透明,消费者也难以察觉。在公共领域,自动化决策易引发更多的担忧。算法运算过程是高度复杂的,因此是不透明的。公共决策涉及当事人的切身利益,算法的参与必须是可解释的,而算法的不透明性与可解释性之间冲突,如果算法无法解释,则构成对当事人的不公对待,而且可能带来系统性风险。

---

① 金梦.立法伦理与算法正义:算法主体行为的法律规制[J].政法论坛,2021,39(01):35.
② 弗洛里迪.第四次革命:人工智能如何重塑人类现实[M].王文革,译.杭州:浙江人民出版社,2016:69.

第三节　法律嵌入算法：迈向算法与法律的关系的重构模式

一、算法与法律的重构模式

算法应用越来越广泛，社会规范和制度设计难以提出一种一劳永逸的算法规制方案，但从算法与法律的动态关系的计算正义维度切入，可以形成关于算法规制、算法追责的价值论分析资源和图景。社会实践是复杂的，充满了价值冲突和利益分歧，算法应用在诸多方面加剧了这种复杂性。算法实践所引发的法律挑战和价值担忧，使得对算法进行规制成为必须。学界对算法规制问题做了较为充分的探讨，但往往采取传统的回应型规制视角，将算法纳入法律监管之中。[①] 然而，规制所承载的回应型法律姿态不足以应对新兴科技的发展步伐，因为从实践来看，科技对法律的重塑效应反而比法律的规制意义更为强烈。也有学者强调科技与法律的互动，在此基础上提出算法治理的理论方案，[②] 但仅突出算法与法律的互动关系并不足够，还需要全面展现二者如何在价值和功能上互相构建。理解算法与法律的关系的更理想模式是重构模式，该模式强调的是法律在应对技术挑战时，应当对自身追求共同善的方式进行反思性重建。[③] 这种模式并非要改变法律的属性，而是对法律展现其价值意义和实践意涵的方式进行更敏感于技术的社会意义的积极调整。在算法的法律应对上，重构模式可以发挥更为实质的作用和理论指导意义，主要体现在以下两方面。

第一，在价值上，算法既冲击了传统价值实践方式，也重塑了价值的呈现形态。算法的社会意义主要体现在决策上，包括公共决策和私人决策。决策的主要意义在于为利益分配和社会合作提供方案，引导人们追求共同善。算法追求的具体价值类型有很多，有一些价值是法律与算法共同追求的，如效率。但二者同时也存在着很多价值差异，如算法追求决策的客观性，法律则追求决策

---

① 张凌寒. 权力之治：人工智能时代的算法规制 [M]. 上海：上海人民出版社，2021.
② 李牧翰. 数字时代下算法滥用法律治理之完善 [J]. 云南社会科学，2021（03）：134-140.
③ 郑玉双. 破解技术中立难题：法律与科技之关系的法理学再思 [J]. 华东政法大学学报，2018，21（01）：93-95.

的公开透明。这些差异会带来实践张力。例如，人的决策会受到认知局限、价值偏好等方面的影响，算法决策则以客观数据为素材、借助海量数据分析引导决策。算法运行是客观的，但也会因为数据的选择、算法的设计而出现偏见和引发歧视。这种歧视并不同于人为歧视，而是一种被计算化的技术偏差。

如果单纯从结果上来判断算法对某个种族或者群体构成偏见，则会忽视算法决策自身的特性。某种实践方式是否构成对价值的损害，并不能按照价值的传统含义来理解，正如隐私的传统内涵是个人空间的私密性不受侵入，但据此不能得出结论说个人手机定位和行踪就不是隐私。合宜的做法是在价值维度上探索算法与法律的重构空间。法律的价值意义具有论辩性，通过对行为选择及其实现的目标进行调整和解释来彰显某种价值，如赋予每个个体参与竞争的机会以实现平等。算法的价值意义则是嵌入式的，算法运行的技术逻辑可能是相通的，但适用的场景不同，则其价值意义相应改变。重构模式强调将法律的价值论辩性嵌入数据世界之中，需要改变的不是算法，而是算法价值的嵌入方式，即在算法场景中充分释放法律价值的论辩性。

第二，算法与法律都对人的行为选择进行引导和塑造，二者在角色上具有一个互惠空间。这一点在算法参与公共决策、司法活动和影响商业决策等方面都能充分体现。如果我们只关注算法的工具意义，则会忽视算法的计算化革命对社会生活的重构意义。尽管收益与风险并存，人机协作是大势所趋。重构模式有助于解释和展望算法与法律共同作用于社会实践的图景。算法在一定程度上发挥着替代法律部分功能的作用，通过重构模式可以确立算法承担这些功能的边界。

算法与法律的重构不是简单的功能融合，因为算法发挥技术功能，而法律发挥规范功能。二者的重构体现在算法对人的行为指引可视为法律指引功能的延伸，但算法的技术价值需要由法律价值加以约束并进行价值整合。这是一项复杂的技术和社会工程，但展现了算法融入法律并拓展计算正义之内涵的开放空间。例如，在司法实践中，算法的应用不仅提高了审判效率，也重塑了司法公正观念。[1] 算法不只是海量数据处理促进同案同判或者法官说理，而是改变了

---

[1] 孙海波. 反思智能化裁判的可能及限度 [J]. 国家检察官学院学报，2020，28（05）：80-99；章安邦. 人工智能时代的司法权嬗变 [J]. 浙江工商大学学报，2020（04）：149-160.

人们对法律适用的期待,同时也会更新人们对法律价值的理解。① 吴修铭认为,机器决策部分替代法官智能会削弱司法的程序公正感,将人们的正义追求和情感认同放置在软件和算法之上。②

按照边沁的功利主义观点,法律判断和司法裁判本质上就是一种计算,因此算法会大大提升司法裁判的功能。③ 重构模式无须采取功利主义立场来展现算法对法律的构建意义。法律的丰富价值世界无法通过功利转化来加以计算,但算法的确可以以计算理性介入法律价值。算法与法律的重构将在多个层面上强化法律的功能,并表现出应对技术挑战的积极姿态。这种积极的功能转型代表了法律将迎来最深层次的价值调整,尽管其方向目前仍然不明确,因为算法时代究竟会呈现出哪些最终特征,目前无法定论。一方面,社会必须面对和处理算法实践所产生的各种价值问题,无论是互联网服务中的数据歧视问题,还是雇佣算法中的偏见问题。④ 另一方面,需要从法律价值角度对算法所带来的透明问题、解释权问题进行剖解,在重构模式之下,确立法律应对算法的挑战的恰当模式。例如,在搜索引擎自动补足算法的应用过程中,算法会随着技术设计更新、搜索服务商的目标转变、商业模式的社会变革等而不断更新,将向善原则纳入算法运行也成势在必行。⑤ 然而,基本善并不能直接进入算法开发和设计过程之中,只有借助法律关于网络搜索服务的基本定位和算法引擎的商业和公共价值的规范性评价,才能将基本善以制度化的方式纳入算法运行的社会维度之中。

法律是政府进行技术规制的重要方式,但法律不只是发挥工具意义,否则法律内嵌的价值维度就会丧失。立法成本、执法压力和法律在应对实践的复杂性上的紧张等都模糊了法律价值判断的清晰脉络,也增加了通过算法规制解决算法难题的难度。在这个意义上,算法与法律的重构模式超越了将法律作为规制工具的简易方案。从计算正义的角度整合算法应用创出的新价值域,是算

---

① BALKIN J. The Path of Robotics Law [J]. California Law Review Circuit, 2015, 45 (6): 50.
② WU T. Will Artificial Intelligence Eat the Law? The Rise of Hybrid Social-Ordering Systems [J]. Columbia Law Review, 2019, 119 (7): 2022-2023.
③ 翟小波. 功利原则简释 [J]. 河南大学学报(社会科学版), 2021, 61 (02): 22-23.
④ KELLY-LYTH A. Challenging Biased Hiring Algorithms [J]. Oxford Journal of Legal Studies, 2021, 41 (4): 899-928.
⑤ 张凌寒. 搜索引擎自动补足算法的损害及规制 [J]. 华东政法大学学报, 2019, 22 (06): 44.

法善治的应然出路。

二、重新理解算法的法律实践难题

学界对计算正义的关切集中体现在算法不透明和算法权力的扩张之上。所谓的透明性原则和解释权是应对算法决策的不确定性的约束，然而这实际上是权宜之计，主要是因为作为公共决策的基本原则的透明性和解释权对算法决策来说，是非结构性和外在的拘束，因此无法构成真正意义上的限制。这个问题涉及算法应用的技术意义空间与法律或公共实践的制度意义空间的碰撞问题。从宏观上来看，这是技术影响法律价值的展现。从微观上来看，它指向的是由人类理性无法完全掌控且无法做出价值评价的计算过程来影响公共行动。透明性原则和解释权是价值检验的可选方案之一，但并不一定是符合计算正义的最佳方案。数字运行所产生的意义空间与法律的价值空间在性质上不同，对二者之间关系的阐述即是算法解释权所针对的对象，但显然这种解释不同于法律解释，也不同于社会解释，是一种新兴的独特解释。因此，算法解释权就成为一个不确定的概念，甚至是无法解释的。[①]

人们对算法透明的期待容易受到作为公权力约束的透明原则的影响，然而，二者存在着根本不同。透明原则强调的是公共决策背后的理由的公开性和可辩护性，而算法透明强调的是算法决策的可理解性。[②] 权力实践的透明性指向的是权力对个体利益的影响与决策背后的考量能够达成辩护意义上的一致性和融贯性，但既有讨论对算法透明的追求通常强调的是算法决策和自动运行过程的公开性和可分析性。然而，这个追求在技术上并不现实，在价值上也没有太多实质意义。[③] 从技术上来说，算法的运行过程不可能实现完全公开，即使是专业技术人员也无法实现。从价值上来看，算法透明涉及算法实践的一系列价值争议，如果不从计算正义的视角对算法的社会和法律意义进行澄清，只会产生更多的困扰。

首先，人们对算法透明的情感认同与计算社会必须警惕和回应的"算法黑箱"紧密相关。帕斯奎尔揭示了信息技术的突飞猛进和数字经济的不均衡发展

---

① 汪庆华. 算法透明的多重维度和算法问责 [J]. 比较法研究, 2020 (06): 169.
② BURRELL J. How the Machine "Thinks": Understanding Opacity in Machine Learning Algorithms [J]. Big Data & Society, 2016, 3 (1): 5.
③ 沈伟伟. 算法透明原则的迷思: 算法规制理论的批判 [J]. 环球法律评论, 2019, 41 (06): 31.

对社会透明度和公众知情权的损害。凯西·奥尼尔也强调了遍布式算法应用会加剧社会的信息黑洞和不公正，如信用评分、大学排名等社会计算机制，反而会加剧阶层鸿沟和教育不平等。① 但是，我们应当客观地看待算法社会或自动化决策所产生的社会消极意义。基于人的主观认知和理性判断而做出的决策并不会使社会变得更加透明，因为人的理性的有限性和专断性显然要比机器更为严重。人们拥抱计算社会的一个重要理由在于，人工智能在特定领域显然比人的智能更具有优势。此外，信用评比、大学排名、个性化营销等所产生的负面效应，并不见得是算法自身的问题，而是现代社会长期以来追求精细化和数字化管理所必然产生的结果，以及资本与国家的关系重塑的观念呈现。

其次，如果算法透明是法律所应追求的一项价值的话，那么我们需要在法律的价值网络中分析算法透明如何与其他价值融贯协调。算法透明是"可问责的算法"的体现，而可问责体现的是算法的权力决策是负责任的，也就是符合可辩护的合理性标准。算法像人的决策一样，也会出现失误，而且也会带来不合理的结果，造成不平等或损害。传统的价值冲突解决方案通常借助价值重要性的排序，通过法律的理性论辩空间加以回应和落实，正如环境保护与经济发展之间的紧张关系需要通过确立环境权的基础地位来加以解决。

算法应用对价值的社会实践模式产生了重塑，也带来了法律权利归属、法律责任判断和法律运行模式的全面调整。在这种情况下，如果我们只是简单地按照传统的价值观念——如对平等、自由和尊严等价值的理解——来展现算法的社会内涵和价值意义，并不足够。如果一个学校基于肤色而禁止某个人入学，这显然构成歧视，但决策者把各种变量通过算法进行计算，得出某个群体比另一个群体在特定方面有劣势的做法，是否构成歧视和平等危机，则涉及决策目标、计算变量、算法类型和计算结果的综合评估。一方面，算法的计算结果可能有着歧视的外观，但并非有歧视之实。② 另一方面，实践中的算法应用确实产生了一些歧视性的计算结果，引发人们的担忧。比如，在搜索引擎里搜索"出色的医生"，结果显示的男性医生会远远高于女性医生。这个计算过程构成歧视吗？从结果上看，当然构成对女性医生的歧视。然而，这个计算偏见的产生并

---

① 奥尼尔. 算法霸权：数学杀伤性武器的威胁 [M]. 马青玲，译. 北京：中信出版集团，2018：58-59.
② SUNSTEIN C R. Algorithms, Correcting Biases [J]. Social Research：An International Quarterly, 2019, 86 (2)：508-509.

不是因为算法刻意地无视优秀女性医生的存在,而是在社会中根深蒂固的性别偏见被转化为大量数据,经过算法以一种直观性的方式强化了社会偏见。

因此,算法歧视的源头不在于算法本身,而是机器学习所使用的那些数据。机器学习必须使用人类的生活和实践经验中所积累的数据,而计算结果反过来又影响人们的实践。如果没有算法的参与,人类决策和预测也会产生大量偏见。算法影响了偏见产生的方式,主要体现在决策过程的计算化和数据化改变了人们的价值推理方式和道德判断形态,也带来正义评价机制的改变。计算正义旨在揭示这种改变的社会和法律意义。算法应用范围的扩展和具体应用场景的实践积累不断重塑着计算正义空间的结构和道德内涵。机器学习的决策结果与传统的道德判断产生的社会意义不同。人的道德判断具有一个面向实践的开放性论辩结构,如男性是否比女性更具有能力优势的判断可以通过道德论辩、价值衡量和实践检验加以辨析。机器学习的技术性知识转化(社会理解转变为数据输入)和复杂化运作(数以亿万级的数据处理)赋予算法决策所承载的道德判断以全新的技术内涵。通过社会规范或者制度安排而表明的歧视性判断与通过计算过程而得出的智能化偏见在本质上是不同的,正如博克所主张的,"算法创造了它们自身的社会事实,当算法对现代商业交易的参与者和实践进行重塑的时候,这些效应变得更加明显,这种应用反而会提升算法输入和处理的透明性"[1]。

在重构模式之下,应对算法歧视或偏见的方案是将法律嵌入算法实践的正义空间之中,重塑算法应用的社会结构。以算法歧视为例。歧视是基于不能得到证成的决策理由而对不同个体做出差异化对待的做法,歧视的不正义性体现在其决策理由与平等的价值内核相冲突。公正的法律制度应当致力于消除歧视,以彰显平等这一价值。

由于文化观念、制度缺陷和利益格局等社会因素,基于种族、性别和阶层等因素而产生的差别化对待仍然难以消除。算法歧视引发关注和担忧,主要原因在于当前日益广泛的算法应用过程中出现了直接或潜在的差别对待。社会歧视可以通过立法确立平等原则、禁止某些歧视举动和优化社会行动框架来克服,但算法歧视不同于一般的社会歧视。[2] 算法的运行将算法设计者或社会公众的偏见加以数据化,其计算过程虽然是智能的,但也是不透明的。人们可以通过道

---

[1] BURK D L. Algorithmic Legal Metrics [J]. Notre Dame Law Review, 2021, 9 (3): 1153.
[2] 李成. 人工智能歧视的法律治理 [J]. 中国法学, 2021 (02): 129-130.

德论辩展示社会歧视的推理过程，但算法的人工语言与自然语言不是一套系统，算法产生的道德影响也无法通过价值推理全面展示。然而，对算法输入元素的技术调整能够既客观地反映数据的输入属性，又能以中立的方式计算出符合平等原则的结果。比如，Crystal Yang 等学者所设计的犯罪预测算法虽然将种族作为数据识别的特征加以输入，但通过调整统计方式，将种族因素进行中立化处理，在纽约市预审系统的实地应用中得出了比常规算法更为符合平等保护条款的计算结果。[①]

第四节 计算正义与算法规制

一、算法规制背后的价值考量

随着算法应用场景的迅速扩张，将算法纳入法律规范框架是当务之急。然而，规制理论面临很多困境，政府在很多领域的规制边界也难以划定。[②] 由于算法在公共和商业领域的应用仍然属于新兴事物，目前仍然需要澄清的是，算法规制的落脚点在哪里。学界对于自动化决策的限度、算法评估制度和算法歧视治理等问题做了较多探讨，并提出了一系列关于算法赋权和问责的相关方案，[③] 但算法规制背后的价值考量并未太多关注。从计算正义的视角来看，算法规制的首要难题并不是如何设计规制方案，而是展现规制背后的价值原理。

首先，从规制的内涵上来看，其要义在于为政府所追求的行政目标确立合宜的决策和行动方案，如为了保护生态环境而设立排污制度，为了保护人体健康而实施严格的药品审批制度。规制不只包含如何解决规制领域的难题，还能建构出在规制目标与政府效率和行政成本之间有机协调的实践方案。但在算法规制问题上，政府规制目标和有效的规制方案这两方面都是不清晰的。算法应

---

① YANG C S, DOBBIE W. Equal Protection Under Algorithms: A New Statistical and Legal Framework [J]. Michigan Law Review, 2020, 119 (2): 346-350.
② 鲍德温. 更好规制：探索与挣扎 [M] // 鲍德温. 牛津规制手册. 宋华琳，等译. 上海：上海三联书店, 2017.
③ 郑智航. 人工智能算法的伦理危机与法律规制 [J]. 法律科学（西北政法大学学报），2021, 39 (01): 14-26；袁康. 可信算法的法律规制 [J]. 东方法学, 2021 (03): 5-21.

用的很多方面值得警惕，如大数据杀熟、隐性歧视等，但政府在政务服务中也逐步地引入算法实现其规制任务。也就是说，政府既要对算法进行规制，同时也借助算法实施规制。这表明，算法不只是一个引发实践困境的新兴规制对象，也是一种带来法律价值世界激烈变动的新兴技术形态。

其次，尽管算法规制可以成为一种应对算法之挑战的整体姿态或最低共识，但如果不具体呈现每一种算法技术应用所关涉的价值论辩，那么算法规制只能流于形式，治标不治本。算法技术应用指向共同善，但在具体领域中，算法应用所实现的价值与该领域所内含的价值世界之间进行融合协调，既需要计算正义原则的引导，也需要在此语境下具体地克服算法不透明和难以解释等所引发的问题。在此基础上，才能展现算法规制的完整价值图景，而非简单地将算法作为规制对象，仅从后果消除算法的潜在风险。

举例来说，新闻推荐算法的广泛应用促进了公共知识传播和个人获取新闻的便利，但该算法的应用原理是抓取用户隐私偏好而在海量新闻中定向推送相关内容。这一做法对个人隐私构成威胁，也会产生信息茧房效应和算法反向支配。[1] 有学者认为通过对新闻推荐算法进行规制可以实现公共利益和个人信息保护。[2] 然而，如果不澄清新闻推荐算法如何引发价值冲突，单纯的政府规制可能会无所适从。个人通常都是通过阅读和知识获取来自我提升和参与公共生活，新闻推荐算法不同于传统著作和报刊，其本质是一种技术化的公共生活参与方式，即个体以技术化和理性化的方式参与到公共生活的构建之中。所以，用户同时也是出版者和创造者。[3] 对新闻推荐算法的规制当然需要对算法的潜在隐私风险进行回应，但其更重要的使命是辨析算法所带来的公共生活变革，并重新构建个人自治与公共生活之间的边界。如果个人经由与算法的互动而参与公共生活，那么个人隐私的内涵也会发生改变，按照里根的建议，隐私将会贡献于数字世界之共同善的因素。[4] 在这个意义上，完整的算法规制不能只是针对算法所带来的价值危机进行回应，还要更为积极地介入算法的价值重整之中。

---

[1] 赵双阁，史晓多．新闻算法推荐机制的技术价值与权力边界［J］．西南政法大学学报，2019，21（01）：124-132.

[2] 吴纪树．算法推荐新闻的法律挑战及其规制［J］．电视研究，2020（07）：78-80.

[3] 芬伯格．技术体系：理性的社会生活［M］．上海市社会科学院科学技术哲学创新团队，译．上海：上海社会科学院出版社，2018：158.

[4] REGAN P M. Privacy as a Common Good in the Digital World［J］. Information, Communication & Society, 2022, 5（3）．

最后，算法规制正以渐进的方式进入政府对技术的规制工程之中，但在重构模式的引导下，应以算法引发的技术变革为契机，重新反思公权力和个人权利的法理边界。算法在政府决策中的应用和在商业场景上的应用在形式上存在较大差异，但二者的共同之处在于改变了社会决策方式，并以机器理性部分地取代了包含着沟通和磋商的交往理性。自动化决策可能会漠视个体的令人同情的处境，市场经营者可能会使用算法共谋形成垄断地位，却把责任推给自动运行的算法以逃避监管。① 算法规制不应只是发现算法失范或滥用并加以防范，而应在算法更新社会决策方式的语境下，对机器理性参与决策的正义程度进行评估，为算法规制提供价值依据。

二、计算正义理念对规制算法的启示

在算法与法律的重构模式之框架下，对算法的规制在本质上是将算法应用纳入计算正义的评估体系之中，使得算法对公共生活的安排和社会合作的促进能够符合基本正义原则。社会正义的要求是抽象的，算法对个体生活的影响体现在具体生活的某一面向。正是借助法律这种权威性公共论辩机制，才能将正义要求纳入算法与法律的互动进程中。规制算法需要在框架上展现三方面的价值内涵。

第一，对算法的规制旨在促进算法的公平实践。公平实践是现代技术应用的价值约束性原则，但随着科技对社会结构的影响越来越深入，如何确立公平的内涵成为科技立法和监管的一项重大难题。对算法的规制最终需要落实到监管部门的具体决策之中，公平价值将在政府的决策方案和规制途径之中加以呈现，但这并非算法监管的全部。基于算法与法律的重构模式，算法应用产生了一个法律与算法互相嵌入的价值空间，算法规制是这个价值空间的延伸和纠正。算法规制不只是从公平意义上划定算法应用的边界，同时也被算法实践所创造的新兴价值评价方式所重塑，如算法与正当程序的自然相近性使得算法的运行过程比起人类决策行为更容易受到正当程序原则的评价和制约。②

第二，对于用户创造的海量数据及其算法应用中可能出现的侵权，网络服

---

① 刘佳. 人工智能算法共谋的反垄断法规制［J］. 河南大学学报（社会科学版），2020，60（04）：80-87.
② 陈景辉. 算法的法律性质：言论、商业秘密还是正当程序？［J］. 比较法研究，2020（02）：131-132.

务者和政府监管机构基于不同目标实施不同的应对方式。然而，无论是关乎私人信息保护，抑或关乎国家安全，私人服务、公共服务和监管利益之间的界限本质上是模糊的①。这既是挑战，也是机会。挑战之处体现在，如果计算正义的内涵未能形成定论，对算法规制的过多强调会加重算法监管机构的重任，也会产生法律能够承担监管工具重任的假象。而且，算法权力的涌现也带来了规制上的新兴问题，政府监管权力之边界成为亟须回答的议题。② 机遇则体现在，机器学习的运行逻辑和公共属性表明了算法在公共服务和有效监管上的巨大潜力，尽管在公共决策中算法发挥的作用非常有限，但智能社会和数字时代的来临，势必引发公共决策和服务的智能化和算法化。算法治理也应利用数字时代的计算化优势，建构数据开发利用、算法运行和平台运营的互惠性机制，"不应孤立、静态、割裂地就算法而论算法，而应秉持数据、算法和平台相互联结的聚合性视角统筹推进"③。

第三，对算法的规制应强化算法应用的共同善维度。对计算正义的追求要求算法设计者和应用者以共同善作为基本价值追求。学界针对算法偏离共同善的危机提出了有针对性的方案，如在算法设计中加入伦理元素，或者"教导"人工智能成为道德机器。④ 然而，这些方案误解了机器学习的基本逻辑，也无法给政府监管部门提供有效的指引。算法的共同善维度体现在关于算法透明和公平实践的一系列正义要求，应当在社会实践的共同善追求、算法促进社会实践的独特原理和法律嵌入算法的创造性空间等方面进行反思性重建，提炼出能够展现共同善的辐射力量和客观规范意义的价值表达和实践方案。

举例来说，基于机器学习的基本原理，真正意义上的算法透明无法实现，但这并不意味着对算法的规制会落空。将共同善纳入揭开"算法黑箱"的设计过程之中，意味着促进人类社会更好合作、不挫败每个有尊严个体的人生计划的伦理追求应当纳入算法开发、设计和应用场景之转化的全过程。法律对这种伦理追求的回应是，法律在与算法互动的价值分析网络之中确立应对价值疑难

---

① 洛奇，门尼肯. 公共服务中算法规制的反思 [M] // 杨，洛奇. 驯服算法. 林少伟，唐林垚，译. 上海：上海人民出版社，2020：215.
② 张凌寒. 算法权力的兴起、异化及法律规制 [J]. 法商研究，2019，36（04）：63-75.
③ 张欣. 从算法危机到算法信任：算法治理的多元方案和本土化路径 [J]. 华东政法大学学报，2019，22（06）：29.
④ HACKER P. Teaching Fairness to Artificial Intelligence: Existing and Novel Strategies Against Algorithmic Discrimination Under EU Law [J]. Common Market Law Review, 2018, 55 (4): 1143-1185.

的最佳方案。规制是以法律的权威性判断评估社会主体的行动的决策过程，算法规制符合规制的一般原理，但突出算法与法律的互惠意义。算法透明无法成为算法规制的追求，但可以通过赋予算法纠偏机制或者重估机制以程序意义来克服算法不透明所引发的消极效应，反过来促进真正意义上的平等的实现。[1] 法律当然也要面对实践中不同价值之间的张力，如算法效率的追求、算法作为商业秘密的保护必要性和规制成本等。这些价值论辩可能难以得出定论，但对共同善的强调可以促进不同价值之间的统合。在计算时代，通过强化计算正义原则的规范意义，算法规制的复杂工程能够得到有力的价值指引。

第五节　结　语

在智能时代，算法的广泛应用既有巨大的前景，也给价值世界带来了巨大挑战。在技术结构上，算法是借助计算过程实现特定目标的程序化步骤，而法律是沟通价值世界与人类合作实践的权威性机制，二者分属不同的社会实践层次。在社会和价值意义上，算法的社会性体现在通过最优计算实现决策的成本最小化，而法律的社会性体现在法律的规范世界与社会价值世界的互惠性建构，二者在功能上互补，但并非重叠和替代。因此，算法不是法律，也无法担负法律在现代社会的使命。理解算法的法律意义及挑战，恰当的方案不是将算法和法律在概念上等置并简单地将法律作为规制工具，而是在计算正义原则的指引下，分析作为规范世界的法律如何受到纯粹技术化和计算化的决策机制的冲击，并确立计算正义在算法应用中的具体价值内涵。在社会生活数据化和算力高速提升的社会背景下，应基于重构模式理解算法和法律的互动方式和正义空间，为算法规制确立可靠的价值框架。在此基础上，才能更好地回应算法歧视、自动化决策的正当性困境和个人权利保障等紧迫难题。

---

[1] KLEINBERG J, LUDWIG J, MULLAINATHAN S, et al. Discrimination in the Age of Algorithms [J]. Journal of Legal Analysis, 2018, 10: 114.

第九章

个人信息权利的共同善维度

我国正深处数字社会的高速建设阶段，信息已经成为有着重大法律价值和实践意义的社会要素。《中华人民共和国个人信息保护法》的出台，表明我国通过成文法规范形式对个人信息的社会价值进行确认和保障的重要努力。然而，正如近几年的法学研究所表明的，围绕个人信息权利的一系列理论议题仍然存在争论，这些争论背后有一个背景性的证成难题，即个人信息权利是不是一种真正意义上的权利。权利是现代社会的基本价值，赋权表明对个体之尊严和主体地位的尊重。个体享有公权和私权等各种权利，借此实现个体之基本福祉。信息对于个人人格发展和社会地位具有重要意义，然而信息权利是否能够成立，则需要回应三方面的理论疑难：第一，信息对于个体的重要性是否证成信息权利的独立地位；第二，在由信息和数据技术所深度重构的信息社会语境下，传统权利理论是否能够贡献出一种充分回应技术挑战的个人信息权利观，并适应技术发展对法律实践所造成的价值体系调整；第三，如果个人信息权具备受法律保障的独立地位，那么在技术与法律的价值边界日渐模糊的信息时代，个人信息权利应当如何配套一种有效的保护机制。基于对信息和权利这两个关键概念的价值论分析，本书捍卫一种共同善的个人信息权利观念，试图实现两个理论目标：一是揭示个人信息权利这种权利主张如果成立，那么其证成基础在于对共同善的贡献；二是探讨作为个人信息权利的价值基础的共同善如何影响个人信息保护中的价值推理和制度设计。

第一节 个人信息是什么，以及为何重要

一、信息的本质

信息是社会实践的构成要素和知识积累的素材，并为人类实践提供理性化的指引。社会实践离不开信息的收集和分析，不同国家在历史发展过程中依赖人口、经济和财政信息进行统治。然而，对于个人来说，信息的意义经历了很大变化。受制于记录方式和技术支持，个人信息通常并不完整且难以全面识别。计算机的发明和互联网的出现使得信息成为与个人人格紧密相关的独立要素，并伴随着信息技术、数据技术和移动互联网的发展而成为信息社会的核心元素。对个人信息进行法律保护在20世纪就被提上日程，但在计算时代对个人信息保护所提出的巨大挑战之下，建立更为完善的个人信息保护机制成为法律实践的迫切任务。

什么是信息？我们能够像对待个人生命、健康和财产那样来对待信息吗？答案是否定的。通过权利对财产进行保护体现的是对个体在财产上的特定利益的重视，也与现代社会的财产分配原理相符。然而信息不同于财产。财产（实体或虚拟）具备一个彰显个体的支配意义的空间结构，因此财产保护体现的是分配正义，正如罗尔斯所主张的，财产权体现的是对个人参与社会的正义制度安排。[1] 个人信息的实践形式恰恰与财产相反。首先，信息的独立性依赖于一种信息生产、识别和分享机制，否则信息的内涵就会变得模糊。其次，信息需要借助外在的空间结构体现其社会意义和进入法律世界的资格。

由此，我们就需要回答关于信息的概念或本质的第一个难题。在概念方法论上，个人信息是一种什么类型的概念？从部门法的角度来看，这个问题不会产生太多困扰。首先，成文法在条文上使用的是信息这个概念，不管其是公法还是私法意义，至少通过明文规定的形式确定了一些受保护的信息类型。其次，从法律解释或个案分析的角度可以一定程度上弥补信息概念的模糊性。然而在法理学意义上，对信息的清晰理解首先需要确定其概念类型。德沃金将法律中

---

[1] RAWLS J. A Theory of Justice [M]. Cambridge MA: Harvard University Press, 1999: 6.

的概念区分为自然概念、标准型概念和解释性概念。① 信息的确具有一定的自然结构，但其内涵通常借助社会实践形式而确定，所以不能被简单视为自然概念。② 标准型概念更容易被接受，因为能够与部门法中的区分相对应，特别是在与其他权利类型进行对比的时候，如个人隐私权、数据权或知识产权。但问题在于，恰恰是在类型意义上个人信息与隐私、数据、财产等概念无法清楚区分，所以也引发了实践中的混乱和立法上的难题。相比之下，解释性概念是理解信息之本质的恰当方法论立场，但我们无须恪守德沃金关于解释性概念必须展现概念的最佳价值内涵的要求，而是应重点揭示信息概念内涵中的价值结构、技术面向和社会意义。

首先，信息具有不同的价值属性，但其价值主要来自信息对于个体福利所产生的促进。信息的本质是能够促进个体福利的具有识别意义的知识性判断。个人信息处于一个复杂的价值域之中，个人信息首先对个人具有价值，不论是人格属性还是经济属性的信息。个人信息也具有公共属性，通过个人的公共生活发挥其价值。个人信息的价值属性是法律保护的驱动力，但也是困境所在。

其次，如果没有信息技术的发展，信息在现代社会不会变得如此重要。正是由于发达的信息技术改变了信息生产和处理的方式，才提升了信息的流通属性和商业价值，但也模糊了信息的人格和人身属性。信息概念的技术意义体现为两点。第一，个人信息能够通过技术加以识别、传输和处理，技术不见得改变信息的价值属性，但能够支撑起信息在社会中的完整形态，因此个人信息在本质上是包含着技术这一维度的。第二，技术维度的加入赋予了个人信息以更多内涵，其集中体现是信息社会或计算社会借助技术改变了个人的主体地位，也带来了社会实践形式的根本变革。在这个过程中，个人信息之价值既借助技术得以实现，同时也受制于技术广泛应用所产生的一系列挑战，如信息泄露风险和信息茧房困境。信息、技术和法律构成了确立信息技术之归责原理的三角结构。信息社会对个体生活的塑造和冲击、个人信息在信息技术应用中受损之

---

① 德沃金. 身披法袍的正义 [M]. 周林刚, 翟志勇, 译. 北京: 北京大学出版社, 2010: 10-11.
② 在计算机科学中，信息当然是一个自然概念，无论是从语义角度还是数学角度，信息哲学的一部分研究也是探讨信息是具有实体，还是只是意义的体现。但随着信息范围的扩展，对信息的概念分析不得不综合技术、文化和社会等各个视角。弗洛里迪. 什么是信息哲学？[M]//弗洛里迪. 计算与信息哲学导论: 上. 刘钢, 译. 北京: 商务印书馆, 2010: 42-43.

风险和数字型新兴权利主张的呼之欲出，都是从价值角度理解个人信息赋权的考量因素。

最后，信息具有流通性，因此能够产生社会效应。信息的个人—社会框架是解释信息概念的外在结构或语境。个人信息可以用来识别个体的生理、文化或经济特征，个人—社会框架对个人信息所包含的个人利益相关性进行转化。确立个人信息的社会维度有助于回应以下理论疑难：信息在传输过程中是否能够保持概念和价值的前后一致性，以及在社会语境中个人对信息是否具有真正意义上的支配。基于个人信息的价值和技术维度，信息必然包含着社会内涵。从概念上来讲，信息的内容与其社会价值之间形成一种互动和互惠关系，所以信息是具有社会价值的知识性判断。

然而，既然信息是一个解释性概念，那么我们也应当按照德沃金的"辩护梯度上升"理论，探究信息实践背后的价值域。传统的信息保护实践倾向于将信息与个人自治相关联，欧盟将信息权视为与隐私权等量齐观的人权。但在分析信息实践的价值图景的辩护梯度上升过程中，信息与隐私在价值上的差异越来越大。隐私的价值不需要依赖信息社会来体现，甚至可以说隐私保护是对信息社会扩张的制衡。信息的价值依赖系统化生产和处理信息的信息社会。社会生活的各个方面都被信息化和数据化，信息构建了个体的社会身份和地位，也成为信息社会体系化和成熟化的"源代码"。个人实践活动（工作、消费、社会交往、医疗等）的全面信息化，与社会生产和组织方式借助信息技术来实现转型，二者合力打造出理解信息价值的社会语境。[①] 社会发生转型，并不意味着传统价值体系必然无法适应这种变化，而是需要在辩护梯度上升的过程中梳理不同价值之间的关系。个人信息的重要性当然也就需要在信息社会所构建的价值网络之中加以呈现。

二、个人信息为什么重要

从价值上来说，个人信息体现了人格的重要性，因此是人格尊严的载体。然而，按照前述概念界定，个人信息与人格的关系受制于人格的价值属性、人格的社会性张力和信息社会对个人的重塑等因素。个人信息概念在与隐私概念分离之后，其价值也越发地需要借助其他价值加以强化。如果尊严和自由为隐

[①] 舍恩伯格，库克耶. 大数据时代 [M]. 盛杨燕，周涛，译. 杭州：浙江人民出版社，2013：130-131.

私或者信息权利提供价值支持,那么我们关注的重点应该在于如何从尊严的价值内涵中提炼出关于信息保护的行为指引。如果信息具有独立的价值地位,那么通过权利保障信息就会减少很多论证负担。然而,信息并不具有这种独立地位,对信息的侵害往往体现为对信息主体的人格独立性和特定福祉的伤害,信息受损是个人人格完整性受损的体现。如果不能确定信息与个体人格之间的价值关联,那么个人信息权利的基础就会不稳固。

  信息与人格之间的关系在理论上存在不同的解读。信息的重要性敏感于人的实践活动,信息科技创造了信息生产、传输和转化的技术条件。个人信息具有人身属性,而信息是对人格存在形式的拓展,特别是在信息社会之中。个人运用自治能力所从事的实践活动是个人人格的展现,人的实践选择和行动模式以自由为动力,而自由是人格的价值底色。信息是人的自由实践在生活世界中的留痕,信息技术固化了这一痕迹,并在此基础上构建了一个准实在(quasi-reality)的意义空间。自由实践或者自由本身是人格尊严的外显,表明人作为自由主体的独特地位。但在信息技术悲观论者看来,信息技术将人带入一个个体自由实践被观察、分析和建构的虚拟空间,所以信息社会是人格被消解和自由终结的社会。①

  在信息时代,危险与危机并存,技术对社会的全方位塑造带来了技术世界与价值世界的碰撞,人格所内含的许多要素,如作为人格之基础的尊严、人的主体性理解、人的独立地位和应当获得的社会认可等,在技术冲击之下表达方式发生了改变。信息彰显人格的重要性的方式可能会改变,但只要坚持一种开放的态度来面对技术对社会事件的价值调整,以及权利观的灵活性,那么个人信息的重要性就不会消解。

  个人信息权利的证成需要借助一个价值支点。无论个人信息多么重要,从复杂的价值衡量、利益冲突和资源整合的复杂过程中提炼出一个以权利为主要推理模式的道德论证过程,体现的正是权利对现代社会的意义。信息概念的价值、社会和技术属性都指向了人们在社会中通过信息技术创新来推进共同繁荣的努力。技术应用会存在失范,个人信息的过量收集、恶意泄露和不当使用等问题,除了对个体造成伤害,更主要的是损害共同善的实践基础。理论界对共同善的内涵存在不同理解,菲尼斯将之解释为与个人福祉和成就紧密相关的生

---

① 特别是海德格尔对现代信息技术所表达的悲观态度。HEIDEGGER. The Question Concerning Technology and Other Essays [M]. New York:Harper & Row,1977:26-27.

命、知识、实践合理性和社交等。① 拉兹将之界定为支撑个人自治的社会共同利益。② 信息社会创造出一个共同善被深度培育或者重新诠释的空间。人们进入了一个超空间结构的互动和生产模式之中，人与人之间的共存以信息为纽带，以追求共同善的合作行动为载体，致力于实现各种人生成就。不同的共同善概念观会在信息保护的不同阶段和语境下展现不同的规范意义，信息保护的复杂实践创造了共同善被建构和诠释的各种机会。权利与共同善紧密相关，通过对个人信息的重要性及其基础的简要分析，我们能初步确定个人信息权利证成的思路。

第二节 个人信息权利之争背后的价值框架

权利实践是一种价值实践，是对价值世界的调整，其对权利的保护也是进行价值推理和论辩的体现。权利理论的核心议题在个人信息权利的证成上都能体现，只是信息社会这个特殊语境构成了权利分析的特殊限制。首先，在数据技术和信息技术面前，我们是否应当捍卫个人信息权利，还是滑向权利的怀疑论，这是面对信息社会的一个必然抉择。个人信息权利意味着个人在信息事务上具有一种道德上受到特别尊重和关注的姿态。但从信息权利实践的现象学来看，存在着两种关于权利的怀疑论倾向，即基于价值的怀疑论和基于实践的怀疑论。若要证成个人信息权利，需要回应这两种怀疑论。其次，在权利的规范力问题上，存在着意志论和利益论的经典争论，这一理论对立是否仍然适用于关于信息权利的证成，需要纳入信息技术所带来的新价值框架之中进行分析。最后，权利实践中的几个核心要素，特别是与技术应用相关的知情同意问题，是当前信息技术所产生的迫切挑战，权利的价值分析需要解决这些迫切问题。

一、个人信息权利的道德意义

个人信息权是一种新兴权利形态，其权利内涵应符合一般权利概念的基本结构。虽然法律权利和道德权利在概念上存在差异，但二者之间有着复杂的关

---

① FINNIS J. Natural Law and Natural Rights [M]. Oxford: Oxford University Press, 2011: 86-89.
② 拉兹. 公共领域中的伦理学 [M]. 葛四友, 译. 南京: 江苏人民出版社, 2013: 62.

系，道德权利为法律权利提供直接或间接的道德依据。① 在霍菲尔德的权利分析中，权利的主要表现形式是请求意义上的主张，这一请求是法律意义上的，即权利拥有者对他人的特定主张能够获得法律的支持②，但霍菲尔德的权利分析只是展现了权利实践的结构，法律对权利的确定和保护是这个结构的呈现，即通过法律认可权利人的主张，并将其请求落实在承担义务的特定个体之上。这个过程同时承载着一定的道德意义，但并不是每一种法律权利都承载着特定的道德主张或指向特定的道德之善。

如果我们只是把个人信息权利视为法律权利，那么只需要确认个体在信息事务上能够对其他人提出何种请求便可。只要能够区分在不同语境之下个人信息能够体现为何种具体的请求，以及哪些主体是这些请求所指向的义务承担者，那么个人信息的权利结构便能确立。然而，如果只是从法律意义上为个人信息权利进行辩护，可能会陷入两种权利怀疑论倾向之中。一种可以称为价值的怀疑论。价值的怀疑论并不把权利视为一个具有连贯道德意义的价值概念，而是在信息技术发展和应用之中协调不同利益主张的一种机制，信息赋权体现了利益分配的平衡方案，对个人信息权进行限制也是利益调控的正当体现。个人信息保护也就转化为识别不同的场景，并确立信息收集和利用的具体边界。③ 在这个意义上，个人信息保护的迫切任务不是确立信息私权，而是划定信息侵权的来源以及国家的保护义务。④ 另外一种可以称为实践的怀疑论。由于信息技术对个人信息保护带来了前所未有的挑战，个人权利观念已经无法应对信息流通的社会需求，因此信息赋权已经失去其正当基础，实践之中也不可行，个人信息当然需要得到必要保护，甚至是以权利的名义，但在根本上信息权利无法发挥规范功能，所以解决个人权利保护的出路不在于赋权，而是寻求社会观念的变革。

信息权利的怀疑论并不否定信息的重要价值，甚至突出了信息在现代信息社会中的关键角色，但否定信息权利的道德意义。信息权利的怀疑论能够以乐观的姿态拥抱信息社会的巨大变革，并且正确地展现了信息技术对人的行为模

---

① 陈景辉. 法律权利的性质：它与道德权利必然相关吗？[J]. 浙江社会科学，2018（10）：11.
② 霍菲尔德. 基本法律概念[M]. 张书友，译. 北京：中国法制出版社，2009：32.
③ 丁晓东. 个人信息的双重属性与行为主义规制[J]. 法学家，2020（01）：73.
④ 王锡锌. 个人信息国家保护义务及展开[J]. 中国法学，2021（01）：154.

式和实践观念的变革。然而,虽然信息社会改变了人们的互动和实践方式,权利依然是以道德方式影响人的实践推理。保护个人的信息权利是对个人尊严的直接回应,同时也体现出在现代信息技术所带来的挑战面前,权利被赋予了新的使命。信息权利所突出的核心不是个人自主空间的不受侵犯性,因为数据流动和信息共享突破了个人空间,而是个人在面对技术对于个人人格和社会交往方式的挑战时,如何能够更好地参与共同生活和追求共同福祉。传统的权利理论可能无法应对这些挑战,但这并不是放弃权利的道德意义的理由。权利的道德内涵可能并不能对如何保障权利提供具体化指引,但法律权利的设定需要权利道德内涵的支持。对权利的道德维度的忽视会扭曲价值世界与技术世界之间的沟通,而这正是计算时代的危机和无法承受之重。

权利发挥着价值沟通机制的作用,权利背后的规范世界包含着各种核心价值,包括尊严和自由等。① 权利把规范世界和技术世界沟通起来,为社会主体提供行为规范,"人们基于特定权利提出要求,其实就是在宣称自己的专属管辖空间不可被侵犯,而这种专属管辖空间就是人们基于个体之间的平等约束关系而获得的平等自由"②。在避免权利的怀疑论对权利的规范力的消解之后,需要进一步解决的问题是,权利主张究竟在表达什么价值,或者权利概念如何对价值世界进行组织。权利如同枢纽一般在价值世界和技术世界的复杂关联之中发挥评价指引作用。的确,一个抽象的权利类型在面对这种复杂和剧变的技术实践时确实会引发基于怀疑论的担忧,但权利概念具有解决价值冲突和实践困境的道德吸引力。

二、个人信息权利:自由还是利益?

理解权利的道德意义的一个核心问题是权利究竟是保护个人在特定事务上的自由选择还是该事务所内含的利益。这场争论旷日持久,但本文无须介入这一争论之中,而是分析自由论和利益论的理论冲突在个人信息权利上如何体现。自由论体现的是个人信息自决的道德意义,对个人尊严的尊重,对个人掌管自身生活的确认和许可,以及营造一种尊重信息自由的文化。利益论则体现的是个人在信息事务上的特定利益应受保护的状态,如生物信息对于身体完整性的

---

① 郑玉双. 人的尊严的价值证成与法理构造 [J]. 比较法研究, 2019 (05):180.
② 张峰铭. 论权利作为要求:超越利益论与选择论之争 [J]. 法制与社会发展, 2021, 27 (02):49.

利益，金融信息对于个人财产安全和潜在增益的利益。

个人信息权利看起来体现了这两方面的结合，但自由论和利益论的理论分歧的一个结果是，个人信息权利的基础应当落脚在其中一个支点之上。自由论主张个人信息即使无助于个人利益的提升，如个人财富的增加，也应当受到保护，因为个人对信息的支配体现的是个人在自己生活上的主权和信息上免于干预的自由。① 一个人可以决定将自己的私密信息分享给别人，但如果个人不行使这种自由，那么他人无权获得这些信息，即使信息本身对于个人来说意义不大。个人的手机定位、浏览记录和消费偏好等，对于普通人来说商业价值并不高，但这些信息关乎个人对自身生活的掌控，信息权利保护的是个体的自主生活，即"作为尊重人格尊严和保护人格利益的一种表现形式，个人信息保护集中体现为具备主体性的个体对其信息的自由意志"②。当个人可以免于外在力量的侵扰时，个人的人格完整性和尊严得到保障。基于权利的自由论，个人权利体现了个人在共同体生活中的独特道德地位，彰显了个人自治的价值，也为共同体生活划定边界。③

权利的自由论的两个预设使得该理论难以应对信息社会的新兴挑战。首先，权利拥有者的自由在信息社会语境下的概念越来越模糊，自由是加速信息社会转型的动力之一，用户利用互联网优势、技术便利和智能环境促进自身福祉，个人的自由参与和获益是信息社会迅速建成的基础，但信息技术不同于传统社会塑造个体自由的方式。它的独特性在于个人自由的实体和实践形式被嵌入了技术逻辑，"在大数据模式下，数据与个人的联系是动态的，而且其变化难以预测，个人信息与客观数据间的界限更加模糊，信息隐私的保护也更加困难"④。因此，传统意义上的个人基于自身意愿而不受干预地行动的自由观发生了结构上的变化。其次，个人自由与信息之间的传统关联在新兴信息技术实践中被破坏，个人信息不再是个人自由提供和分享的对象，而是在一个密集信息网络中不断被加工改造且反过来构造个人自由的要素。在这个意义上，传统自由观所

---

① 韦纳. 权利 [M] // 朱振，刘小平，瞿郑龙. 权利理论. 上海：上海三联书店，2020：32-33.
② 郑维炜. 个人信息权的权利属性、法理基础与保护路径 [J]. 法制与社会发展，2020，26（06）：135.
③ 德沃金. 刺猬的正义 [M]. 周望，徐宗立，译. 北京：中国政法大学出版社，2016：364.
④ 刘泽刚. 大数据隐私的身份悖谬及其法律对策 [J]. 浙江社会科学，2019（12）：23.

体现的个体对外在行为空间的支配在信息社会语境下变得非常无力。

利益论的权利观具有回应信息社会挑战的表面优势。信息与个人利益相关，也能促进社会整体效益，对个人信息的赋权会改变信息社会的利益格局。按照拉兹等利益论者的观点，权利包含着两层含义，一是某人的特定利益构成了他人行动的义务，那么此人在该利益上享有权利，这是权利的概念层次；二是对权利的保护，致力于促进一种共同善文化。① 利益论的权利观强调利益在权利证成上的独特作用，如果我们认可一项权利存在，则意味着特定主体能够主张在某些事项上的请求所承载的利益受到保护和支持。权利体现特定价值或善好是值得保护的，通过权利这种方式体现善好的重要性。其次是，权利是一种改变实践推理的价值形式，对权利的捍卫体现对特定利益的认可，同时也要付出维护某种利益而忽视其他利益的代价，如维护环境利益意味着对经济效益的牺牲，哪怕发展经济会极大提升民众的福祉。利益论同样面对很多理论上的困难，批评者认为利益论无法解释权利概念的独特重要性，或者无法说明权利的道德意义与利益的重要性之间的裂缝。然而，借助信息社会语境及其对个人人格地位和利益形态所带来的影响，捍卫利益论在理论上是可行的，也有助于解决个人信息权利保护中的一些疑难。在对利益论展开之前，仍有一些实践中的疑难需要做出澄清。

三、个人信息权利的实践难题

个人信息保护在实践中的确引发很多难题，这也是《中华人民共和国个人信息保护法》出台的背景，但我们应该区分实践难题和理论难题。实践难题体现在个人信息保护的确缺乏明确的法律指引，加上执法不严、行业发展乱象等，个人信息受侵犯的情形屡屡发生。然而，这个困境可以借助社会主体守法意识的提高和严格执法而缓解或解决。随着移动互联网的高速发展，大量移动 APP 出现在手机应用平台上以应对人们的各种利益需求，由于行业监管不力，很多 APP 对个人信息过度采集，导致信息侵权频繁发生。随着监管强化和行业自律的形成，保护个人信息成为强约束。虽然个人信息侵权仍然不断发生，但随着个人信息法律规范的完善，实践难题有望克服。相比之下，个人信息保护的理论难题却需要不同的解决思路。

首先，作为法律权利的个人信息权利体现的是个人信息在法律上应受保护

---

① 拉兹. 公共领域中的伦理学 [M]. 葛四友，等译. 南京：江苏人民出版社，2013：65.

的状态，包括具体形态，如同意、删除和许可等，以及救济方式，如删除、赔偿损失等。但个人信息的法律权利内涵应该受到其道德内涵的支持，否则抽象权利与具体实践之间的对应只能依赖类型化判断，而缺乏一个可靠的证成基础，并且关于信息权利边界的判断在本质上是一个道德分析问题。对法律权利与道德权利进行区分既有维护法教义学框架的考虑，也有助于法律条文的设计，但道德分析对于理解法律权利背后的价值判断至关重要，不应成为缺失的一环。

其次，个人信息和隐私的内涵当然会存在重叠，但鉴于信息社会对人的行动空间的改造，保留隐私的狭义空间意义，而将个人信息视为个人参与社会的计算性知识判断，在实践中更为可行。①《中华人民共和国民法典》将隐私权和个人信息并列保护，《中华人民共和国个人信息保护法》将隐私权与个人信息相区分。个人信息独立受保护是信息社会的必然趋势，但隐私、信息和数据等概念在理论上容易区分，在实践中的界限却比较模糊。个人浏览记录和手机定位等是借助网络服务或定位设备而留下的具有个人色彩的痕迹，应被视为隐私还是信息，往往存在争议，毕竟隐私或是信息都不是自然概念，而是解释意义的概念。对个人信息权利的价值分析有助于明确这些要素之间的界限。隐私在价值上突出了个人不被侵扰的空间，在这个空间中，个人的人格独立地位得到凸显。个人信息则沟通了个人生活空间与社会空间，所以个人信息保护的重点不在于凸显个人独立地位，而应在信息流通中确立边界。波斯特将侵犯隐私视为"对调整现代社会信息流动的社会规范"的违反。②但这个论断更适合用来保护个人信息，特别是在个人生活深度信息化的进程中，信息收集和使用活动具有技术性和社会性两个维度，信息逻辑和社会规范的融合成为必然。

最后，权利的价值内涵是支撑权利主张的正当性的基础，但权利实践不只是要体现权利背后的价值要素，更主要的是如何将这些重要的内容以便于法律规范和保障的方式展现出来，包括确立权利的法律地位、设计权利救济方案和解决权利冲突等。个人信息保护的一个争议点在于知情同意原则的适用。《中华人民共和国民法典》和《中华人民共和国个人信息保护法》都把知情同意作为信息流通和处理的必要条件。但在互联网时代，互联网服务商提供服务的前提是用户同意他们对信息的收集和处理。虽然用户同意表明用户对信息条款的接

---

① 王利明. 论个人信息权的法律保护：以个人信息权与隐私权的界分为中心［J］. 现代法学，2013，35（04）：66.
② 波斯特. 宪法的领域［M］. 毕洪海，译. 北京：北京大学出版社，2012：89.

受，但这一做法已经偏离了同意概念的原初结构，或者不是真正意义上的体现个人意志和自决的同意，"个人信息收集、持有、利用的实践形势导致信息主体授权容易落入形式化，对个人信息处理的同意实际上难免成为'一揽子'授权"①。

第三节 以共同善为基础的个人信息权利

个人信息权利的证成与内涵是个人信息保护的灵魂，也是迎接信息社会挑战的核心命题。在拉兹所提出的共同善权利观的基础上，本节借助信息技术应用对人类行为模式和利益诉求所产生的更新，捍卫一种共同善意义上的个人信息权利观，以回应信息保护实践中所出现的难题。

一、权利与共同善之间的关系

拉兹认为，权利的真正价值在于对一种共有的自由主义文化的贡献，这种文化服务于共同体的成员。由于权利所服务的个人利益与它们对公共善的贡献，鉴于这种相互加强的关系的稳定与安全，有理由把这种权利对共同善的价值视为其证成的一部分，这使得共同善成为一个决定权利分量的要素。

拉兹的共同善权利观强调了共同善在证成权利上的独特力量，这一观念具有两个特色。其一，他强调权利在服务于个体利益之外对社会所共享的共同善的独特贡献，权利概念不只是依附于个人利益，也体现在对共同善所做的贡献："权利并不匹配于其要服务的权利持有者的利益，因为所有这种权利是由这种事实得到证成的，即通过服务于权利持有者的利益来服务于其他人，正是这些人的利益对于决定这种权利的分量有贡献。"② 其二，对权利之实践意义和价值原理的理解有赖于共同善这个概念。拉兹主张，共同善的内容在一个特定社会中当然存在着争议，但其一般性原则至少受到了核心人群的同意，即得到了最大共识。共同善划定了权利得到保障的范围，也为权利的证成提供了价值支持。拉兹试图克服利益论所面对的各种挑战，其中最大的挑战在于，很多权利指向

---

① 张珺. 个人信息保护：超越个体权利思维的局限［J］. 大连理工大学学报（社会科学版），2021，42（01）：92.
② 拉兹. 公共领域中的伦理学［M］. 葛四友，等译. 南京：江苏人民出版社，2013：60.

的并不是权利拥有者的利益,而是其他人的利益。共同善的权利观回应了权利的分量与权利拥有者的利益之间的缺口,通过共同善的证成体现权利对于个体的意义。

这种权利观受到了一些批判,其中一部分来自意志论。基于意志论的主张,个人权利的独特道德分量体现在权利与个人自治之间的内在关联,以及权利概念所体现的对个人主体地位的尊重。弗朗西斯·卡姆(Frances Kamm)主张,利益论无法解释为什么有些权利对个人利益可能意义不大,但应当受到特别的保护,如言论自由权。卡姆认为"权利是对人的属性的回应,这种属性本身可能是保护人们利益之所以重要的必要前提"[1]。

然而即使无法完全回应自由论权利观的挑战,共同善权利观在分析个人信息权益的属性问题上仍具有独特的优势。作为权利的证成性价值背景的共同善,在解释个人信息权利是否成立的问题上,具有两个鲜明的特点。第一,利益论或意志论在解释个人信息权这种新兴权利主张是否成立的问题上,存在各种局限,但共同善权利观有一个双层证成结构,即个人利益和个人对共同体文化的贡献,具有应对个人信息的新兴权益形态的结构优势。第二,信息社会创造出共同善得以实践的新兴语境,如前所述,个人自由与信息反向支配之间存在较大冲突,共同善作为社会成员共享的利益形态,是个体免受信息社会彻底支配的缓冲地带。社交媒体对个人生活的深度塑造以及个人对信息技术的依赖,改变了自由实践的内涵。共同善的引入可以对信息技术对个体的影响形成结构性制约,因为信息技术改变了个体自由实践的外在环境,不利于支持个人自由实践的共同善文化的培育。

共同善权利观赋予信息社会的使命是,信息技术的研发与应用应当服务于社会成员的基本善。对个人自由的促进和生活水准的提升在信息社会中的内涵变得中性,因为技术支持下的自由观被技术所重塑,自由实践与技术应用之间的价值关联必须借助共同善这个概念才能补足。[2] 在人脸信息被采集的情形中,个体对人脸信息的支配通常让位于采集的必要性判断,包括价值判断、政策判断和社会共识程度等——如果一个小区屡屡失窃,显然人脸采集的共识度会高。

---

[1] 卡姆.权利[M]//朱振,刘小平,瞿郑龙.权利理论.上海:上海三联书店,2020:78.

[2] REGAN M P. Privacy as a Common Good in the Digital World [J]. Information, Communication & Society, 2002, 5 (3): 399.

人脸信息的应用、储存、传输和保护等,共同构成了人脸信息应受保护的价值分析框架和社会语境。个体与外在复杂环境的互动被技术所重构,个体的利益也不断被社会利益所重塑。个体与社会之间的传统对抗性张力——社会约束个体,个体服从于社会的强力规范——变成互嵌性张力,个人无法判断自身的社会性边界,社会也无法呈现一个清晰的结构来呈现个体性的行动空间,如个体的行踪可以完全被收集定位系统、智能监控和消费记录所监视和还原,个体行为的社会意义被数据化和存储化,个人的生物界限与社会界限越来越混同,甚至于人自身的心灵属性逐渐失去独特性,机器心灵发挥越来越多的角色。

二、基于共同善的个人信息权利

基于共同善权利观的基本立场,个人信息权利的证成需要把信息社会作为价值实践环境。在概念上,个人信息权利指的是个人在信息事务上所拥有的特定利益应当受到权利这一独特价值结构的保护。个人信息包含技术、价值和社会三个维度,在权利问题上,个人信息指向了个体在信息上的包含价值维度的利益,包括人格利益、财产利益和社会交往利益。这些利益不只与个人福祉相关,还贡献于内嵌于信息社会的共同善,个人信息权利体现的是共同善对个人信息利益的支持和证成。这个证成过程体现为三方面。

第一,信息社会重塑了个人与社会之间的互动关系。在结构上,社会由个体所构成,社会是个人的实践语境。技术重塑了个人与社会之间的关系,体现在个人嵌入信息网络之中,个人被赋予信息人格,以区别于基于个体独立地位的传统人格。信息人格体现为个体拥有信息身份,个体通过信息传输以实现社会互动和个体接受信息评价等。例如,蚂蚁金服通过个人交易活动和履约能力的分析对个人信用进行评估,与之配套的是社会建立了维护个体的信息人格的相关机制,如社会信用体系的建设。

第二,从价值视角上看,信息社会符合拉兹所提出的"社会创造之善(socially created goods)"的环境。在价值层次上,基本善的核心要义不会有太大变动,社交媒体仍然是为了促进友谊这种善,外卖平台和网约车是为了便利人们的生活和工作,但具体的社会善好受社会实践所影响。按照拉兹的主张,有些价值是由社会实践所产生的,特定实践支持和创造价值。[1] 支持特定善好的

---

[1] RAZ J. Engaging Reason: On the Theory of Value and Action [M]. Oxford: Oxford University Press, 2002: 205.

实践对这些善进行发展，这些善在实践过程中不只是存在和外显着，而是被不断更新。其次，对这些价值的获取依赖于关于这些价值和知识传承的社会理解。这类知识的传承又依赖于拥有社会实践所维持和创造的概念。

拉兹的这个主张具有一定的争议性，特别是关于价值依赖于实践的主张。哈瑞尔借助第二个主张对权利与价值之间的互惠关系进行辩护。[①] 信息流通和使用会引发价值冲突，如个人对信息的支配与社会主体对个人信息的需求存在张力。信息社会是信息价值被支持和创造的环境，因此信息价值不是对抗其他价值的堡垒，也不是证成信息权利的排他性力量。所以，理解信息的价值无法借助价值衡量的框架，而应在信息社会创造价值的过程中不断调适，以构建个人信息权利的完整价值图景。

第三，个人信息权利成为判断信息社会健康运作的规范依据。借助理解个人行动和社会实践的规范理论，我们可以说个人信息权利是贡献于个人福祉和社会繁荣的价值机制，保护个人在信息上所拥有的独特利益。个体融入信息社会的信息生产和流通机制，在参与"社会创造之善"的过程中所获得的归属性利益，即个人信息权利。权利是价值实现和保障机制，个人信息权利包含着个人信息价值实现和保障两个领域。

首先，个人信息价值的实现指的是个人在信息实践中通过自治的选择和行动来实现福祉。个人自治是理解个人信息权利的关键概念，但在信息社会语境下，自治概念本身所承载的理论争议被赋予新的形式。首先，个人在信息事务上的自治权主要体现为对信息收集和处理的同意。同意表明了个人对信息的支配，以及相对人对权利人的自治权的尊重，但同意的要旨并不是为了体现个体对信息的绝对控制，而是个体参与到共同善事务中的能动性（agency）。正如格里芬所界定的，能动性"不只是意味着具有某些能力，也意味着运用这些能力"[②]。信息权利保护个体在信息事务上的能动性，既保护个体的自治决定，也将个体纳入一个促进能动性的价值环境之中。在信息社会，个人信息权利的保障不只是体现在通过法律规范的形式保护个体在信息收集上的知情同意，或者个体对个人信息的支配，也体现为个人自治价值与其他社会价值之间的平衡。[③]

其次，个人信息权利的保障体现在社会和制度两个层次上，二者相互关联，

---

① HAREL A. Why Law Matters [M]. Oxford: Oxford University Press, 2014: 38-39.
② 格里芬. 论人权 [M]. 徐向东, 译. 南京: 译林出版社, 2015: 56.
③ 张新宝. 个人信息收集: 告知同意原则适用的限制 [J]. 比较法研究, 2019 (06): 12.

但侧重点不同。社会意义体现在个人信息事务上形成关于个人信息的整体认知和实践回应，如随着技术应用范围的扩展，通过社会互动和技术公司自觉披露，帮助用户在享受技术服务过程中对自身信息形成准确认知。个人信息权利的制度层次则体现在通过完善的法律制度对个人信息加以保护。我们必须承认个人信息保护制度和规范无法应对信息保护实践中出现的各种难题，毕竟我们进入了信息爆炸时代，个人的消费、金融和医疗数据急速增长，个人信息涉及生活的方方面面，在实践中通过法律全面保障并不可行。基于共同善的权利观，纳入法律保障框架的个人信息应该综合以下几方面进行判断。

1. 信息化的保障必要性程度。社会生活已经进入全面信息化进程，但并不是所有信息都应该列入《中华人民共和国个人信息保护法》所保障的范围。应受保障的信息与基本善的关联程度有关，共同善并不是判断信息的利益属性的最终因素，毕竟信息的价值受技术发展和应用场景等多种因素的影响，比如如果广告技术和模式没有实现突破，个人定位信息的价值并不明显，但一旦广告能结合个人定位进行精准化投放，那么个人定位信息保护就变得迫切。

2. 个人利益促进和贡献于共同善的可能性。由于不同信息与共同善的关联程度不同，所以在对个人信息进行保护的过程中，应当区分不同信息贡献于共同善的程度和方式。这是一个复杂的过程，需要进行技术和价值层次的双重分析。个人医疗信息对于分析研究疾病和治疗方案的优化意义重大，但由于个人医疗信息与个体生理隐私紧密相关，所以应当归入个人隐私，以隐私权的形式加以保护。[1]

3. 信息社会美德和共同善文化的塑造。信息社会改变了人们的实践方式，人与技术的关系正在经历人与技术的并存，向人与技术的同构这一模式转型。人类在与技术并存时，通过发挥技术的工具意义而实现人的福祉，但在人与技术的同构阶段，人的福祉也被技术所投射，人的福祉的内涵也发生了变化。由此产生的问题是，传统意义上的福祉观无法与新兴技术语境中的个人权利呼应，所以需要重构信息社会的美德，重新确立信息社会的伦理原则。

---

[1] 彭特兰主张可以基于对人们的行为状态推测人们的健康状态，"手机上的某个应用可以悄无声息地寻找行为上没有明显特征的变化，并进而推算是否在发生某种病变"。参见：彭特兰. 智慧社会 [M]. 汪小帆，汪容，译. 杭州：浙江人民出版社，2015：142. 但显然这种信息采集方式明显构成了对个人隐私的过度干预。

第四节　法律保护个人信息权利的法理框架

个人信息保护是复杂的社会实践，个人信息权利作为一种一般意义上的主张，在技术实践中如何获得充分的法律保障，涉及很多因素。《中华人民共和国个人信息保护法》并没有明确规定个人信息权利，背后的原因可能是个人信息权利目前还无法与实在法中既有的权利体系相融合。但从权利的一般理论出发，我们可以确立个人信息的权利属性和共同善内涵，可以基于其共同善属性来反思相关的制度设计。个人信息保护是一项宏大工程，具体制度安排也涉及多个领域，本书无法从细节上探讨个人信息权利保护的完整框架，仅从法理层面反思个人信息权利保护的未来。

一、理解信息社会的本质

尽管我们对信息社会或者智能社会的内涵还没有形成共识，但信息社会的到来已成定势，个人信息的重要性和个人权利的意义需要导向信息社会的构建。社会主体的行为边界、损害的界定和法律责任的承担原理等，都需要结合信息社会的发展状况来分析。信息社会是否颠覆了法律的价值体系，是否改变了人们的实践模式，是否产生了法律概念内涵的改变，以及信息社会下是由政府还是由平台来治理，都是新的问题。共同善是信息社会构建的价值因素，信息技术研发和应用都应遵守以共同善为中心的文明准则，对个人信息具体类型的认定也应体现共同善价值。

二、重新认识个人与社会之间的张力

个体人格向数字人格扩展。传统人格观已经不适应信息社会，因为个体在信息产生和使用过程中形成了数字人格。个人行踪和行动记录都可以数据化和信息化，这意味着个人意识和行动的结构发生了变化。"同意"仍然是个人处理信息事务的基本原则，但显然同意的意义需要改造。传统意义上的同意体现的是个体对个人事务的支配和掌控，但信息技术下的个体同意实际上是一种授权，即同意信息服务者在收集、加工和使用过程中以服务于共同善的方式形成自我约束。那么，个人信息在未经授权的情况下，也存在着服务于公共利益而被合

理使用的可能。① 信息时代需要面对的新命题是，社会参与者如何能以有助于培育个人数字人格的方式共同构建信息社会。

三、梳理个人信息道德权利与法律权利的关系

体现共同善的个人信息权利是一种道德权利，《中华人民共和国民法典》和《中华人民共和国个人信息保护法》对个人信息的保护是政策和法律框架。法律权利的保障需要对权利内涵、救济以及冲突解决做出规定，权利的道德意义不能给出具体详细的政策指引，但可以作为法律权利的背景性价值因素发挥作用，影响立法者的抉择和法律规范的解释。个人信息权利的共同善维度是一种抽象的表达，我们也无法直接推断出对共同善的重视究竟需要如何具体指引社会主体的行为，如技术研发者如何开发一种应用。但基于拉兹所主张的价值理论，信息技术实践是创造价值的过程，通过对人们参与技术实践所形成的共同善理解，在具体情境中分析个人信息权利发挥其规范意义的方式，使得个人信息权利具有越来越丰富的内涵。

例如，在"黄女士与腾讯科技（北京）有限公司等网络侵权责任纠纷一案"②（以下简称"微信读书案"）中，北京互联网法院的判决就体现了个人信息权利在信息社会中的复杂价值处境，以及从共同善维度寻找解决方案的可能性。腾讯公司开发的微信读书在用户使用微信登录时，要求用户一次性授权其获取用户的微信好友信息。微信读书在用户使用该应用程序时，自动激活了用户的好友关注并向好友分享阅读习惯的功能。原告主张微信读书的这一功能侵犯了其隐私权，被告腾讯公司则辩称原告已经授权。法官在审理后认为，微信读书侵犯了原告的信息权利，但由于阅读记录并非私密性信息，因此腾讯读书的做法并不侵犯原告的隐私权。

微信读书案从个案角度对个人信息保护边界的界定做了有益尝试，但也反映出从制度层面完善个人信息权利的保护体制的难度和从价值层面厘清个人信息权利的社会道德内涵的不确定性。信息技术公司大量地开发新技术并在移动媒介上应用，如阅读、音乐分享、短视频等，固然受商业利益所驱动，但在本质上是参与共同善社会创造的实践。个人信息权利在信息技术应用过程中发挥

---

① 于柏华. 处理个人信息行为的合法性判准：从《民法典》第111条的规范目的出发 [J]. 华东政法大学学报，2020，23（03）：90.

② 北京互联网法院（2019）京0491民初16142号民事判决书。

184

着构建信息收集者的行为边界的决策。尽管在具体个案中法官的推理是有限度的，但从该案可以挖掘出个人信息权利的共同善维度在个人信息保护过程中所承载的推理意义。微信读书依附微信这个社交平台，通过利用微信平台的海量用户推动知识分享和挖掘图书的商业价值。好友之间的关注与阅读分享既是一种知识传播，也具有商业推广意义。商业运作与知识分享这些不同的价值之间究竟何者优先，是一个从运营商、作者或读者角度可以做出不同诠释的开放性问题，但从整体上来看，读书平台的开发是直接贡献于知识这种基本善的。在日常生活中，好友之间的书单分享是促进社会互动和知识进步的主要途径，读书平台通过将这种社会交往方式加以数字化和平台化，极大地提高了图书传播效率，并借助算法技术重塑了知识与社交融合的现代模式。

从价值视角反思微信读书案及社会各方主体在个人信息权利保护上的角色，可以展现个人信息权利的共同善维度的两重内涵。第一，个人信息创造的过程（阅读、社交和娱乐）是推动共同善之社会实践的动态过程，正是由于几亿用户的信息实践使得虚拟的图书资源平台可以繁荣，个人信息是内嵌在知识的创造和实践过程中的增益性要素，对个人隐私所体现的尊严的保护与个人信息分享所追求的公共善应当达成一种平衡。第二，信息社会的价值关联变得更为多元和多层次，个人行踪的数字化产生了不同于传统社会的社会意义，网站运营者对个人数字人格的开发和利用尽管有利于创造更多的共同善探索机遇，但网站运营者对隐私保护的懈怠和隐私披露的漏洞破坏了个体积极参与共同善的良性空间。[①] 仅仅通过完善立法规范和优化司法推理来保护个人信息权利是不够的。在信息社会的复杂利益格局中，以共同善为中心营造出整全性的信息伦理共识并细化为社会各方主体的明确责任，形成关于个人信息权利的共同善维度的共识，是个人信息权利保护的真正出路。

第五节 结　　语

在计算时代，计算力的支配和数据技术的全面运用，关乎每一个人的利益。信息技术改变了人们的互动方式、行为模式和社会运转的逻辑。数据以无形的

---

① 冯洋. 从隐私政策披露看网站个人信息保护：以访问量前 500 的中文网站为样本［J］. 当代法学，2019，33（06）：71.

方式在流通，个体行为所汇集的数据使得每个人成为受信息技术影响的潜在主体。信息具有商业价值，信息商业化是经济发展和产业更新的动力，由于信息利用对个人利益造成重大影响，因此信息产业化产生了一个公共的正义环境，社会各方主体对信息的流通和分配应该受到符合正义标准的限制。权利体现了共同善，其既是信息社会所产生的结果，也有助于权利观的提升和权利保障的强化。个人信息权利所有者并不一定会从权利实践中受益，毕竟个人信息并非都是有价值的，而且不是每个人都会充分行使这种权利。共同善的权利观体现的是对一种言论自由文化的尊重，这种环境让大多数人从中受益，并反过来促进技术与社会的良性互动。

第十章

自动驾驶的算法正义与归责法理

自动驾驶或无人驾驶技术既是人工智能技术应用的前沿领域,也是最值得期待的科技成就之一。尽管严格意义上的自动驾驶(L4级别,即完全由算法操作,无须人工干预驾驶过程)还在研发之中,但依赖于道路交通运行的普遍数据化、可信任算法的安全应用和算力的有效保障,自动驾驶将成为智能社会的建设标志,其也是人机协作层次的实质提升。如果自动驾驶能够落地,人类社会不只会迎来交通出行的革命,也会经历社会协作和观念的巨大转型。然而,除需要突破的算法程序设计、雷达监测和数据处理等技术难题之外,自动驾驶所引发的伦理担忧和法律挑战也尤为突出,特别是在法律问题上,自动驾驶将更新传统法学理论中的核心概念,如责任主体、因果关系和损害等。

目前对自动驾驶的挑战的研究大致可以分为两种思路。一种思路将自动驾驶引发的道德困境与电车难题进行对照,从电车难题的解决方案中寻找可以应用于自动驾驶技术挑战的伦理原则指引。[1] 另一种思路则倾向于从法学知识体系内部建构出应对自动驾驶的责任分配或权利配置的基本原理,并为自动驾驶立法提供法教义学的支持。[2] 两种思路都有益地展现了自动驾驶的社会、伦理和法律挑战的不同维度,但二者在自动驾驶如何从根本上挑战法律的运行基础这个问题上都存在缺失,要么如前者般忽视道德困境的法律面向,要么如后者般过于依赖于法学知识体系的自足性。

---

[1] 白惠仁. 自动驾驶汽车的"道德责任"困境 [J]. 大连理工大学学报(社会科学版), 2019, 40 (04): 13-19; 李伟, 华梦莲. 论自动驾驶汽车伦理难题与道德原则自我选择 [J]. 科学学研究, 2020, 38 (04): 588-594, 637; 陈景辉. 自动驾驶与乘客优先 [J]. 华东政法大学学报, 2020, 23 (06): 6-19.

[2] 杨立新. 用现行民法规则解决人工智能法律调整问题的尝试 [J]. 中州学刊, 2018 (07): 40-49; 付玉明. 自动驾驶汽车事故的刑事归责与教义展开 [J]. 法学, 2020 (09): 135-152.

本书将尝试弥合两种思路之间所存在的对话不畅，并挖掘解决自动驾驶伦理困境的法理出路，填补自动驾驶的教义学建构和归责设计背后的价值缺失。自动驾驶的技术驱动是汽车硬件和驾驶软件的有效结合、雷达环境监测和导航引导的共同协作，但其技术成功的关键在于设计出一种能够有效应对紧急情形的碰撞算法，并构建相应的法律归责机制。汽车对复杂路况的处理、面对紧急情形下的碰撞选择，以及汽车事故发生后的责任认定等，在很大程度上也是基于对算法决策的判断，在此基础上划定驾驶者、汽车生产商或算法开发者的法律责任。基于算法正义理念，通过最大化最小值算法的设计和应用，有望为自动驾驶汽车从理想转为现实确立可靠的法律路径。

第一节　自动驾驶与电车难题

自动驾驶是智能时代的产物，其发展基础在于人工智能技术的革命性进展和数据计算能力的提升，人机协作成为可能，机器决策部分替代人类决策。随着人工智能越来越多地参与到社会生活之中，相应的伦理挑战不断出现，自动驾驶技术尤甚。对自动驾驶之伦理分析通常聚焦两方面：一是自动驾驶是否改变人们的伦理思考方式，二是自动驾驶过程中如何应对电车难题这种棘手困境。

一、自动驾驶的伦理判断

对自动驾驶所引发的伦理变革的剖析，应当在社会计算化的语境之下开展，由此必须回答两个前提性问题：第一，人机互动的社会模式是否改变了人类道德推理的基本原则和方式？第二，无人驾驶的社会应用中出现的道德疑难，是否存在着确切的解决方案？

第一个问题涉及对人工智能的伦理判断问题。随着人工智能应用场景的不断扩展，人工智能对人类生活的塑造效应越来越强烈，以算法为内在驱动的机器学习在诸多社会领域替代了人类决策，以更为客观和高效的方式促进人类社会的合作和发展。然而，人工智能的应用模式不同于传统科技方式，而是对人类互动和实践方式的全新构造，甚至使得人们对新兴科技之影响和能力难以清晰地概念化。

对新兴技术如何影响现代社会生活的反思，不应仅仅局限于技术的利弊和技术所产生的收益，还要关注技术与人类生活的整全性架构之间是否能够协调一致。这个架构当然是复杂的，因此要围绕着人类生活所追求的基本价值展开。生命是一项基本价值，如果某种新兴技术对人的生命构成威胁，那么这种技术就失去了发展的正当性基础。整全性架构也包含着人类应对技术发展之弊端的调适性方案。人类的现代技术发展和应用史表明，没有任何一种科技是完美的。人类在享受科技所带来的福祉的同时，也需要与科技的消极后果进行抗争，如互联网的出现大大提升了生产能力，但也产生了复杂的互联网治理难题，并引发了法律观念和关系的变革。①

第二个问题触及自动驾驶的伦理判断问题。自动驾驶技术的核心虽然体现为汽车内置算法的计算和操控，但自动驾驶是一个全景式的智能技术应用平台，通过环境感知、数据处理、算法决策和机器执行完成路面行驶的任务。因此，自动驾驶是一个技术应用的社会化过程。在这个过程中，技术当然是驾驶任务是否能够成功完成的关键要素，但其社会意义却是这种高级别的人机协作是否与我们的伦理实践相调和，"根本就是一个道德问题"②。在人机协作模式下，人们的推理方式发生变化，传统驾驶模式以保障驾驶员和行人安全为主要目标，驾驶的道德要求是在尊重生命和避免危害的前提下提高交通效率。自动驾驶模式则以机器为推理起点，通过智能联动和多主体参与保障驾驶安全，因此安全的内涵也发生变化。③ 在此背景下，技术应用的道德评价语境也出现了改变。自动驾驶汽车要做到比人类驾驶更为安全，不仅需要自动驾驶汽车在技术上更为先进和可靠，同时也需要它们能够具有伦理感，而将这种伦理感转化为算法是非常困难的一项任务。人们不只是关心算法能否像人类心灵一样做出合理判断和决定，还关心在算法出现计算失误或者不得不产生碰撞时应当如何进行责任分配。

现代法律实践关于某种行为的伦理判断和法律评价的界分已经形成了较为稳定的认识框架。故意损害他人财产通常在道德上是错误的，也会受到法律的追责。如果这种损害是不可避免的，如为了救灾或者挽救他人生命，则行为人在法律上可以豁免相关责任。自动驾驶所引发的伦理评价方式的变革，打破了

---

① 马长山. 智能互联网时代的法律变革 [J]. 法学研究, 2018, 40 (04): 28.
② LIN P. 为什么关于自主汽车的伦理很重要 [M]. 白杰, 等译. 北京: 机械工业出版社, 2021: 60.
③ LUNDGREN B. Safety Requirements vs. Crashing Ethically: What Matters Most for Policies on Autonomous Vehicles [J]. Ai & Society, 2021 (36): 411.

这一相对稳定的格局。如果行为人因其行为过错而受到惩罚是正义要求，那么在自动化机器产生损害的情形中，正义的实现就会变得格外复杂，如自动化武器所产生的伤亡问题。① 汽车驾驶是一种规则指引下的交通互动，也具有潜在的致命威胁。传统驾驶员在突如其来的行人、迎面而来的失控车辆面前需要紧急避让，因此会产生无法预见的额外损害。当自动驾驶汽车在面临类似情境时，很多学者主张自动驾驶汽车进入了电车难题困境，即自动驾驶算法必须在不同的碰撞选项中进行选择。汽车面对的碰撞情形要更为复杂，如在碰撞时应该优先保护乘客还是路人，或者如果汽车不得不撞向路人，应该撞向孩子还是老人等。真实情境可以被看作复杂化的电车难题，因此很多学者主张自动驾驶的伦理判断必须首先解决电车难题，否则其正当性存疑，更无法在法律上确立其规范基础。

二、自动驾驶面临电车难题吗？

电车难题是伦理学中的经典问题，也是检验特定伦理学说的试金石。在电车情境下，一辆失控的电车要么撞向施工的 5 个工人，要么撞向另一条轨道的路人以避免 5 个工人的死亡。② 电车司机、旁观者以不同的身份面临着如何做出选择的困境。伦理学家以道义论或功利计算为撞向 5 人或者路人的不同选择进行辩护，并设想了更为复杂的一些情形来检验各种学说的合理性，如 5 个工人和路人所在的轨道在终端相连，或者旁观者只能引爆一个炸弹才能阻止电车，但可能会殃及一个无辜路人。其中的差异在于，"对某人或某些人造成伤害的不同方式，也意味着获致其他人不被伤害这一善好结果的不同方式"③。

本书无法就电车难题的丰富讨论进行全面回顾，而是将重点放在自动驾驶的碰撞难题和电车难题的类比之上。一些论者认为电车难题误导了自动驾驶伦理的讨论方向。④ 也有论者认为我们可以从电车难题的伦理解决方案中找到碰撞算法的设计灵感，特别是在碰撞损害无法避免的情况下。本书主张，电车难题尽管是在一种非常受限的情境设置中检验伦理学说的合理性，但其背后

---

① ASARO P. Autonomous Weapons and the Ethics of Artificial Intelligence [M] // LIAO S M. Ethics of Artificial Intelligence. Oxford：Oxford University Press, 2020：212-236.
② THOMSON J J. The Trolley Problem [J]. The Yale Law Journal, 1985, 94 (6)：1397.
③ 卡姆. 电车难题之谜 [M]. 常云云, 译. 北京：北京大学出版社, 2018：80.
④ HIMMELREICH J. Never Mind the Trolley：The Ethics of Autonomous Vehicles in Mundane Situations [J]. Ethical Theory and Moral Practice, 2018, 21 (3)：669-684.

的原理在医疗、驾驶和公共危机中都有所体现。但同时,电车难题的讨论并未给自动驾驶算法的介入预留充足空间,而算法对社会实践方式的革命性冲击可能会改变人们进行道德推理的方式。当碰撞由人为设计的算法做出时,人们关心的不只是哪一选项在伦理上更能得到辩护,而是算法能不能应对这种道德困境。

自动驾驶的伦理问题关注的是,如何构建一个伦理框架,提供关于自动汽车如何被编程来应对风险处境和不可避免的事故的道德推理。自动驾驶汽车在三方面与电车难题存在不同,这是两个非常不同的决策语境。

第一,自动驾驶汽车是通过编程来预先设计车辆应该如何应对事故场景。在碰撞情形下,自动车的决策是对预先决策的执行。而在电车情境下,个体(司机或者旁观者)面临着是否扳动铁轨,让5个人被撞还是1个人被撞的即时性困境。这个决策是需要瞬间做出的,而且是基于应救5人还是1人的临时性的道德判断。① 当然,反对者可以主张说,电车难题这个思想实验同样也是对人们可能面对的类似情境进行预先探讨,通过伦理论辩确立哪一种方案是符合道德的。然而,即使我们可以通过道德论辩预先确定一种合理的选择(如旁观者扳动铁轨,使电车撞向无辜的路人),二者之间仍然存在较大差异。碰撞算法是面向风险的计算化伦理方案,通过对碰撞概率的计算和碰撞场景的预先设计来实现最优的碰撞选择,即使是探究电车难题的代表性哲学家卡姆也认为,只有在自动驾驶汽车需要为自身所导致的威胁进行编程时,标准电车难题中的杀死一人救其他人的可行性才具有相关意义。②

第二,电车难题是在假想的两难情境中检验哪一种伦理主张能够更具有说服力,对电车司机或旁观者的艰难选择进行伦理对与错的判断,目的在于让人们形成关于道德责任的更深理解,但无须涉及法律责任问题。自动驾驶汽车的碰撞算法设计既要考虑自动车设计者和拥有者的道德责任,也要为碰撞结果的法律责任确立基础。尽管碰撞算法也需要合理的道德责任原则指导,并且同样也需要理想理论模型的支持,但其目的在于为自动驾驶中的风险预防和事故处理划定基本原则,并提供法律归责的基础。

---

① NYHOLM S, SMIDS J. The Ethics of Accident-Algorithms for Self-Driving Cars: an Applied Trolley Problem? [J]. Ethical Theory and Moral Practice, 2016, 19 (5): 1281.
② KAMM F M. The Use and Abuse of the Trolley Problem: Self-Driving Cars, Medical Treatments, and the Distribution of Harm [M] // LIAO S M. Ethics of Artificial Intelligence. Oxford: Oxford University Press, 2020: 88.

第三，电车难题解决的问题是，在确定的事实面前，个体的决策应当如何进行道德评价。电车事故是不可避免的，当事人需要进行生命权衡。在自动驾驶中，碰撞算法的设计者需要计算碰撞发生的系数和概率、不确定状态下潜在的受害者状况。虽然碰撞算法的设计者会尽可能地综合考虑各种数据，但自动驾驶汽车的运行状态是复杂的，不可能被完全数据化。因此，电车难题是在理想情境下检验道德理论的可行性，而自动驾驶的伦理困境则是在面向不确定风险处境的算法设计之中，如何构想一种满足正义要求的社会参与模式与风险控制机制。

但毫无疑问，电车难题对于理解自动驾驶中的碰撞难题依然具有启示意义。我们在确立电车难题中各方主体（电车司机、旁观者）如何做出正确选择的过程中，最终的目标是寻找道德对与错的根本原则。电车难题反映了人类道德实践确立对错标准和行为模式的艰难程度，以及人们在道德问题上的巨大分歧。尽管我们对撞向5个人还是撞向1个人来救5个人的抉择难以形成定论，而对这个难题的伦理学反思能够对自动驾驶的道德设计产生裨益，特别是在政策和立法容易受到工业导向的伦理观所影响和制约的情况下尤为必要。①

首先，电车难题表明，人们的道德实践呈现出原则指引与具体道德情境的紧张关系。在电车难题中，人的生命的至上性毫无疑问是应当坚持的，但电车困境使得我们必须在撞死5个人和1个人之间进行选择。选择的主体，如电车司机还是旁观者，会产生实质的道德差异。其次，存在着其他复杂情形，重塑着不同主体选择的道德意义。如轨道旁边的一个胖子出现，将胖子推向轨道可以阻止失控电车，或者失控电车可以撞向另外一辆电车来避免撞向5个人，但中间不得不撞死在轨道上的1个人。这些复杂的情形表明得出一个根本性原则是困难的，以及人们在紧急情况下进行道德推理的不确定性。尽管电车难题表明人们在复杂道德处境之下难以做出好的抉择和形成共识，但道德信念依然是社会存续的动力，人们正是基于对道德困境的不断反思和构想，才能够形成应对日常道德实践的道德观念和正义理念，特别是关于功利、公平、权利、责任和可辩护性等概念的理解。② 即使电车难题不能给自动驾驶的伦理设计提供全备

---

① TASIOULAS J. First Steps Towards an Ethics of Robots and Artificial Intelligence [J]. Journal of Practical Ethics, 2018, 7 (1): 54.
② KEELING G. Why Trolley Problems Matter for the Ethics of Automated Vehicles [J]. Science and Engineering Ethics, 2020, 26: 302.

的伦理指导，但在具体的情境中，电车难题依然能够有启发。最后，关于电车难题的法律意义，伦理学家探讨得非常少，主要原因在于法律按照不同的原理和逻辑来应对紧急困境下的伤害行为，即使某种伤害行为在道德上是不可接受的，如紧急避险，但法律可能会豁免当事人的责任。反过来说，即使为了救5个人而杀害1个人的行为在道德上是可允许的，并不意味着其在法律上不应承担责任。从具体的制度设计来说，是否应该在法律中明确特殊伦理情境中的法律责任，则存在不同的建议。埃里克·拉科夫斯基（Eric Rakowski）认为应当将这些行为的法律责任加以法典化，从而明确相应的归责依据。[①] 自动驾驶算法所引发的法律归责问题是自动驾驶立法的重点，仅从法教义学内部无法完整地展现这种归责图景，应在电车难题的伦理判断基础上分析各方主体应该承担的法律责任。

第二节　自动驾驶算法的道德决策与归责

从以上分析可以看出，碰撞算法的伦理设计无法从电车难题的解决方案中获得直接指引。驾驶者基于对生命的尊重而谨慎驾驶车辆，以免对其他车辆和行人造成威胁。这种伦理是以人的生命价值为出发点而构建的一系列准则。人们遵守这些准则，并将其纳入社会评价和制度实施之中。我们可以把关于驾驶的伦理准则放置在人们道德实践的整体框架之中，与关于生命、尊严和安全等价值的理解相融合。在由道德话语和法律制度交织的社会交往活动中，人们通过制度约束和社会评价机制来尽可能地减少损害事故的发生。然而，自动驾驶汽车的出现将彻底重构这一伦理结构。

首先，自动驾驶伦理是一种技术伦理。技术伦理的本质是，在技术冲击或者改变人们对于对与错的道德评价的反思中，确定可靠的证成性判断依据。如果只是为了减少交通事故发生频率、保障行人生命安全的话，或许提高驾驶员驾驶技能和改善汽车性能就能部分地达到这个目标。自动驾驶技术的运用，并不只是为了让出行更方便和安全，而是在更为宏观和长远的意义上深化人类社会发展的智能变革。这一变革包含着两个层面。第一，人类行为模式的变革，即基本上由人类能动性主导、技术为辅的决策和行动模式转向人机协作模式。

---

① RAKOWSKI E. Taking and Saving Lives [J]. Columbia Law Review, 1993, 93 (5): 1152.

第二，人类社会实践的原理发生革新，道德和法律实践的传统原则和争议被赋予新的形式，智能机器的参与成为影响纠纷解决和法律责任分配的介入因素。①

其次，自动驾驶伦理需要新的伦理学基础。算法运行的本质是数据处理与输出指令的技术过程，技术运行本身并不包含道德色彩，但正是由于技术应用嵌入道德世界之中，自动驾驶算法才具有了道德意义。② 但有两个问题迫切需要回应。一是自动驾驶汽车这台机器是不是"道德机器"，是否能够进行道德推理。二是自动驾驶汽车是否能够承担道德责任，以及如何在此基础上判断各方主体的法律责任。

一、自动驾驶算法的道德决策

机器或者人工智能能够进行道德判断和决策吗？从人工智能的技术属性来说，人工智能并不具有道德意识，也难以成为道德主体，但并不妨碍我们将道德意义赋予人工智能。人工智能在具体的应用场景之中会引发新兴的道德归责难题，对道德责任的判断需要考虑人工智能的运行方式，这是当前人工智能的应用场景之下展示其道德意义的主要方面。

按照当前人工智能的发展程度，我们无法把人类价值教给人工智能。人类价值实践具有人身属性，人们对价值的追求包含着人对基本价值的追求和反思性批判，以及根据价值内涵而生发出的实践选择。这个过程体现的是人的理性推理，同时也具有一定的"神秘性"，即价值具有实践指引性，但价值的存在形态或客观性却始终存在元理论层面的争议。元伦理学的探讨一方面展示了人类价值实践的特殊形态，另一方面也表明价值的论辩性与价值实践引发的深刻分歧。

人工智能当然能模仿人类的价值实践形式，但人工智能无法真正理解人的价值，即使机器通过大量的数据学习可以形成符合人在合作中所形成的价值倾向，但人工智能仍然无法成为适格的道德实践主体。主要原因有两点。第一，

---

① WU T. Will Artificial Intelligence Eat the Law? The Rise of Hybrid Social-Ordering Systems [J]. Columbia Law Review, 2019, 119: 2025.
② 本书并不严格区分算法和人工智能，尽管二者在技术结构和社会意义上存在一定差异。算法是计算和处理问题的程序，人工智能则是通过算法输入和输出来处理特定任务的自动化系统。自动驾驶的碰撞难题主要体现在算法设计的困境上，而与人工智能发展所产生的功能性伦理问题存在差异。BRYSON J. The Artificial Intelligence of Ethics of AI: An Introductory Overview [M] // DUBBER M D, PASQUALE F, DAS S. The Oxford Handbook of Ethics of AI. Oxford: Oxford University Press, 2020: 6.

价值实践存在着一个反思批判的空间,其中既有对价值的客观属性的论辩,也有关于价值的最佳形态的反思性理解。第二,人类价值实践创造出一个互惠性空间,即实践与价值形态之间的互惠,其典型形式是人们在实践过程中通过对价值内涵的不断反思而建构性地呈现价值的具体形态。以隐私权的保护为例。隐私权在价值上以人的尊严为支撑,通过保障个人私密空间的不受侵入而彰显人的尊严属性。但随着社会实践的复杂性,隐私权的内涵在扩张,从空间意义转向个人自主生活的不受干预和拦阻。这表明实践可以与价值内涵形成互惠性支持关系。

人工智能缺乏第一个层面的反思批判空间,即使人工智能能够追求某些价值,如效率和安全等,但在当前阶段,人工智能并不具备反思价值的能力。只有在人工智能能够具备自治能力和对道德相关事实的敏感性时,我们才能将道德地位赋予人工智能,并探索与人工智能进行道德交往的基本原则。[1] 因此,虽然人机协作将成为智能社会的发展趋向,机器的能动性在不断提升,但人工智能决策的道德意义仍然需要归结到人或机构身上。[2]

在第二个层面上,我们可以相对乐观一些。人的实践所产生的互惠空间最终是促进人们对价值的追求和共识,尽管实践分歧不断出现,但通过价值论辩和建构,人们可以强化对价值的认同。人工智能并不是互惠行为的主体,毕竟其是服务于人的福祉,但由于人工智能是通过社会生活的数据化和计算化而影响人类决策,人类价值实践的深化可以提升人工智能分析数据和优化决策模型的能力,如瓦拉赫等人所言,"满足互动性、自主性和适应性标准的人工智能体即使没有表现出自由意志、精神状态或者责任感,也依然是合理合法、完全可以问责的道德(或不道德)行为的源头"[3]。

如果人工智能决策的道德意义归属于人,而其应用又对人的社会价值实践产生互动意义,那么在应用于自动驾驶的过程中,人工智能算法会产生两方面的风险。一方面,通过高强度感知技术和运算能力的支持,自动驾驶算法可以

---

[1] ALLEN C, WALLACH W. Moral Machines: Contradiction in Terms or Abdication of Human Responsibility? [M] // LIN P, ABNEY K, BEKEYG A. Robot Ethics. Cambridge MA: MIT Press, 2012: 57.
[2] NYHOLM S. Attributing Agency to Automated Systems: Reflections on Human-Robot Collaborations and Responsibility-Loci [J]. Science and Engineering Ethics, 2018 (24): 1217.
[3] 瓦拉赫,艾伦. 道德机器:如何让机器人明辨是非 [M]. 王小红,译. 北京:北京大学出版社,2017:186.

极大地提升汽车适应路况和安全运载的能力,减少人类驾驶可能出现的决策失误和事故风险。另一方面,人工智能是一种决策机制,交通决策不只是包括如何调整速度和避让行人的决定,同时也必须面对大量突如其来的未知干扰因素和艰难决策场景。传统驾驶员能够基于经验对未知危险进行判断并做出应急决策,但人工智能是否具备这种充分的风险感知和道德决策能力,则存在疑问。

对人工智能算法主导驾驶并做出决策的技术应用进行概念化建构,是解决自动驾驶伦理问题的理论出路。这项概念建构工作包含两个宏观架构:一是自动驾驶的实际应用产生了何种社会、伦理和法律意义上的变革,二是如何从价值和制度层面应对这一变革。这两方面在结构上存在重叠,但各自包含着不同的问题域。自动驾驶应用减少了人为驾驶过失的损害,但增加了机器决策的不确定性,从而引发各种社会问题,如算法失灵、道路交通设施配套不足和智能标准不统一等。针对这些问题,在政治决策上应当确立可控的产业标准,并为人工智能良性发展提供明确指引,在法律上则需要确立规范自动驾驶的道德基础和法理依据,并为侵权法和刑法的相关规则设计提供引导。然而,如果不能对自动驾驶所引发的全新伦理挑战进行揭示,政治和法律上的应对方案仍然是治标不治本。

二、自动驾驶决策的归责难题

厘清自动驾驶的法律归责既是自动驾驶汽车投入市场的前提,也是完善人工智能法律规制体系的必要内容。随着人工智能技术不断成熟,其市场应用不断拓展,产生的法律问题和规制空间也在相应扩展。自动驾驶相关的法律责任具有两方面的特殊性。

第一,与人工智能在互联网平台或者知识产权领域的法律责任问题不同,自动驾驶算法关涉的是生命和健康这类核心价值。人工智能引发的知识产权争议背后是人们对利益分配模式的分歧,而自动驾驶则直接指向人们在交通出行这一社会基本生活形态中如何最大限度地保障生命,以及对生命损失进行救济。

第二,交通出行领域的传统法律责任划分相对清晰,《中华人民共和国道路交通安全法》和《中华人民共和国刑法》等对交通事故的责任分配或事故肇事者的刑事责任做了清晰界定,汽车所有人或者管理人的过错是交通责任认定的主要依据，相关主体的注意义务或者事故的因果关系是判断。① 然而，当人机协作参与交通出行，自动驾驶算法提前对汽车的行驶和碰撞选择进行规划和预设之后，以人类主体过错为责任分配依据的传统模式不再适用，因为汽车驾驶者不再是通过个人意志和选择来应对驾驶过程中的各种突发情况或风险，而是交由算法通过分析和计算来前瞻性地应对未知情形。② 驾驶者成为一个享受驾驶益处但分离于驾驶过程的旁观者，那么对驾驶者（本质上是乘客）的责任认定就是一个全新的问题，注意义务或因果关系等概念的传统内涵无法直接适用于自动驾驶。因此，有学者认为，对驾驶决策的人工智能体进行追责成为一种备选方案。③ 然而，人工智能体是否能够承担责任，紧系于其道德地位是否成立，目前来看，这一方案并不可行。

法律制度应当对自动驾驶事故发生之后的法律责任归属做出明确规定，但以事故算法为驱动的驾驶事件在发生机制和社会评价上都不同于传统交通事故。从发生机制上来说，自动驾驶事故是由算法引起的，包括算法失灵所产生的碰撞和算法避险所导致的损害。从社会评价上来说，传统交通事故由于驾驶员主观疏忽或者技术不娴熟而导致碰撞或人员伤亡，通过追求驾驶员的民事和刑事责任以弥补损失并预防更多事故的发生。社会评价和法律归责都是为了让社会成员形成更强的生命价值认同和安全意识，保障交通秩序和生命安全。自动驾驶的出现，改变了交通事故的发生机制。在碰撞情境中，决策主体不是乘客，而是对碰撞选择进行编程的算法设计团队和汽车制造商，而碰撞选择本身也是生产者在法律框架之内设定的，"法律的规定最终决定了自动车辆的程序在紧急情况发生时，将会如何进行实践推理，并形成最终的决定"④。

首先，对交通事故进行评价的伦理基础发生变化。交通规则是对驾驶行为的约束，驾驶者违背交通规则带来了潜在的公共安全风险，因此在道德上是可谴责的，减少交通违规、防范交通风险是有序和团结的社会合作的基础。如果驾驶员在电车难题情境中不得不做出撞向5人还是1人的决定，则需要借助道

---

① 张龙．主体分离型道路交通事故中机动车所有人、管理人过错的认定：以对《民法典》第1209条、第1212条的研读为中心［J］．当代法学，2021，35（01）：28．
② 朱振．生命的衡量：自动驾驶汽车如何破解"电车难题"［J］．华东政法大学学报，2020，23（06）：21．
③ 马治国，田小楚．论人工智能体刑法适用之可能性［J］．华中科技大学学报（社会科学版），2018，32（02）：112．
④ 骆意中．法理学如何应对自动驾驶的根本性挑战？［J］．华东政法大学学报，2020，23（06）：56．

义论或者后果主义的框架，结合具体情境的紧急程度和驾驶者的主观状态对驾驶者的选择进行伦理判断。我们当然对应该撞向5人还是1人产生伦理分歧，但由于驾驶者的选择是不得不做出的，损害不可避免，对驾驶者的道德评价反映了我们身处的社会究竟应当如何通过这种评价构建一种社会伦理认识。对自动驾驶的伦理评价则遵循着完全不同的逻辑和原则。驾驶过程不再需要驾驶者以负责任的方式参与到这项实践之中，而是由算法完成整个驾驶过程。在这种情况下，事故的发生并非出自个人应受谴责的过错，而是预先设计的算法的"选择"①。换言之，问题不是出在个体的道德失范，而是事故算法的运行故障。对传统驾驶员的伦理判断一方面表明了共同体对行为失范的反应，另一方面为法律归责提供了规范依据。算法故障则不涉及个体责任与共同体合作之间的冲突，而是社会生活计算化过程中的技术失范。如何对这种失范进行道德评价，以及在此基础上如何追究法律责任，显然是一个全新的问题。

其次，汽车是机器时代的产物，带来了生产革命和生活效率的提升。人作为汽车的驾驶者，通过长期驾驶经验和理性认知操控汽车，以享受汽车所带来的交通便利。自动驾驶彻底改变了驾驶的社会内涵，相应地也改变了人的驾驶行为的结构和模式。受传统观念影响，现代社会对社会生活的数据化和社会决策的算法化保持审慎，但自动驾驶时代的到来，意味着社会运转引擎的数字化，社会合作也将更新换代。彭特兰提出，这种数据社会对人类理解构成严峻挑战："随着稠密、连续的数据和现代计算的到来，我们已经能够绘制出社会的细节并构建相应的数学模型，但是，这些未经加工的数学模型远非大部分人所能理解。"② 这意味着，我们将进入一个机器与人协同行为且需要计算化指引的行为模式之中。

最后，自动驾驶事故中的法律责任认定的基础也发生革命性变化。从概念上来讲，法律责任是对个体违反法律的行为进行的回应。虽然法律责任与道德责任存在区别，但二者共享着一些结构性特征，而且都承载着共同体的回应性态度。自动驾驶改变了对交通事故的道德分析方式，也重构了法律责任认定的基础。对疏忽大意的驾驶者进行惩罚可以传达社群对违法驾驶者的谴责态度。然而，在类似电车难题的碰撞事故中，我们无法谴责自动驾驶算法，因为算法

---

① COCA-VILA I. Self-driving Cars in Dilemmatic Situations: An Approach Based on the Theory of Justification in Criminal Law [J]. Criminal Law and Philosophy, 2018 (12): 76.

② 彭特兰. 智慧社会 [M]. 汪小帆, 汪容, 译. 杭州: 浙江人民出版社, 2015: 180.

并不具有独立的道德人格。如果对自动驾驶汽车研发者进行惩罚,则会陷入一种尴尬处境,即汽车研发者因为预先设定的碰撞方案在现实中发生而受到追责。由此可见,自动驾驶汽车应用过程中的归责,特别是在碰撞事故中的责任认定,需要新的责任原理的支持。

第三节 算法正义:自动驾驶的首要伦理准则

本书尝试在既有研究基础上搭建一个面向人机协作的未来的分析框架,为自动驾驶汽车的伦理判断和法律制度设计建构一种基于算法正义的理论方案。自动驾驶汽车的产业发展和社会定位需要符合算法正义的基本原理。算法正义是社会正义在算法社会发展结构的具体体现。社会正义的内涵非常丰富,包含着对个人自由和权利的保障、促进社会公正的制度设计等。算法社会则"利用数据和算法来治理社会并改善社会,算法社会的抱负是无所不知地了解一切并预测一切"[1]。算法正义指向的是,当人工智能通过算法决策深度介入人类社会结构和制度设计之中时,与社会正义原则相一致的一系列道德要求,如如何防范损害发生、控制风险和约束参与算法实践的各方主体。

一、算法正义的内涵

算法正义是在算法应用对社会结构和实践方式产生影响的基础上提炼出来的总纲性正义原则,但其本身不能提供关于如何分配道德责任和法律责任的具体方案,因为道德和法律实践追求的价值是多元的,正义只是社会实践中指向公平分配的一种维度,所以需要结合其他价值要素和法理原则来确定自动驾驶的责任分配的基本方向。由于传统正义观并不包含如何对机器介入社会生活进行回应的基本原理,因此需要借助算法正义的价值内涵与社会实践的基本原理,对自动驾驶的法律归责,特别是碰撞法理的建构提供一个理论分析框架。算法正义并非完全取代法律实践所追求的多元正义体系,如社会资源的分配、损害救济或保障基本权利等,而是填补自动驾驶的伦理争议与法律归责之间所存在的论证空白。

---

[1] 巴尔金. 算法社会中的三大法则 [J]. 刘颖,陈瑶瑶,译. 法治现代化研究,2021,5(02):188.

首先，我们也不能夸大自动驾驶对于法律制度的冲击意义，如主张自动驾驶会产生一个全新的责任概念，或者彻底改变法律实践的原理。更可行的思路是探究法律背后的价值世界是否能够吸纳关于自动驾驶的道德论证，从而尽可能不对既有法律制度造成冲击，算法正义是展现这个吸纳框架的缓冲器。人机协作产生了新的问题，但机器目前不具有人格，也不能成为责任主体，因此法律归责仍然是针对人类行动者的归责。自动驾驶算法改变了汽车行驶逻辑和技术结构，"具有各种传感器（例如，距离、灯光、碰撞）和电机设备的简单汽车已经可以通过自组织神经网络产生复杂的行为"①。但驾驶依然没有脱离交通的原初内涵，即为了生产或生活的空间移动，所以对交通的规范依然需要纳入维持社会秩序和保障基本安全的法律体系之中。

其次，在认可自动驾驶的法律规制仍然需要与既有法律制度协调的基础上，我们需要确立自动驾驶对既有法律制度和实践逻辑的实质突破，只有这样才能更好地应对自动驾驶的根本挑战。既有研究尝试在传统侵权责任体系或刑法理论中为自动驾驶寻找可靠的归责依据，但这种思路弱化了人工智能革命对传统责任形态区分的冲击，也忽视了法律制度在面对这种挑战时的自我调适空间。虽然自动驾驶技术只是人工智能的一种应用，但仍然可以把该技术应用的法律意义放置在新兴科技与法律的互动关系之中加以考察。新兴科技在价值结构和归责原理上与法律实践形成重构关系，即科技的内在逻辑和价值以动态的方式嵌入法律运行的过程之中，法律并不是被科技所"吞噬"以至于让位于科技逻辑，也不是消极地应对科技风险，而是在与新兴科技的重构关系之中重塑自身的价值语境和规范性形态。

当前，关于自动驾驶算法的设计和编程存在着功利主义和道义论两种伦理观，也存在着自上而下的算法设计进路（如阿西莫夫机器人定律），以及自下而上的归纳进路。② 功利主义和道义论的各自立场在揭示自动驾驶的价值考量上具有各自的优势，如功利主义支持自动驾驶过程中的伤害最小化或快乐最大化，这符合人们关于交通安全的直觉。③ 而道义论则主张在碰撞情境下，不能以人数作为计算依据，否则是将个体当作手段。

---

① 迈因策尔. 人工智能与机器学习：算法基础和哲学观点［J］. 贾积有，译. 上海师范大学学报（哲学社会科学版），2018，47（03）：19.

② 苏令银. 能将伦理准则嵌入人工智能机器吗：以无人驾驶汽车为例［J］. 理论探索，2018（03）：40.

③ 翟小波. 痛苦最小化与自动车［J］. 华东政法大学学报，2020，23（06）：38.

然而，功利主义和道义论都存在局限，因为无论是对自动驾驶的风险和损害后果的功利计算，还是将个体当成目的的道义论前提，都无法有效回应机器介入对道德推理的实质影响。功利主义计算的是作为主体并受道德指引的个体行为对总体功利所做的贡献，从而为个体提供指引，这个计算过程并不能有效地评价由非主体性的人工智能算法做出但影响人的功利的决策，因为做决策的算法并不具有主体性，也不受功利计算的约束，否则算法也应当承担违背功利原则的责任。道义论虽然以人作为目的，但在复杂的碰撞情境中，的确无法对算法应当如何做出碰撞选择提出明确的指引。因此，算法正义原则的提炼不能基于功利主义或道义论，而应在算法应用所引发的社会计算化格局之中进行。

有学者基于技术路径对自动驾驶算法进行设计，避免让算法陷入伦理分歧之中，从而确立一种技术化的算法正义观。Robinson等人提出了一种数据理论方法，以破解自动驾驶中的伦理选择难题。他们认为，在不同的驾驶和碰撞语境下，人们会做出不同的道德判断，以及对自动车的碰撞选项做出不同评价。[①] 不同于电车难题中撞5人还是撞1人的两难选择，自动驾驶过程中出现的碰撞难题场景多元，自动驾驶算法的参与带来了不同于传统驾驶场景的选择形态：驾驶过程和场景的数据化及其对自动驾驶算法的反向重塑。换言之，自动驾驶的碰撞伦理是大数据技术应用于人类生活的缩影。数据理论方法有两个特点。第一，驾驶的全过程和相关要素（如行人数量、天气、路况）等全方位数据化，通过算法进行数据处理，从而得出计算化的驾驶方案。第二，在面对驾驶过程中所引发的各种伦理争议时，数据理论方法并不旨在确定一种毫无争议的伦理学说，而是将关于驾驶决策的伦理判断转化为具体的数据处理过程和输出结果。数据理论方法通过把有争议的道德决策转化为相对客观的数据运行，以及通过大量数据学习和社会反馈来弱化道德争议的方式来建构伦理化的碰撞算法。

然而，数据理论方法面临着两个挑战。第一是认识论意义上的还原论挑战，即人们关于特定情境下自动驾驶汽车所面临的道德抉择是否能够完全加以数据化，或者关于生命、安全等价值的理解是否可以还原为可计算的数据化过程。自动驾驶汽车在行驶过程中突然遇到闯进车道的酒鬼，和因为判断失误而误入行车道的自行车车手，在数据处理的结构上可能是相同的，但其道德意义显然

---

① ROBINSON P, SUN L, FUREY H, et al. Modelling Ethical Algorithms in Autonomous Vehicles Using Crash Data [J]. IEEE Transactions on Intelligent Transportation Systems, 2022, 23（7）: 1-10.

存在本质差异。第二是责任意义上的挑战，即将自动驾驶中的道德决策转化为完全的数据处理过程，无法清楚地界定各方主体的道德和法律责任。如果道德决策是由高度复杂的数据处理过程所决定的，那么对自动驾驶汽车所造成的威胁或者损害，很难说应当由汽车生产者、算法设计者或汽车所有者等人类主体承担责任。

二、自动驾驶算法的设计

基于人机协作的特殊性，自动驾驶的碰撞难题的解决应当采取一种由反思平衡模式引导的最大化最小值算法。尽管罗尔斯并未针对机器伦理进行探讨，但当前已有学者尝试从罗尔斯的正义论视角解决碰撞难题，建构一种面向自动驾驶的算法正义观。最大化最小值算法相比纯粹功利计算或者道义论模式来说，具有更大优势，符合自动驾驶汽车的实践特征和发展前景。

罗尔斯的最大化最小值原则强调的是人们在无知之幕下，应当尽可能选取这样一个选项，即它的最糟糕后果将使人们好于所有其他选项的最糟糕后果。[1]从罗尔斯的正义理论出发来为自动驾驶算法的编程进行指引，并不意味着以该理论无懈可击作为前提。其优势在于，罗尔斯所设想的"无知之幕"作为确立自动驾驶的伦理的假设语境，更好地揭示了人类社会在面向智能化转型和人机协作前景时所面对的困境。在自动驾驶问题上，无论是汽车生产者、汽车所有者还是行人，都将自己放置在无知之幕中，选择最符合正义感的算法设计方案。这一理论思路体现出对人的尊重，即人们在无知之幕下会选择对每个人都公平的自动驾驶算法和碰撞方案，这一点既解决了自动驾驶进入实际应用的门槛问题（部分地通过民众期待得以体现），也能在自动驾驶落地之后通过重叠共识和多元理性更灵活地应对实践过程中的各种难题。

根据雷本的提议，在碰撞情形中，应当基于最大化最小值原则设计自动驾驶算法：在碰撞造成的各种事故场景中，通过对损害和生命危险进行量化和计算，确定生存概率，每一种碰撞选择都会存在生存概率的最高值和最低值。比较之下，最低值最高的那个选择是合乎正义的碰撞选择。[2] 举例来说，一辆载有

---

[1] 罗尔斯.正义论［M］.何怀宏，何包钢，廖申白，译.北京：中国社会科学出版社，1988：152. 对罗尔斯的最大化最小值原则面对的批判及辩护策略，见：弗里曼.罗尔斯［M］.张国清，译.北京：华夏出版社，2013：171.

[2] LEBEN D. A Rawlsian Algorithm for Autonomous Vehicles［J］. Ethics and Information Technology，2017（19）：107-115.

4 名乘客的自动驾驶汽车在道路上行驶，迎面而来一辆失控的大卡车。如果汽车撞向卡车，则会导致 4 名乘客死亡，卡车司机重伤。如果汽车紧急转向撞向路边的 5 名乘客，或者撞向道路边施工的 5 名工人，则会导致乘客和路人不同程度的受伤或死亡。根据汽车撞击程度、路人年龄和身体状况的计算，可以设想不同碰撞情形下每个人的生存概率如下。

①撞向卡车：4 个乘客生存概率较小，计算为 0.01 和 0.10；卡车司机受重伤，计算为 0.30，碰撞结果为：（0.01；0.01；0.01；0.10；0.30）。②撞向 5 个路人：由于事发突然，路人无法躲闪，生存概率较小，根据年龄和身体状况，计算为 0.01、0.10，车上乘客由于车辆保护，生存概率提高，计算为 0.25 和 0.30，碰撞结果为：（0.01；0.01；0.01；0.01；0.10；0.25；0.25；0.30；0.30）。③撞向 5 个工人：由于存在防护，部分工人生存概率提升，计为 0.01、0.10 和 0.15，碰撞结果为：（0.01；0.10；0.10；0.15；0.15；0.25；0.25；0.30；0.30）。

由于三个选项都存在 0.01 这一最小值，则遮挡该值，继续进行最小值的比较。第二轮比较仍然存在 0.10 这一共享最小值，则继续比较。由于卡机司机的生存概率实际为最高值，所以不参与比较，那么选项②的最小值为 0.25，选项③的最小值为 0.15，选项②的收益最大，则选择②，即撞向 5 个路人。

人们可能会质疑，为什么碰撞算法的设计要追求最大化最小值，而非整体福利的最大化，或者拒绝计算，遵循谁受益谁承担风险的原则。毫无疑问，即使在没有算法介入的传统驾驶模式下，我们也不能主张说汽车驾驶者应该承担所有风险。例如，在汽车驾驶者突然遇到失控的大卡车撞向自己时，紧急转向会给其他人带来生命风险，但可以避免自己的死亡。驾驶者做出这种选择时，当然要为他人的危险或死亡承担责任，但他在道德上可以被容忍。当算法介入驾驶决策时，后果计算和道义论表现出更大的局限性。最大化最小值并非对碰撞中的最大功利进行计算，而是算法内嵌的紧急情形下的解决生命权冲突的公平决策，"如果存在一种危险共同体，即多人或一个团体中所有人都处于同样的死亡危险之中，只能牺牲一人或几人的生命来挽救其余人的生命，则允许计算生命的多少"[①]。

其次，最大化最小值算法体现了在道德观念和判断计算化过程中技术理性

---

① 王钰. 生命权冲突的紧急状态下自动驾驶汽车的编程法律问题[J]. 浙江社会科学，2019（09）：73.

和道德理性的有机结合。在自动驾驶过程中，人们关于对与错的判断和选择转化为具体的算法决策。这一转化过程面临着两个困难。第一，伦理判断是人们关于应当如何行动的认知，这些观念在转化为计算化的自然语言过程中会存在障碍。第二，人们可以凭借直觉和道德感应对突发情形，但算法基于通过机器学习而建立的决策模型在面对突发情形时存在是否能做出融贯的选择的问题。最大化最小值算法是人们在面对社会计算化和驾驶自动化的"无知之幕"下做出的反思平衡判断，即形成一种在碰撞不可避免时的公平方案，可以克服这两种困难。

最后，虽然最大化最小值算法也受技术理性所支配，并嵌入算法引发的社会计算化进程之中，但该算法并不是纯粹的技术产物，而是在人工智能所激发的价值重构空间中经过反思平衡而形成的建构性正义原则。自动驾驶汽车是人工智能技术高度发展的结晶，而自动驾驶算法应当是人类实践的道德原则在与技术理性碰撞后所形成的合作框架。算法并不完美，但纳入反思平衡模式的自动驾驶算法既能够为驾驶和交通过程中各种因素的计算化提供充分基础，也能为自动驾驶的法律规制和归责搭建新的平台。

批评者认为，这种最大化最小值的算法设计误解了罗尔斯关于无知之幕下人们选择公平正义观的动机。Keeling认为在无知之幕下的人们选择公平作为最佳正义观时，他们对这种正义观的利弊做了充分的论辩和权衡，但在关于自动驾驶碰撞的问题上，人们无法公允地进行如何设计自动驾驶算法的论辩，因此最大化最小值无法从罗尔斯的正义理论中获得有力支持。[1] 余露认为，罗尔斯的正义理论并不支持对碰撞事故中的个体生命进行量化，罗尔斯强调的是生命质量的正义维度，而非生存概率。[2]

这些批评都不足以对最大化最小值算法造成冲击。道德原则向计算指令的转化，改变了道德规范存在的形态，构成了对人类道德实践的深刻调整，道德实在论无法体现出人类道德和机器道德的差异，建构性地理解机器道德及其实践是正义实践的有机延伸，即使自动驾驶的碰撞情形不完全与无知之幕类似，但在自动驾驶所带来的全新正义环境下，通过对碰撞损害分配的反思平衡论证，

---

[1] KEELING D. Against Leben's Rawlsian Collision Algorithm for Autonomous Vehicles [M]// MÜLLER V C. Philosophy and Theory of Artificial Intelligence. Berlin：Springer，2018：67-271.

[2] 余露. 自动驾驶汽车的罗尔斯式算法："最大化最小值"原则能否作为"电车难题"的道德决策原则 [J]. 哲学动态，2019（10）：106.

最大化最小值是符合算法实践的正义方案，与罗尔斯的正义理论是内在一致的。虽然生命质量与生存概率不是同一回事，但在碰撞情形中，生存概率的计算和评估是生命这种基本善的正义分配问题。在生命是否能够权衡和计算的问题上，最大化最小值算法并未偏离社会正义实践中对人的尊严和生命价值进行尊重的基本共识。

三、最大化最小值算法的应用

最大化最小值算法在解决自动驾驶的碰撞决策方面具有更好的前景。首先，如果我们不拘泥于自动驾驶机器是否具有人格或者是否能够进行道德推理这个难题，那么在自动驾驶场景中，算法能够嵌入伦理，因为算法设计者可以通过对驾驶过程中的选择和决策进行计算化并产生实际的社会效果。在碰撞情境中，如果一辆自动驾驶汽车不得不在撞向5人和路边的1人之间进行选择时，汽车基于预先指令或数据做出的算法决策当然是具有道德意义的，只是需要更进一步回应的是，这种算法决策如何设计。最大化最小值算法的优势在于，它可以容纳在人机协作框架下机器伦理塑造人类伦理观的可能性。机器伦理对人类道德推理的影响，即使只是在交通领域，也会带来人类道德实践的重大变革，而功利主义或道义论要回应这些挑战，首先需要通过罗尔斯的反思平衡模式来吸纳机器伦理的可能性。

其次，自动驾驶算法的设计需要综合考虑伦理判断、社会接受度和技术发展空间等因素。一个突出的问题是自动驾驶汽车乘客在碰撞中是否应当受到优先保护。不同的伦理主张给出不同的答案，这些答案同时也需要与社会公众反馈和政策设计相协调。一些学者主张在算法设计中应当主要考虑公众接受度和政策便利，因为伦理判断最终也要落实在这些因素上。[1] 另外一些学者则对自动驾驶算法持有悲观态度，认为自动驾驶汽车无法解决伦理难题，对人类道德实践带来严峻挑战。[2] 然而，这一挑战可以通过将最大化最小值算法和自动驾驶的社会政策反馈有机结合加以克服。简言之，算法运行与社会实践在自动驾驶问

---

[1] PIETRINI P, GARASIC M D, BERGMANN L T, et al. Autonomous Vehicles Require Socio-Political Acceptance—An Empirical and Philosophical Perspective on the Problem of Moral Decision Making [J]. Frontiers in Behavioral Neuroscience, 2018, 12 (31): 214.

[2] CUNNEEN M, MULLINS M, MURPHY F. Autonomous Vehicles and Embedded Artificial Intelligence: The Challenges of Framing Machine Driving Decisions [J]. Applied Artificial Intelligence, 2019, 33 (8): 717.

题上形成一个相互构建的互惠空间，关于算法设计、公众认同和法律归责的诸多复杂判断交织在一起，借助算法正义理念而构建出自动驾驶的可行性图景。

当前关于碰撞算法设计的各种方案，受困于功利主义和道义论的理论分歧。任何一种方案都呈现出伦理上的争议性，以及在应对突发未知情形时的无力。批评者认为，最大化最小值的算法设计无法在碰撞情境下做出合理的决策。这是对自动驾驶算法运行原理和伦理评价的误解。算法是通过对生活实践要素进行计算化后得出行动指令的计算程式，算法决策对道德推理的影响不同于人们在道德交往中彼此承担的道德责任及其社会意义。算法是以预先设定面向未知的决策系统的方式嵌入传统人类决策中，除对自动驾驶汽车在碰撞情境下如何判断风险状态（有多少行人、正常行走还是违规）并做出碰撞选择之外，还需要保持算法运行与驾驶实践的融贯性，以及确立可靠的法律归责基础。

基于最大化最小值算法，自动驾驶汽车应当以乘客优先为设计的基本原则。乘客优先既是自动驾驶所追求的安全价值的直接体现，也是自动驾驶汽车能够获得市场认可的门槛，但乘客优先的另一层含义却引发伦理争议，即在碰撞情境中，如果汽车不得不在撞向5个路人和撞向路边但使乘客面临死亡危险之间进行抉择，算法是否应该倾向于保护乘客。这个难题看起来是电车难题的翻版，但与电车难题的逻辑和解决方案都存在实质不同。电车难题是一个在5个生命和1个生命之中进行衡量的伦理困境，而乘客优先难题则是在算法设计中，针对各种可能的碰撞情形和风险状态，在乘客、行人和其他相关者之间的生命和健康权衡中进行最优化方案设计的难题。在由人驾驶的碰撞情境中，司机为了自保而撞向路人，但避开5个人而撞死另外1个行人。这种选择虽然可谴责，但仍然值得同情。如果自动驾驶算法做出保护乘客而撞向一个路人的选择，则会受到道德批判。原因在于，算法基于对乘客的自利保护，预先设计并"主导"了无辜路人的死亡。最大化最小值算法并不绝对地保护乘客，而是在对各方主体的存活概率进行测算之后，"在笛卡尔积的映射数据集中权衡事故主体存活概率的最低收益集，经过循环穷举，筛选出将最低收益最大化的操作；若多种操作收益相同，则使用随机数决定最终操作"[1]。

---

[1] 隋婷婷，郭晓. 自动驾驶电车难题的伦理算法研究［J］. 自然辩证法通讯，2020，42（10）：88.

第四节 自动驾驶的归责法理的建构

一、基于算法正义的归责原理

法律责任的划分和界定是一项复杂的理论工程，既需要不同部门法之间的有效分工，也需要在归责原理上实现融贯，否则会引发大量的实践难题。既有的交通驾驶法律规范无法应对自动驾驶的驾驶过程，立法者目前也无法针对未来的自动驾驶指定详细的行为规范。

责任概念在理论上存在争议，道德责任和法律责任在内涵和社会意义上存在差异。道德责任通常源于道德对与错的判断，比起正义或不正义的要求更为宽泛。[1] 法律责任则是通过制度性回应形式传达共同体的态度，是正义实践的直接体现。在法律实践中，侵权责任的认定蕴含着矫正正义的要求，即将个体行为产生的损害修复为符合正义标准和社会期待的一种合理状态，如生产者弥补消费者使用产品所造成的损失。刑事责任的认定则对应于犯罪在社会共同体中所引发的特殊道德评价，通过惩罚向刑事主体传达社会对其行为的否定态度。如前所述，自动驾驶算法的应用改变了法律责任认定的道德语境和制度环境。一方面，交通行为不再是个体的意志行为，而是一种集体性的算法决策。另一方面，在算法所带来的智能化决策网络之中，对某一主体的责任认定不应是分离的，如传统意义上的生产者责任或行人责任，而是整体性的，即自动驾驶算法的设计者与粗心大意的司机（乘客）和误入车道的自行车赛手之间存在着跨越时空的技术关联，这是集体能动性的体现。[2] 刑法理论中关于紧急状态下正当理由与宽恕理由的划分也因为算法正义环境的转变而失去意义。[3] 这两方面大大地增加了严格界定法律责任的难度。

自动驾驶法律责任的认定，可以视为算法正义原则指导下对最大化最小值

---

[1] WALLACE J. Responsibility and the Moral Sentiments [M]. Cambridge MA：Harvard University Press，1996：63.
[2] 王华平. 自动驾驶汽车的责任归属问题研究 [J]. 人民论坛·学术前沿，2021（04）：45.
[3] SIO F S. Killing by Autonomous Vehicles and the Legal Doctrine of Necessity [J]. Ethical Theory and Moral Practice，2017（20）：414-415.

算法的法律回应。传统法律责任的认定，无论是刑事责任还是侵权责任，旨在通过惩罚或者索赔向责任主体传达社会正义要求和共同体态度。自动驾驶汽车的法律责任分配则受算法正义支配，其正义评价不同于传统模式。在碰撞情形下，责任认定需要考虑责任归属和责任承担两方面。归责法理需要回应的问题是，算法决策如何影响事故发生后的道德评价及相应的责任划分。这个问题是自动驾驶汽车进入市场和相应立法的前置性问题。在最大化最小值算法的建构基础上，可以为回应该难题提供两种分析视角。

首先，基于对算法的道德决策能力的中道态度，自动驾驶算法可以进行道德推理并产生相应的道德责任，但自动驾驶算法无法预估所有的碰撞情形，这也是智能技术发展所催生的一种全新的道德实践形态。经过预先设计的机器道德准则，决定了汽车如何应对未知的突发情形。算法设计者、汽车生产者、驾驶者、路边行人、迎面而来的汽车等，同时受制于这个预先设计的伦理框架和具体碰撞语境。最大化最小值算法确定了对各种不同角色进行认定的一个基础性准则，也体现出算法正义的要求，但该算法在应用之中存在一些限制因素。

第一，无论碰撞算法的设计再怎么精细，都只能预见到有限的情形，无法涵盖所有的碰撞可能。最大化最小值算法对技术实践保持一种谨慎的开放态度，一方面接受算法自我学习以提升决策能力的技术可能，另一方面也与法律实践形成一种互惠机制，如 Bert Huang 所主张的，法律制度运行会借助人们对算法实践的期待和机器学习而改变人们的道德直觉和提升机器的道德能力。[1]

第二，碰撞情形中"最大化最小值"的判断，不只是一个事实判断，也包括规范判断，这意味着在算法设计过程中，既需要对最小值的类型不断进行评估，也要基于相关的伦理探究和技术进展进行更新。举例来说，在碰撞选择中，乘客是否享有生命优先是一个充满争议的核心问题，最大化最小值算法并不绝对地预设乘客优先，因为在失控或者遭遇失控汽车的自动驾驶汽车面临撞向5个人还是伤害乘客的情况下，最大化最小值要求汽车避开5个人而伤害乘客，但这个计算过程是变动的，受制于乘客的人数（如同有5名乘客）、汽车保护乘客的能力、对面的失控汽车是由人驾驶还是自动驾驶等因素，最终的碰撞选择需要算法的更新与调整。与此相关的是乘客的责任认定问题。人们通常认为乘

---

[1] HUANG B I. Law's Halo and the Moral Machine [J]. Columbia Law Review, 2019 (119): 1822-1824.

客应当承担严格责任,即仍然为损害后果负责。① 然而,在算法正义的框架下,这个预设太过强烈,并未充分展现出乘客在最大化最小值算法运行中作为使用者、受益者或受害者的多重可能身份。

第三,最大化最小值算法反映了在算法设计中的有限理性。功利主义或道义论过强地预设了伦理判断的统一标准,并不能充分展示出在复杂的碰撞情形下算法决策的多元空间,也无法为自动驾驶算法设计提供更有针对性的伦理指引。最大化最小值算法吸收了罗尔斯的正义理论的公平观,将最小值予以最大化,体现的是在应对未知的碰撞可能时,通过预先的计算化设计来公平地分担风险和追求福祉。

二、自动驾驶的归责法理

最大化最小值算法具有何种法理内涵?不同于传统责任认定,自动驾驶中的法律责任归属的结构更为复杂。自动驾驶相关法律规范的设计需要在算法正义原则指导之下保障法律的可执行性和规范性。

第一,自动驾驶汽车的实际应用在立法上会"牵一发而动全身",无论是道路基础设施重建、汽车数据和信息保护、产业监管以及标准制定等各个方面,都需要立法规范上的完善,这在一定程度上会稀释甚至掩盖自动驾驶的道德维度。

第二,自动驾驶的责任认定在智能化语境之中进行,但不能完全脱离既有的侵权法和刑法规范体系,所以对自动驾驶的碰撞法理的架构既要展现出与既有法律规范的融洽性,也要适切于自动驾驶的算法正义维度。最大化最小值算法是以公正的方式提升最小损害的可能性,也即认可了损害发生或风险的必然性。从某项碰撞选择的伦理评价转向法律责任的划定,需要展现算法应用对法律实践的重构意义,以及在智能技术伦理框架下重新安顿技术应用所引发的归责难题。

首先,最大化最小值算法是一种公平引导自动驾驶碰撞中各方主体的行为选择并划定责任的正义机制,提供了碰撞算法如何做出最佳设计的方案。基于最大化最小值算法并不能完全得出碰撞发生后如何界定法律责任的完整方案,主要原因在于,在自动驾驶之法律制度的建构中,法律责任的归属受制于智能

---

① HEVELKE A, NIDA-RÜMELIN J. Responsibility for Crashes of Autonomous Vehicles: An Ethical Analysis [J]. Science and Engineering Ethics, 2015 (21): 626.

机器是否应承担（道德）责任、自动驾驶各方主体之间的法律关系等难题的解决。然而，最大化最小值算法可以为自动驾驶之责任体系的构建提供有益启示。

一方面，碰撞事故中的财产损失、身体伤害甚至死亡都需要在最大化最小值算法的伦理架构之中进行评估。损害的发生并不是因为传统意义上的驾驶人过失，而是碰撞算法的"不得已而为之"的正义决策。对损害的法律意义的评估应当体现其伦理论辩意义。最大化最小值算法可以预先以最大化最小值模式设计公允的损害发生方案，在算法无法充分预估的突发情形下，我们也可以遵循最大化最小值算法的正义要核进行公正评价。

另一方面，最大化最小值算法可以增强自动驾驶责任体系构建的正义维度。自动驾驶的应用将会带来法律责任体系的复杂化，既要设计出应对各种碰撞情形的归责机制，也要明确划分各方主体的法律责任。在归责机制设计上，我们应该区分自动驾驶的教义性责任（doctrinal liability）和证成性责任（justificatory liability）。教义性责任落实为与侵权和刑法规范相对应的产品瑕疵或算法失灵等。[1] 毫无疑问，关于自动驾驶的民法和刑法规范将会根据自动驾驶的业态发展而进行修订，自动驾驶汽车的质量标准、算法运行状态、汽车探测能力等都将成为对责任主体进行评估的重要依据。[2] 最大化最小值算法不需要对教义性责任贡献太多智识，因为自动汽车的行业标准和法律规范可以较为清晰地确定车辆设备是否需要硬件质量标准，或者算法是否能够有效处理数据并安全运行。[3] 而在碰撞情形中，最大化最小值算法可以为汽车是否能够充分地按照预先设定的计算方案来执行指令提供判断标准，如是否能精确地计算乘客和行人人数、对方车辆的碰撞力度等，在此基础上可以确定相关主体的责任。

证成性责任则是自动驾驶的法律归责的最大难题，即在碰撞发生后，因为算法决策而产生的财产和生命损失应当如何追责。在这个问题上，基于最大化最小值算法的计算方式，最大化最小值可能带来行人的死亡，也可能导致乘客丧命。在损害发生后，汽车生产者、算法设计者、乘客等该由谁承担责任？在算法正义的图谱之下，这个问题需要在社会的计算化、交通的智能化和算法对社会实践的重构语境下进行整体性应对。算法决策部分取代了人类决策，更新

---

[1] 冯珏．自动驾驶汽车致损的民事侵权责任［J］．中国法学，2018（06）：109．
[2] 王乐兵．自动驾驶汽车的缺陷及其产品责任［J］．清华法学，2020，14（02）：93．
[3] 不可否认，在自动驾驶汽车实际应用之后，对汽车缺陷、算法失灵等问题的责任认定随着自动驾驶实践的复杂化而引发责任法的变迁，因此仍然需要不断进行教义空间和证成空间的沟通。

了社会对风险和损害的道德理解。一些论者认为算法设计者仍然需要为碰撞造成的无辜伤亡承担刑事责任,[1] 但类似主张未能充分展现出算法实践对刑法的证成结构的冲击。

通过刑法的惩罚措施对经过预先计算的可预见的风险进行防范并无充分的法益基础。[2] 更合理和务实的方案是事后救济,特别是完善事故保险机制。有学者认为,应当"基于自动驾驶整体在安全性与社会利益方面的巨大技术优势而容忍极端情况下的低概率的技术边界问题及两难困境下的无法避免的损害"[3]。这并不意味着免除了汽车生产者和算法设计者在事故发生上的法律责任,而是强化了他们在将交通事务纳入计算社会网络中的独特角色,其中包含着对每一种可能的碰撞情形的充分伦理评估,对碰撞的损害救济的完善机制的构建,以及在每个具体个案中如何释放出算法决策最优化和公平分配法律责任的理想方案。

在传统驾驶实践中,安全意识的提升和碰撞事故的减少需要驾驶员的严格训练和持续的社会动员。而在智能驾驶时代,这一任务将由算法完成。立法决策者的主要任务转变成如何规范自动驾驶的研发,提升自动驾驶的人机信任,以及在碰撞事故中确立符合算法正义的损害救济方案。从这一点我们也可以看出,自动驾驶的成熟应用需要在进行充分的道德论辩和立法平衡之后才能实现。智能技术的突破性发展会超出我们的想象,随着汽车行业巨头投入大量金钱和精力对自动驾驶汽车进行研发,技术突破指日可待,但在人们对自动驾驶的伦理判断和法律归责问题达成充分共识之前,驾乘自动驾驶汽车仍然只能是一种想象。

第五节 结 语

作为人工智能的实践应用的极致,自动驾驶将带来一场技术革命,包括重

---

[1] 沃尔娜.自动驾驶汽车编程者的刑事责任:以规定参数进行紧急避险的角度 [J].王德政,译.上海师范大学学报(哲学社会科学版),2019,48(06):109.
[2] 舒斯特.自动驾驶中的应急算法:一个对刑法学的挑战 [J].张正昕,译.中国政法大学学报,2021(05):303.
[3] 王莹.法律如何可能?——自动驾驶技术风险场景之法律透视 [J].法制与社会发展,2019,25(06):111.

构交通运输模式和人类出行方式，但同时也会给各个层面带来巨大挑战。对自动驾驶所引发的社会、伦理和法律挑战进行回应，需要以自动驾驶算法的设计为核心展开。道德和法律实践以正义为追求，算法正义因而成为自动驾驶算法设计的首要伦理准则和价值追求。自动驾驶算法的道德主体地位、道德决策能力和法律归责分析需要在算法正义的框架之中进行理论建构，而碰撞情境是展现这些任务的试验田。如果自动驾驶算法无法克服碰撞难题，那么自动驾驶汽车就不具备实践可行性。经过本文的探讨可以得出，在众多理论模型中，最大化最小值算法具有更好的应对碰撞难题的理论力量，也能够弥合在自动驾驶的伦理价值判断与法律归责之间存在的鸿沟。从自动驾驶算法设计到汽车上路，仍然需要经过大量的技术升级、道路测试和政策评估，这条路可能会比较漫长，但除了技术难关的攻克，自动驾驶的伦理判断和归责难题是亟须回应的核心议题。基于对算法正义的追求，以一种反思平衡模式应对算法对道德和法律实践的重构意义，是迎接智能时代的应有姿态。

参考文献

中文文献

一、著作类：

［1］沈向洋，施博德．计算未来：人工智能及其社会角色［M］．北京：北京大学出版社，2018.

［2］马中良，袁晓君，孙强玲．当代生命伦理学：生命科技发展与伦理学的碰撞［M］．上海：上海大学出版社，2015.

［3］戚建刚，易君．灾难性风险行政法规制的基本原理［M］．北京：法律出版社，2015.

［4］张凌寒．权力之治：人工智能时代的算法规制［M］．上海：上海人民出版社，2021.

［5］贝兹．人权的理念［M］．高景柱，译．南京：江苏人民出版社，2018.

［6］阿瑟．技术的本质［M］．曹东溟，王健，译．杭州：浙江人民出版社，2014.

［7］德沃金．刺猬的正义［M］．周望，徐宗立，译．北京：中国政法大学出版社，2016.

［8］德沃金．身披法袍的正义［M］．周林刚，翟志勇，译．北京：北京大学出版社，2010.

［9］德沃金．至上的美德：平等的理论与实践［M］．冯克利，译．南京：江苏人民出版社，2003.

［10］芬伯格．在理性与经验之间：论技术与现代性［M］．高海青，译．北京：金城出版社，2015.

［11］福山．我们的后人类未来：生物技术革命的后果［M］．黄立志，译．

桂林：广西师范大学出版社，2017.

[12] 格里芬. 论人权 [M]. 徐向东，译. 南京：译林出版社，2015.

[13] 康德. 道德形而上学原理 [M]. 苗力田，译. 上海：上海人民出版社，2012.

[14] 拉兹. 公共领域中的伦理学 [M]. 葛四友，等译. 南京：江苏人民出版社，2013.

[15] 罗尔斯. 正义论 [M]. 何怀宏，何包钢，廖申白，译. 北京：中国社会科学出版社，1988.

[16] 美国国家科学院，美国国家医学院. 人类基因组编辑：科学伦理和监管 [M]. 马慧，王海英，郝荣章，等译. 北京：科学出版社，2019.

[17] 彭特兰. 智慧社会 [M]. 汪小帆，汪容，译. 杭州：浙江人民出版社，2015.

[18] 桑德尔. 反对完美：科技与人性的正义之战 [M]. 黄慧慧，译. 北京：中信出版社，2013.

[19] 施瓦德勒. 论人的尊严 [M]. 贺念，译. 北京：人民出版社，2017.

[20] 贝克. 风险社会 [M]. 张文杰，何博闻，译. 南京：译林出版社，2018.

[21] 罗尔斯. 正义论 [M]. 何怀宏，译. 北京：中国社会科学出版社，1988.

二、期刊类：

[1] 哈贝马斯. 人的尊严的观念和现实主义的人权乌托邦 [J]. 鲍永玲，译. 哲学分析，2010，1（3）.

[2] 沃尔德伦. 法律如何保护尊严 [J]. 张卓明，译. 现代法治研究，2018，3（2）.

[3] 拉兹. 人权无需根基 [J]. 岳林，章永乐，译. 中外法学，2010，22（3）.

[4] 沈岿. 风险交流的软法构建 [J]. 清华法学，2015，9（6）.

[5] 陈景辉. 法律权利的性质：它与道德权利必然相关吗？[J]. 浙江社会科学，2018（10）.

[6] 陈景辉. 人工智能的法律挑战：应该从哪里开始？[J]. 比较法研究，

2018（05）.

［7］翟小波. 痛苦最小化与自动车［J］. 华东政法大学学报，2020，23（06）.

［8］丁晓东. 论算法的法律规制［J］. 中国社会科学，2020（12）.

［9］郭哲. 反思算法权力［J］. 法学评论，2020，38（06）.

［10］韩大元. 当代科技发展的宪法界限［J］. 法治现代化研究，2018，2（5）.

［11］胡加祥. 欧盟转基因食品管制机制的历史演进与现实分析：以美国为比较对象［J］. 比较法研究，2015，141（5）.

［12］刘旭霞，刘桂小. 基因编辑技术应用风险的法律规制［J］. 华中农业大学学报（社会科学版），2016（5）.

［13］刘志强. 论人权法的三种法理［J］. 法制与社会发展，2019，25（6）.

［14］骆意中. 法理学如何应对自动驾驶的根本性挑战？［J］. 华东政法大学学报，2020，23（06）.

［15］马长山. 智慧社会背景下的"第四代人权"及其保障［J］. 中国法学，2019，211（5）.

［16］齐延平. "人的尊严"是《世界人权宣言》的基础规范［J］. 现代法学，2018，40（5）.

［17］桑本谦. 网络色情、技术中立与国家竞争力：快播案背后的政治经济学［J］. 法学，2017，35（1）.

［18］苏令银. 能将伦理准则嵌入人工智能机器吗？——以无人驾驶汽车为例［J］. 理论探索，2018（03）.

［19］苏宇. 算法规制的谱系［J］. 中国法学，2020（03）.

［20］孙海波. 基因编辑的法哲学辨思［J］. 比较法研究，2019（06）.

［21］王聪，徐起麟，李媛，等. 兴奋剂违规事件屡禁不止现象的思考［J］. 体育科技，2019，40（06）.

［22］王贵松. 作为风险行政审查基准的技术标准［J］. 当代法学，2022，36（1）.

［23］王进文. "人的尊严"义疏：理论溯源、规范实践与本土化建构［J］. 中国法律评论，2017，4（2）.

[24] 王锴. 论宪法上的一般人格权及其对民法的影响 [J]. 中国法学, 2017, 34 (3).

[25] 王康. "基因编辑婴儿"人体试验中的法律责任：基于中国现行法律框架的解释学分析 [J]. 重庆大学学报（社会科学版）, 2019, 29 (5).

[26] 王康. 人类基因编辑实验的法律规制 [J]. 东方法学, 2019, 67 (1).

[27] 王利明. 论个人信息权的法律保护：以个人信息权与隐私权的界分为中心 [J]. 现代法学, 2013, 35 (04).

[28] 王锡锌. 个人信息国家保护义务及展开 [J]. 中国法学, 2021 (01).

[29] 吴高臣. 我国人类基因编辑监管模式研究 [J]. 山东科技大学学报（社会科学版）, 2019, 21 (3).

[30] 吴亮. 网络中立管制的法律困境及其出路：以美国实践为视角 [J]. 环球法律评论, 2015, 37 (3).

[31] 吴玉章. 法律权力的含义和属性 [J]. 中国法学, 2020 (06).

[32] 颜厥安. 人之苦难，机器恩典必然看顾安慰：人工智慧、心灵与算法社会 [J]. 政治与社会哲学评论, 2018, 17 (2).

[33] 杨杰. 基因编辑的社会风险规制 [J]. 科技与法律, 2019 (3).

[34] 杨立新. 人身自由与人格尊严：从公权利到私权利的转变 [J]. 现代法学, 2018, 40 (3).

[35] 姚大志. 基因干预：从道德哲学的观点看 [J]. 法制与社会发展, 2019, 25 (4).

[36] 于柏华. 处理个人信息行为的合法性判准：从《民法典》第111条的规范目的出发 [J]. 华东政法大学学报, 2020, 23 (03).

[37] 余露. 自动驾驶汽车的罗尔斯式算法："最大化最小值"原则能否作为"电车难题"的道德决策原则 [J]. 哲学动态, 2019 (10).

[38] 张成岗. 人工智能时代：技术发展、风险挑战与秩序重构 [J]. 南京社会科学, 2018 (5).

[39] 张峰铭. 论权利作为要求：超越利益论与选择论之争 [J]. 法制与社会发展, 2021, 27 (02).

[40] 张凌寒. 算法权力的兴起、异化及法律规制 [J]. 法商研究, 2019, 36 (04).

[41] 郑玉双. 破解技术中立难题：法律与科技之关系的法理学再思[J]. 华东政法大学学报，2018，21（01）.

[42] 郑玉双. 人的尊严的价值证成与法理构造[J]. 比较法研究，2019（05）.

[43] 郑玉双. 生命科技与人类命运：基因编辑的法理反思[J]. 法制与社会发展，2019，25（04）.

[44] 朱晓峰. 人体基因编辑研究自由的法律界限与责任[J]. 武汉大学学报（哲学社会科学版），2019，72（4）.

[45] 朱振. 基因编辑必然违背人性尊严吗？[J]. 法制与社会发展，2019，25（4）.

[46] 朱振. 生命的衡量：自动驾驶汽车如何破解"电车难题"[J]. 华东政法大学学报，2020，23（06）.

英文文献：
一、著作类：

[1] BARAK A. Human Dignity：The Constitutional Value and the Constitutional Right[M]. Cambridge：Cambridge University Press，2015.

[2] BUCHANAN A. Beyond Humanity? The Ethics of Biomedical Enhancement[M]. Oxford：Oxford University Press，2011.

[3] HAREL A. Why Law Matters[M]. Oxford：Oxford University Press，2014.

[4] BIRNBACHER D. Naturalness：Is the "Natural" Preferable to the "Artifcial"?[M]. Lanham：University Press of America，2014.

[5] FISHER E C. Risk Regulation and Administrative Constitutionalism[M]. Oxford：Hart Publishing，2007.

[6] KATEB G. Human Dignity[M]. Cambridge MA：Harvard University Press，2011.

[7] FINNIS J. Natural Law and Natural Rights[M]. Oxford：Oxford University Press，2011.

[8] RAWLS J. Justice as Fairness：A Restatement[M]. Cambridge MA：Harvard University Press，2001.

［9］National Academy of Sciences. Human Genome Editing: Science, Ethics, and Governance［M］. Washington D. C. : The National Academies Press, 2017.

［10］RAWLS J. A Theory of Justice［M］. Massachusetts: Harvard University Press, 1999.

［11］RAZ J. Engaging Reason: On the Theory of Value and Action［M］. Oxford: Oxford University Press, 2002.

［12］TASIOULAS J. Human Dignity and the Foundations of Human Rights［M］//MCCRUDDEN C. Understanding Human Dignity. Oxford: Oxford University Press, 2013.

二、期刊类:

［1］BEITZ C R. Human Dignity in the Theory of Human Rights: Nothing But a Phrase?［J］. Philosophy & Public Affairs, 2013, 41 (3).

［2］GYNGELL C, DOUGLAS T, SAVULESCU J. The Ethics of Germline Gene Editing［J］. Journal of Applied Philosophy, 2017, 34 (4).

［3］HEVELKE A, NIDA - RUMELIN J. Responsibility for Crashes of Autonomous Vehicles: An Ethical Analysis［J］. Science and Engineering Ethics, 2015 (21).

［4］HUANG B I. Law's Halo and the Moral Machine［J］. Columbia Law Review, 2019 (119).

［5］FEINBERG J, NARVESO J. The Nature and Value of Rights［J］. The Journal of Value Inquiry, 1970, 4 (4).

［6］KEELING G. Why Trolley Problems Matter for the Ethics of Automated Vehicles［J］. Science and Engineering Ethics, 2020, 26.

［7］LEBEN D. A Rawlsian Algorithm for Autonomous Vehicles［J］. Ethics and Information Technology, 2017 (19).

［8］LUNDGREN B . Safety Requirements vs. Crashing Ethically : What Matters Most for Policies on Autonomous Vehicles［J］. Ai & Society, 2021 (36).

［9］SHAPIRO M H. The Technology of Perfection: Performance Enhancement and the Control of Attributes［J］. Southern California Law Review, 1991, 65 (1).

［10］SANDEL M. Ethical Implications of Human Cloning［J］. Perspectives in

Biology and Medicine, 2005, 48 (2).

[11] SANDVIK M. "Fair Play" as a Larger Loyalty: The Case of Anti-Doping [J]. Sport Ethics and Philosophy, 2020, 15 (2).

[12] RAO N. Three Concepts of Dignity in Constitutional Law [J]. Notre Dame Law Review, 2011, 86 (1).

[13] BOSTROM N. In Defense of Posthuman Dignity [J]. Bioethics, 2005, 19 (3).

[14] SOURLAS P. Human Dignity and the Constitution [J]. Jurisprudence, 2016, 7 (1).

[15] ROBINSON P, SUN L, FUREY H, et al. Modelling Ethical Algorithms in Autonomous Vehicles Using Crash Data [J]. IEEE Transactions on Intelligent Transportation Systems, 2022, 23 (7).

[16] GAVISON R. Privacy and the Limits of Law [J]. The Yale Law Journal, 1980, 89 (3).

[17] LIAO S M, ETINSON A. Political and Naturalistic Conceptions of Human Rights: A False Polemic? [J]. Journal of Moral Philosophy, 2012, 9 (3).

[18] SCANLON T M. Thickness and Theory [J]. The Journal of Philosophy, 2003, 100 (6).

[19] KHAITAN T. Dignity as an Expressive Norm: Neither Vacuous Nor a Panacea [J]. Oxford: Oxford Journal of Legal Studies, 2012, 32 (1).

[20] NAGEL T. Personal Rights and Public Space [J]. Philosophy & Public Affairs, 1995, 24 (2).

[21] NAGEL T. Personal Rights and Public Space [J]. Philosophy & Public Affairs, 1995, (24) 2.

[22] WU T. Will Artificial Intelligence Eat the Law? The Rise of Hybrid Social-Ordering Systems [J]. Columbia Law Review, 2019, 119 (7).

后　记

本书中的文章是我对科技法理进行探索的阶段性成果。2015年，我在撰写博士论文期间搜索刑法哲学领域的相关文章，读到了一篇关于针对机器人犯罪的网络首发版文章（Robotic Rape and Robotic Child Sexual Abuse：Should They be Criminalised？）。这是一个很有意思的哲学和法理学问题，但当时我觉得人工智能或机器人不过是人类远景之中才会出现的现象。出乎意料的是，没过几年，人工智能从想象成为现实，机器人不再是科幻，而成了我们的生活实际。随着学界对科技问题的关注，我从法理学视角针对法律与科技的一般关系、基因科技和智能科技的法律挑战等进行了一番反思和探索，于是形成了本书中的一系列文章。这些文章的主体内容曾刊发于不同的刊物。

我第一篇关于科技法理的论文是"破解技术中立难题——法律与科技之关系的法理学再思"。该文属于陈景辉教授在《华东政法大学学报》2019年第1期领衔的法律与科技专题。发表以来，受到研究法律与科技的学界同仁的关注。其他文章在很大程度上也是受启发于该文所提出的重构模式。

第二章"人的尊严的价值证成与法理构造"发表于《比较法研究》2019年第5期；第三章以"人权：人格尊严的规范塑造"为题发表于《中国法律评论》2022年第5期；第四章以"并非尊严危机：人体基因编辑的法伦理反思"为题发表于《法制与社会发展》2019年第4期；第五章"风险沟通：人体基因编辑技术风险的法律制度构建"和第六章"人体基因编辑技术的行政监管"分别发表于《学术交流》2022年第11期和《预防青少年犯罪研究》2020年第1期；第七章"新兴科技与体育增强：反兴奋剂制度的法理反思"发表于《法治社会》2022年第4期；第八章"计算正义：算法与法律的关系的法理建构"发表于《政治与法律》2021年第11期；第九章的修改版发表于《浙江社会科学》2023年第3期；第十章的部分内容以"自动驾驶的算法正义与规则法理"为题

发表于《法制与社会发展》2022年第4期。

在此,向接纳并认真细致对这些文章做出编辑和把关的马长山、丁洁琳、袁方、万颖、郑怀宇、曲一丹、张晓冰、卢护锋、陈历幸、陈亚飞、朱振等诸位老师表达诚挚的谢意。我的学生暴文博、陈洲杰、郑浩泽、孙婧凤、闵新怡等对文字和格式做了细致的修正。

郑玉双